新版
日韓の文化比較と日韓問題
―よりよい日韓関係を築くために―

梁　禮　先
ヤン　イェ　ソン

朝日出版社

はじめに

　日本人は、「韓国には日本の食べ物屋があるのか」「韓国人は日本のファッションを知っているのか」「日本のファッション店はあるのか」「知られている日本人のアイドルはいるのか」等々、韓国について驚くほどの質問をする。韓国には、日本の寿司フランチャイズチェーンや、うどん屋、居酒屋、コンビニ、ダイソーなど、日本のものや店が街に溢れているし、韓国人が大好きなファッションブランドがユニクロであることを聞くとみんな驚く。また、韓国人の海外旅行先1位が日本であることもだ。このような事実をどのくらいの日本人が知っているだろうか。

　日本人はマスコミの影響を受けやすいせいか、韓国について誤解が多い。誤解は、次の誤解を生んでしまい、修復できないこともある。日韓関係は、まだ修復できない関係ではないことを信じたい。そのためにこの一冊が両国の誤解を解くカギになってほしい気持ちで綴った。

　政治的問題をきっかけに、地上波メディアから一気に消えてしまった韓国人のアイドルや芸能人たち。しかし、韓国では変わらず活躍している日本の芸能人が普通にTVに登場したり、アイドルとして活躍したり、韓国人に人気を集めている。ところが、日本ではそのような事実はあまり知られていない。日本人の多くは、韓国人が政治的で感情的であると断定する。実際のところはどうだろうか。日本人は、日本のことをどのくらい知っているだろうか。世界的に日本人は、常識があって良心的で誠実だと思われている。勿論、認めるが、日本人が知らない部分も多い。自分の国を愛することはいいことである。しかし、自分の国に盲目的なのも少し危険だということも考えるべきである。

　日韓関係や日韓問題について、考えるのが面倒と思われたり、あまり知りたくないと思う人も多いかもしれない。ところが日本の長い歴史の中で、「韓国」がなかった時代がどのくらいあっただろうか。韓国は、常に中国を意識してきたが、日本は韓国と一番深く関わってきたはずである。この関係は、これからもあまり変わることはないと思う。それなら、もっと韓国に関心を持ち、面倒だと思う歴史問題や、日韓問題を、冷静に考えてみてはどうだろう。

　本書では、日韓の争点になっている問題が何かをわかりやすく、より具体的に取り上げている。しかし、日韓は問題が多く、また内容も複雑でこの一冊に全てを収めることは難しい。だが、膨大な資料から何が問題なのか、何が起きているのかを、ある程度理解できるように

まとめてみた。また、日韓問題だけではなく、最近韓国の文化に関心がある人も多いので、最新の韓国の文化などについても取り上げてみた。韓国についての基礎知識と共に韓国の最新のトレンドも満載にした。

　日韓問題について、ここでお願いしたいのは、韓国の人々が何を要求しているかについて「少し」耳を傾けてほしい。なぜ、韓国があれだけ感情的になっているのか、それだけの理由があることを、少し理解してほしいと思う。日本人の中には韓国人が金欲しさに強引な要求をしていると思っている人がいる。韓国は、今それほど貧乏ではない。今までは貧乏で、食べるのが精いっぱいで、自分たちの悔しい思いを吐き出すことができなかった。

　韓国人は、自分たちに何があったのか、それを知ってほしいし、聞いてほしいのである。日韓の本質的な問題や本当の意味での歴史清算についてあまり積極的に見えない日本政府に対して、韓国人も意地を張っているのかも知れない。真の解決策よりも、経済的解決部分だけが強調され、その部分だけが配信されているかもしれない。

　日韓問題は解決できないと諦めないでほしい。実際は難しくないかもしれない。日本が少し誠意ある態度で臨めば、解決の糸口が見つかることもあると思う。

　日本人にとって、「韓国が解決できない要求をしている」「韓国は日本に無茶な要求をする国と国民」に見られてはいないだろうか。韓国人にとって日本は何を要求しても「すべては終ったといってあまり聞く耳を持たない国」「何を言っても何も受け入れる態度を持たない国」「人の痛みを分かち合うことができない国や国民」になってはいないだろうか。

　日本も戦争で被害を受けている。しかし、なぜかその被害者の中に「日本人」の存在しかなく、一緒に被害を受けた「韓国・北朝鮮の人々」の存在はいないのか、と聞きたい。

　日本は今まで何を清算してきたのか、について真剣に考え、どのように解決するのが真の日本のためになるのか、をより深く考えて欲しい。

　日本と韓国が、お互い尊敬し合える国になることを、私は心から願う。普通に日本を愛する韓国人と、普通に韓国を愛する日本人が、普通に触れ合う日が来ることを心から切実に願う気持ちで、この一冊が是非とも一躍果たしてくれることを期待したい。

新刊にあたり
　既刊が好評につき、新刊として発行することとなった。そこで、より判りやすく加筆、数値の最新化などを施している。さらに多くの方にご活用いただければ幸いに思う。

著者

目次

第一章　日韓の文化比較

1. 日韓の簡単比較と習慣の比較…………………………………………　1
2. 韓国の兵役問題を中心に………………………………………………　7
3. 日韓教育問題……………………………………………………………　11
4. 日韓の高校と大学………………………………………………………　22
5. 日韓アイドルについて…………………………………………………　27
6. 日韓のファッションについて…………………………………………　36
7. 日韓食べ物比較…………………………………………………………　44
8. 日韓の化粧と化粧品について…………………………………………　52
9. 日韓の整形問題について………………………………………………　62
10. ソウル観光……………………………………………………………　71
11. 日韓年中行事について………………………………………………　84
12. 韓流と経済的効果について…………………………………………　100
13. 日韓のランキングと特別文化・産業・ものなど…………………　112
14. 韓国の酒文化と宗教…………………………………………………　119
15. 韓国の財閥とロッテ財閥について…………………………………　127

第二章　現在の日韓問題とその他

1. 日本の中の渡来人と現在─「日本の中の韓国文化」から…………　135
2. 現在の日・韓問題─目録と教科書問題など…………………………　150
3. 現在の日・韓問題─徴用から靖国神社問題まで……………………　159
4. 日本軍・従軍慰安婦問題─始まりと展開……………………………　166
5. 日本軍・従軍慰安婦問題─「慰安婦少女像」など…………………　171
6. 日韓領土問題─歴史からみる領土問題………………………………　176
7. 日韓領土問題─今と未来の領土問題…………………………………　187
8. 北朝鮮について─脱北者問題の全貌…………………………………　191
9. 北朝鮮について─核実験と日本人拉致問題…………………………　200
10. 在日韓国・朝鮮人問題─戦前………………………………………　206
11. 在日韓国・朝鮮人問題─戦後………………………………………　214

第一章　日韓の文化比較

1．日韓の簡単比較と習慣の比較

1）日韓早わかり表

	日本	韓国（大韓民国）
人口	1億27百万人（11位）	5千180万人（27位）
面積	37万k㎡（62位）	9万9千k㎡（109位）
国家予算	96兆7,218億円	43兆8,900億円
国花	菊	むくげ
国防費	414億ドル（7位）	334億ドル（9位）
GDP	5兆1,670億ドル（3位）	1兆6,932億ドル（12位）
国防の義務	無	有
特徴	天皇制	南北分断国家で休戦状態
政治	天皇を元首とする立憲君主国	大統領を元首とする立憲民主共和制
政府樹立	1952年主権回復	1948.8.15 大韓民国政府樹立
国会	衆議院と参議院の二院制。衆議院は解散あり。	一院制で解散なし。国会議員は4年ごとに選出される。
夫婦の姓	夫婦同姓	夫婦別姓
地震の有無	有	最近現れる（特に2016年から）
よく使う言葉	かわい（可愛い）	きれい（綺麗）
国旗	日の丸（日章旗）	太極旗

（総務局、財務局、統計庁など）（CIA、財政府、韓国外交府など）

2）日韓の違いと日韓早わかり表について

　日本と韓国は、まず領土の面積と人口で大きな差がある。韓国は日本の領土面積の四分の一、人口は日本の半分以下の5千万人くらいしかない。しかし、両国は自然環境の面では類似点が多い。四季がはっきりしているし、海と山に囲まれている点で、自然に恵まれていると言える。古くから、米を主食にしている点も大変似ている。

　ところが、韓国は南北で国が分かれている分断国家で、いつまた戦争が起きても不思議ではない休戦状態の国である。そのために、韓国の若い男性は、兵役の義務を終えなければな

らないのである。また、長い植民地時代の過程があったため、戦後は近代と現代を両方合わせて建設する負担を抱えている、日本と比べれば、いろいろな面で大変条件が悪く、その中で頑張っていると言えるだろう。

　日韓早わかり表で目に付くのは、日本の国防費である。分断国家で休戦状態である韓国よりも、国防予算が多いのが意外と思うかも知れない。しかし、日本の国防予算は年々増え続け、日本の中でも憂慮する声も出ている。少し注目する必要があるだろう。

　韓国は、今までまったく地震について気にしたことがなく、一般の人々を含めて国全体が無感覚であった。地震に対して安全地帯であった韓国に、2016 年 9 月 12 日、慶尚北道慶州市南南西側 8 km で、マグニチュード 5.8 の地震が発生した。歴代最大規模の地震と言われていて、韓国全国を揺るがす事態となった。地震を経験したことがない韓国の人々は、突然の揺れに、北朝鮮が攻めてきて戦争になったのかなど、国の各機関に電話や問い合わせが殺到したという。その後も余震が続いたため、避難用意をした荷物を、寝枕の上に置いておいたり、車に積んでおいたりと、その中身が毎日少しずつ増え、大変膨らんでしまっているなど、予備知識がない分あらゆるエピソードで、国を騒がしていたようだ。地震に詳しい日本に学ぼうという世論も上がって、日本の防災訓練や対策についての関心が高まった。

　日韓比較で、よく使う言葉を一つ例にして、両国の差を表すこともできる。日本ではよく使う表現で、「可愛い」という言葉がある。ところが、韓国は可愛いという言葉より「きれい(綺麗・イェプダ)」という言葉をよく使う。この二つの言葉が、両国の国民性の端面を表すような気がする。なぜなら、やはり日本はよく使う言葉通りに、どちらかというと「可愛い」ものが好きで可愛い物を好む傾向がある。韓国はと言えば、可愛いものより「きれい」なものを好み、綺麗なものを志向する傾向があると言える。女性の顔も日本は可愛い人が人気であり、韓国は綺麗な人が人気である。ファッションも日本は可愛いファッションを好むが、韓国は可愛いより綺麗な方を好み、言葉も日本は、「きれい」よりはすぐ「可愛い」と言ってしまう傾向がある。韓国は、反対に「可愛い」よりは、「きれい」という表現が先になる。

　その他にも、日本と韓国のいろいろな面での比較は大変面白いものが多いし、このような比較が両国を早く理解する近道にもなるのではないだろうか。

3）日韓の習慣の比較

① 誕生日の習慣

日本	韓国
・赤飯を食べる（今は食べないこともあるがめでたい時は一般的に食べる） ・ケーキを食べる	・わかめスープと赤飯を食べる（出産の時もわかめスープを食べる） ・ケーキを食べる

② 受験の時の習慣

日本	韓国
・カツ丼を食べる ・キットカット ・勉強の神様などの神社へのお参りをする ・神社などのお守りを携帯	・わかめスープと玉子は食べない ・朝鮮飴・もちを食べる ・トイレットペーパなどのプレゼント(スルスルと回答がよく解けるようにとの意味)

③ 食生活の習慣1

日本	韓国
・箸だけ使う ・食器を持ちあげる（頭を下げないで、まっすぐに座って食べるために食器を持ち上げる） ・箸から箸へ渡し合いしたら縁起が悪い ・残さない	・スプーンと箸を使う ・年齢順で食べ始める ・食器を持ち上げない（はさみ箸） ・親の前で煙草を吸わない、酒を飲まない ・食べきれないほど出すのが礼儀なので、ある程度残しても良い

④ 食文化の習慣2

日本	韓国
・そばは音を立ててすする ・あまり混ぜない ・箸の汚れを見せない	・静かに食べる ・何でも混ぜて食べる（ジャジャンメン、ビビンパ、カレー、カキ氷など）

⑤ シルバーシートから見る日韓比較

日本	韓国
・「優先席」	・「老弱者席」

・優先席ではあるが、誰でも座っている ・老弱者がいても、知らないふりをする	・よく守っている。年寄りを大事にする ・優先席に若い人はあまり座っていない ・出入口近辺に妊婦席が設けられている

⑥ 年末年始の習慣

日本	韓国
・大晦日に年越しそばを食べる ・正月は初詣（はつもうで） ・お雑煮をたべる ・おせち料理を食べる ・お年玉	・大晦日には餃子を食べる。お正月料理や準備に忙しい ・正月はお先祖様にお礼（チャレッサン） ・年寄りに新年の挨拶周り（セベ） ・トックッを食べる（歳を食べる） ・お年玉

⑦ 刑務所や収監所から出所の時

日本	韓国
・豚箱に入る ・臭い飯を食べる ・ムショ	・出所時、豆腐をたべる（栄養の補充と戻らない、真っ白く生きるという意味） ・コンバップ（豆飯）を食べる（刑務所に入る） ・学校に入るなど

⑧ 入学式・卒業式

日本	韓国
・記念撮影 ・大学の卒業式では袴を着る ・大学以外の場所を借りての式が多い ・全ての入学式では正装が基本	・記念撮影 ・花束をプレゼント（交通渋滞） ・花屋の露店で長い行列になる ・家族・親族・友人からのお祝い ・大学の卒業式では四角帽をかぶる

⑨ 正座の習慣

日本	韓国
・正座で座る ・土下座との違いは？	・あまり正座をしない ・女性が片膝を立てて座るのは、韓国の伝

| ・書道やお茶などの時に正座する | 統衣装と関係がある |
| ・伝統的文化には必ず正座をする習慣 | ・謝る時に土下座をする |

⑩ トイレの習慣

日本	韓国
・トイレットペーパは流す	・使い終わったトイレットペーパを流さないでゴミ箱に捨てることもある
・和式と洋式がある	・トイレで電話をする
・混んだら入口で一列で並ぶ	・和式・洋式がある

⑪ 引越しの時の習慣

日本	韓国
・引越しそばを振舞う	・引越し餅を振舞う
・今は、挨拶やタオル、石鹸などを配る	・引越当日はジャジャンメンを食べる
	・引っ越しの家の披露宴(ジップドゥリ)
	・お祝いにトイレットペーパーなど
	(スルスルと万時解決の意味)

4）日韓の習慣について

　日本と韓国は、一番近い国でありながら一番遠い国と言われている。実際、文化などいろいろと詳しく比較してみると、一番近い国であり一番遠い国と言われてもおかしくない面も多い。大変似通っているところもあれば、まったく異なるところもあるので、その面から言えば、大変近く感じられて、また、大変遠く感じられるところではないかと思うのである。

　まず、韓国は人口が約五千万人で世界で27番目の国である。日本と比べて領土も四分の一しかない小さな国である。ところが、日本とはまったく異なるところとしては、南北に分かれてある分断国家で、休戦地域であるというところで大きな違いがある。この違いは、日韓の様々な面で大きな差を生む原因の一つでもある。例えば、韓国の高校を卒業した男性は、国防の義務を終えなければならない。20代の韓国人の男性は二年前後、国のために自分の人生を国に預けなければならないのである。日本の若者には考えられないことであろう。

　それだけではない。休戦状態で、分断国家が抱える問題はまた様々である。離散家族問題や脱北者問題もある。離散家族問題は、朝鮮戦争以降70年近く親子、兄弟、夫婦が別れ離れになって会えずにいることである。また、今でも韓国には、北から逃げて韓国へ渡ってく

る脱北者が後を絶たない。脱北者たちとの共存問題は、社会問題にもなっていて、これからも韓国の政治・経済・社会に影響を与えると同時に大きな課題でもある。

　政治的には、韓国は大統領を国民から選挙で直接選ばれ、5年という期間しか職務に就けない。戦後の韓国の様々な政治の歩みからそのようになっているが、これからも様々な形で変わっていくのではないだろうか。みんなが望む民主主義へと続けて変遷をしていくだろうと思われる。

　韓国では、誕生日にはケーキを食べるよりもわかめスープを必ず食べる。その代わり、わかめスープを試験の時には食べてはならない。その理由は、わかめはすべるからである。もちろん、わかめスープが誕生日だけ食べる食べ物ではない。おいしいので、普段でもよく食べるが、朝食で出されると、誰の誕生日かと疑ってしまうものである。

　シルバーシートの解釈も面白い。日本は、優先席であるためか、健康で若い人も座っている。しかし、韓国は、電車が混んでいても若い人がシルバーシートに座っていることはあまり見かけられない。また、優先席でないところでも、年寄りや妊婦などがいたらよく席を譲る。優先席で面白いのは、韓国では出入り口の近くの席を、妊婦席にしていることである。やはり妊婦席を別に設けることと、出入り口なので安全に利用できるという配慮が伺えるような気がする。

　その他にも、韓国と日本は食文化もある意味で大きな差があることがわかる。ご飯・スープ・おかずと、基本献立は似ているが、食事の方法に差がある。韓国は、食材の入れ物などが伝統的に日本と異なり、また食べ方に違いがある。韓国は、箸とスプーンを使うので、食器などは手で持ち上げたり、食器に口をつけない食べ方をする。

2．韓国の兵役問題を中心に

日韓の軍関連問題	
・日本の自衛隊	・　韓国の国軍
1954年（昭和29年）7月1日設立	1948年8月15日国防部設立
志願制	18歳から兵役の義務。
国防費414億ドル（7位）	国防費334億ドル（9位）
自衛隊員総計　約23万人	現有総兵力　約65.3万人
	南北分断国家で現在休戦状態
53歳定年	
在日米軍総計　約5万人	在韓米軍総計　約2万8,500人

1）日本の自衛隊について

　日本の自衛隊とは基本的には、日本の平和と独立を守り、国の安全を保つため直接侵略及び間接侵略に対し日本国を防衛することを主たる任務とし、必要に応じて公共の秩序の維持に当たるものとしている。自衛隊は、1950年の朝鮮戦争勃発時、GHQの指令に基づくポツダム政令により警察予備隊が総理府の機関として組織されたのが始まりである。

　日本国憲法第9条は、国際紛争を解決する手段としての"戦争の放棄"と"戦力不保持"、ならびに"交戦権の否認"を定めている。しかし、国防費の支出が世界7位というところは以外かも知れない。また、対潜水艦戦や対機雷戦では世界最高水準の能力を有する。いずも型護衛艦一番艦いずも、海自保有艦艇としては歴代最大の護衛艦である。日本の国の平和と安全を保つために、どの程度の軍武装が必要だろう。どの国にでも当てはまることは、国の平和と安全がはたして軍備拡張だけで守れるものなのかということである。自衛隊問題、日本国憲法第9条問題、軍備拡張などの問題は、日本の中でも議論になっている部分で、これからも続けて論議されるだろう。

2）防空識別圏(ADIZ)

　韓国の済州島南にあるイオ島と言う韓国の島があるが、1969年に日本がこの韓国の島を日本のADIZに入れてしまった。そのために韓国は、ヘリコプタなど空を利用する際は、日本の許可を得て韓国領土であるイオ島に入らなければならない。2013年11月、中

国がイオ島などを含めた ADIZ を発表して世界を驚かせたが、この際、日本は中国に対して強く非難しているが、韓国人の中には、中国も日本も両国の行為はあまり変わらないという見方も出た。今も解決していない問題であるが、ADIZ は 1950 年に米国が設定した。

3）日本の集団的自衛権について

集団的自衛権とは、ある国家が武力攻撃を受けた場合に直接に攻撃を受けていない第三国が協力して共同で防衛を行う国際法上の権利である。その本質は、直接に攻撃を受けている他国を援助し、これと共同で武力攻撃に対処するというところにある。

日本は、2014 年 7 月 1 日に第 2 次安倍内閣において、集団的自衛権を限定的に行使することができるという、憲法解釈を変更する閣議決定がなされた。閣議決定によると、日本における集団的自衛権の行使の要件として、日本に対する武力攻撃、又は日本と密接な関係にある他国が武力攻撃され、それによって「日本国民」を守るために、集団的自衛権行使以外に方法がなく、必要最小限度の実力行使。これを自衛の措置としての武力の行使の「新三要件」で、憲法上可能とした。

集団的自衛権の行使を容認した閣議決定の無効を求める裁判が起こされたが、2015 年 7 月 29 日、最高裁判所は訴えを却下した。行使を容認する政府解釈は、内閣法制局で 1 日しか審議されずに通過した

集団的自衛権は、「自国と密接な関係にある外国に対する武力攻撃を、自国が直接攻撃されていないにもかかわらず、実力をもって阻止する国際法上の権利」と定義している。

日本の防衛白書 13 年版までは、集団的自衛権は憲法 9 条で許容される範囲を超えるものであり許されないとしていたが、14 年版では憲法上許容できるとされた（ウィキペディア「日本の集団的自衛権」から）。つまり、日本は、防衛だけではなく、他国の戦争に参加できることが可能になったのである。従って、日本も関係ない国家から攻撃を受ける可能性が出てきたことと、他国の戦争に直接参戦できるようになったということである。

4）韓国の兵役問題について

韓国の男性は、満 18 歳で徴兵検査対象者となり、満 19 歳までに兵役判定検査で兵役の判定を受けなければならない。だいたい、高校 3 年のスヌン（センター試験）が終わった後、団体で兵役判定検査を受けることも多い。軍隊服務期間を「現役」または「補充役」と言い、除隊後の 8 年間を「予備役（予備軍）」、40 歳までを「民防衛」と言って年に一度召集され簡

単な訓練を受けなければならない。軍服務は、30歳の誕生日を迎える前までに入隊しなければならない。立場によるが36歳から40歳になれば兵役義務は終了し、それ以上は免除になる。

軍服務期間は、陸軍と海兵隊が1年9か月、海軍1年11か月、空軍が2年である。月給は163,000～210,000ウォン（二等兵～兵長、2017年）、306,100～405,700ウォン（2018年）、408,200～540,900（2019年）と、わずかだが上がっていく。

在日や在米韓国人など外国出生者、また満6歳以前国外出国者は、満17歳の年まで該当国で暮らしその国の国籍や市民権、永住権などを取得していると、兵役義務が賦課されない。それから韓国の小・中・高校在学歴が3年以内の場合も免除となる。これを「在外国民2世制度」と言う。

それでは、実際の軍生活はどうであろう。まだまだ問題点も多い。軍隊では、下着から服から全てを提供されるので、私物の持ち込みは不可である。当然個人のプライバシーもないと思っていいだろう。勿論、最近の軍生活の環境は段々変化を重ねているので、最新設備の所はシングルベットなどが置かれているところもあるらしいが、1室20～30人の部屋が普通であるし、中には日本の植民地時代から使ってきた畳式もやや残っているらしい。

韓国の男性の多くは、大学に入ったらまず兵役の義務を全うして、それから落ち着いて学業や、就職準備にかかろうとする。就職の際は、兵役の義務を終えた人に限るという条件がつくので、就職難が厳しい韓国の社会では、早期に兵役の義務を終えることを望む。そのために、入隊希望者が多く1年以上待たされることもあり、このような現状などを考えると、韓国の若者たちは、将来に対する不安を日本人以上に抱えていると言っても過言ではないだろう。

一般の韓国人男性は、この国防の義務に対して様々な考えを持っていると言える。当然の義務を当然に全うする人が多い中、しかし、忌避者もかなりいるのが現実である。特に、ニュースにもなっている芸能関係者は、様々な方法で兵役を逃れようとして、結局発覚されて騒がれるが、そのような話は後を絶たない。芸能人だけではなく、政治家の息子や財閥の息子など、権力や金権で兵役を逃れる話や話題は、蔓延していて社会問題にもなっている。

このような兵役忌避者が増えるのを防ぐために、兵務庁は兵役忌避者の身元をホームページに公開したが、2015.7.1～12.31までの忌避者237名を2016.12.20日に初公開した。また、最近の韓国は、海外移住者が増加している中、2016年は7月まで兵役義務対象者の内、国籍放棄者が4,220人にも上っていることもわかった。国籍放棄者はこの5年間で合

計1万7,229人にも上っているとのことだが、国別には、アメリカが8,747人で一番多く、次は日本3,077人の順になっている。

　結局、兵役の問題と関連して、国籍まで放棄しているということなのである。いかに兵役問題が負担になっているかがわかるが、しかし、分断国家でいまだに休戦状態という韓国の事情から、韓国の男子として生まれた以上はこの問題から逃れることはできず、中には、国籍まで選択する立場に迫られることになるということである。以前は、軍の服務期間が3年から今は2年を切っているが、それでもまだ大学を中断していかなければならないし、多くの個人の生活を犠牲にしなければならないことには変わらないのである。海外留学生が多い韓国は、留学生も例外ではなく、留学途中でも学業を中断して兵役義務のために韓国へ戻って義務を全うしてから再び留学に戻って留学生活を続けなければならないのである。現在、世界の国で留学している韓国人留学生は、これを守っている。

　このように、韓国の様々な兵役事情やその問題点など、日本とはほど遠い話であるが、しかし、現代の韓国の若者が抱えた大きな社会問題の一つに間違いない。

　2018 ジャカルタアジア大会終盤から韓国では軍特例問題が熱く議論されている。体育・芸術関連者などに与えている現存の軍特例問題を見直すべきという問題である。そこには、大衆音楽分野で世界的に活躍しているK-POPアーティストたちの問題もあがっている。特に、BTS(防弾少年団)がビルボード200で2回も1位になった話題が重なり、音楽コンクールで賞をもらうことや、オリンピックやアジア大会でメダルを取って兵役免除特例を受けている現状と、BTSなどの大衆アーティストたちの世界的活躍と、どこにその差があるかという問題である。軍服務による2年間の空白が、国の立場からどう捉えるべきか、その損失はどうなのかなど、様々な問題が議論されている。留学生など学業を中断して兵役義務を果たすのと同様、世界で活躍するスポーツ選手や専門分野で活躍する人々も、すべてを中断して、国民の義務である国防の義務を果たすことへの例外はない。広範囲で議論してはいるが、全ての人に満足する結果はあり得るだろうか。果たしてこれから兵役の問題を真剣に考えなければならないBTSに、軍免除の特例が与えられるだろうか。その基準を決める問題から、なかなか簡単には進まないとは思うが、その過程と結果を韓国国民は見守っている。

<参考文献など>

http://www.konest.com/contents/korean_life_detail.html?id=557

ウィキペディア(2016.6.1 基準)

3．日韓教育問題

　日本と韓国の教育制度の差はいろいろとある。一つだけ紹介すると、日本は幼稚園から大学までエスカレーター式と言われる仕組みで、幼稚園に入れば受験なしで大学までそのまま進学できる学校があるということである。韓国には、このエスカレーター式という仕組みはない。誰でも幼稚園、小学校、中学校、高校、大学と、一つずつ階段を登って行かなければならない。日本のエスカレーター式という仕組みがもし韓国にもあるとするなら、韓国の人々はどうするだろうか。早速断言するが韓国では定着できない仕組みであろう。なぜなら、韓国は教育だけは誰もが平均に受ける国民の権利との認識から、このエスカレーター式という仕組みは韓国の教育制度に反すると多くが思い様々な誤解を招くに違いないだろう。

　韓国にとっての教育制度は、多くの国民の高い関心事で敏感な部分であるため、教育による格差が生まれないよう、常に公平な制度を工夫しているし、表向きには平準化教育ということになっている。しかし、日本も韓国も教育において、経済力が学歴に多く影響されるということは、現在では認めざるを得ない事実として浮上しているところであろう。アメリカなど先進国を見ても、経済力で名門校の名を手にしていることが事実だし、驚くほどの教育費の格差が出ていることがわかる。

　日本の一部の教育制度がエスカレーター式という仕組みのように、考えによっては、ある部分個人の教育に対する選択の自由があるとも言えるが、韓国は社会的にそれが許されない。韓国は、少しの教育制度の変化でも社会の反応が熱くなってしまうほど、極端に言うなら教育に燃えている国と言っても過言ではないだろう。日本のエスカレーター式という仕組みには、幼稚園から大学までと、小学校から大学、中学校から大学までのエスカレーター式学校がある。

　一般的に日本は、中学校まで義務教育で、高校からは受験で希望する学校に入る仕組みになっている。韓国は、中学校まで義務教育であるが、大学進学率が高いために、一般高校も義務教育と変わらず、簡単に入れるために一般的には義務教育と変わらない認識を持っている。しかし、細部的には、日本とかなり異なった教育制度が行われていることがわかるし、年々目まぐるしく変わっているため、韓国人さえ把握できていないところもある。

　教育年数は、日韓共に6・3・3・4で同一である。また、日本の教育の運営主体は、国立、公立、市立、私立（わたくしりつ）と分かれていて、その運営主体通りにその性格が分かれている。例えば、私立は幼稚園から大学まで、入学制度・学費・運営制度などが公立と異なる。

私立は、幼稚園から入学時に入学試験で入る仕組みになっている。

　それと違い、韓国は私立と公立との認識差があまりない。公共教育機関が少ない韓国は、戦後の教育を私立が担ってきたと言っても過言ではない。小学校を除いて中等教育の半分近く私立が担ってきたのである。そのために、高校までの私立は、特別な学校を除いてほとんど公立と変わらない制度で学校を運営している。

1）　日韓教育の歴史

日本	韓国
・義務教育　6年	・書堂（ソダン）は 高麗時代から朝鮮時代
・1886年 小学校令（第1次）公布	・1895年 近代的初等教育機関として小學校
・尋常小学校（修業年限:4年）義務教育期間	・1911年 普通學校。日本人は小学校
・1890年 小学校令（第2次）公布・3年または4年	（1910年から植民地時代。植民地時代の韓国人普通学校は義務教育でない。日本人の小学校と差別化し、授業料も小学校より倍に近かった。また、教育制度も差別化し、韓国人には、普通学校―高等普通学校―専門学校または大学の順で、日本人の教育機関より教育年数も短かった）
・1900年 小学校令（第3次）4年	
・1907年小学校令の一部改正、6年に延長	
・1941年 国民学校	
・1947年 小学校	
・現在は、中学校まで義務教育	・1938年 尋常小學校に統合
・公立と私立。公立だけ無料	・1941年 國民學校
・6歳の誕生日を迎えた子どもは、次の4月に入学。3月まで生まれた子ども	・1996年3月1日 初等学校
	・現在は、中学校まで義務教育
・3学期制	・公立・私立無料（一部有料）
（4-7月1学期、9-12月2学期、1-3月3学期。1学期と2学期の間に40日程度の夏休み、2学期と3学期の間に2週間程度の冬休み、3学期と1学期の間に10日程度の春休）	・2009年から、6歳の誕生日を迎えた子どもは、次の3月に入学。ただし12月31日まで生まれた子ども
	・2学期制
・1998年の学校教育法により、国立学校、	（3月-7月1学期、8月末-12月2学期、1学期と2学期の間夏休み、12月と2月の間

公立学校、私立学校共に中高一貫教育が増えている。	は冬休み)

2) 日本の教育

①学校数(2016年5月)　　　(単位：人と校・個)　(( )は、前年度の増減値である。文部科学省)

区分	計	国立	公立	私立
幼稚園	11,252(-422)	49	4,127(-194)	7,076(-228)
幼保連携型認定こども園	2,822(879)		452(78)	2,370(801)
小学校	20,313(-288)	72	20,011(-291)	230(3)
中学校	10,404(-80)	73	9,555(-82)	776(2)
義務教育学校	22		22	
高等学校	4,925(-14)	15	3,589(-15)	1,321(1)
中等教育学校	52	4	31	17
特別支援学校	1,125(11)	45	1,067(11)	13
専修学校	3,183(-18)	9	189(-4)	2,985(-14)
各種学校	1,200(-29)		6	1,194(-29)
大学	777(-2)	86	91(2)	600(-4)
短期大学	341(-5)		17(-1)	324(-4)
高等専門学校	57	51	3	3

②学生数(2016年5月)　　　(単位：人)　(( )は、前年度の増減値である。文部科学省)

区分	計	国立	公立	私立
幼稚園	1,339,761 (-62,687)	5,394 (-116)	223,066 (-14,970)	1,111,301 (-47,601)
幼保連携型認定こども園	397,587 (116,451)		52,012 (8,084)	345,575 (108,367)
小学校	6,483,515 (-59,589)	39,543 (-725)	6,366,785 (-58,969)	77,187 (105)
中学校	3,406,029	30,840	3,133,644	241,545

	(-59,186)	(-186)	(-57,155)	(-1,845)
義務教育学校	12,702		12,702	
高等学校	3,309,342	8,630	2,252,942	1,047,770
	(-9,772)	(7)	(-15,220)	(5441)
中等教育学校	32,428(111)	3,107(-35)	21,941(475)	7,380(-329)
特別支援学校	139,821(1,927)	2,991(-28)	136,072(1,980)	758(-25)
専修学校	656,649(543)	414(3)	25,762(-201)	630,473(741)
各種学校	120,629(2,902)	―	560(-25)	120,069(2,927)

③幼稚園

幼稚園	保育園
文部科学省幼児課の所管	厚生労働省所管
学校	児童福祉施設
満3歳～満6歳	0歳児～満6歳
4時間教育	8時間保育
幼稚園教諭	保育士

　日本の幼稚園の費用は、公立が保育料・給食費・課外学習費を含めて1年間平均で、222,264円で、私立は498,008円である。

④日本の私立幼稚園の初年度納付金(寄付金・園債合算金額)

順位	幼稚園名	初年度納付金	所在地
1	成城幼稚園	1,660,000円	東京都渋谷
2	青山学院幼稚園	1,655,000円	東京都渋谷
3	学習院幼稚園	1,495,000円	東京都豊島
4	東洋英和幼稚園(女児)	1,480,000円	東京都港
5	松濤幼稚園	1,350,000円	東京都渋谷

(http://www.o-jyuken.net/ranking/post-30.html、2005年度東京都内の私立幼稚園の学費、東京度生活文化局が調査発表)

　この表に挙げた日本の高額私立幼稚園は、大学までにエスカレーター式で上がることができることでも有名な学校がほとんどである。費用は、この他にも金額を上乗せしなければならない。寄付金は園によって違うし、その他に諸費用が掛かる。上記表に挙げていない高額よりもっと高い幼稚園がある。インターナショナルスクールだが費用がもっと高い。

⑤小学校

・有名私立小学校初年度納付金 (http://archives.jpn.org/gakuhi/r01-2013.html)

小学校	初年度納付金
慶応義塾横浜初等部(2013年開校)(神奈川)	1,860,000円(2016年度)
慶応義塾幼稚舎(東京)	1,541,480円(2016年度)
学習院初等科(東京)	1,487,000円(2012年度)
成蹊小学校(東京)	1,361,600円(2013年度)
青山学院初等部(東京)	1,316,000円(2013年度)

　日本の小学校は、6年であるが、1・2年を低学年と言い、5・6年を高学年と言う。東京都の23区だけでも、公立で制服がある学校とない学校がある。私立は基本的にほとんど制服であるが、制服は私立・公立ともに、戦前からのスタイルが多い。日本は少子化が進んでいるため、学校数が段々少なくなっている。学習内容で韓国と違う点は、夏になるとほとんどの小学校にプールがあり、水泳時間があるということである。夏休みも、一定期間水泳学習のために学校に通わなければならない。日本の小学生は地域にもよるが東京23区はほとんど水泳ができるということである。

⑥中学校

　日本の中学校と高校は、近年中高一貫教育が増えていて、これからも増えることが推定できる。私立・国立中学校と公立の中高一貫校は、中学受験がある。

・中等教育学校は、一つの学校として一体的に中高一貫教育を行うものである。

・併設型の中学校・高等学校は、高等学校入学者選抜を行わずに，同一の設置者による中学校と高等学校を接続するものである。

・連携型の中学校・高等学校は、市町村立中学校と都道府県立高等学校など、異なる設置者間でも実施可能な形態であり、中学校と高等学校が、教育課程の編成や教員・生徒間交流等の連携を深めるかたちで中高一貫教育を実施している。(参考—文部科学省)

⑦小学校から高校までの公立と私立の平均学習費総額　　　　（『週刊東洋経済』）

区分	小学校	中学校	高校	12年間合計
公立	334,134円	471,752円	520,503円	1,569,000円
私立	1,373,184円	1,269,391円	1,045,234円	15,182,979円

3）韓国の教育について

(単位:人、%)　(2016年　資料KESS)

区分	学校数	学生数	うち女学生比率	うち多文化学生
幼稚園	8,987	704,138	49.0	
初等学校	6,001	2,672,843	48.4	73,972
中学校	3,209	1,457,490	47.8	15,080
高等学校	2,353	1,752,457	47.7	9,816
特殊学校	170	25,502		
各種学校				318
専門大学	138	697,214		
大学	201	2,133,955	43.3	

① 幼稚園　　A,韓国ソウルの納付金の高い私立幼稚園順位

順位	幼稚園名	年間納付金
1	ウチョン幼稚園	14,169,996(17,000,000)ウォン
2	オリンピック幼稚園	10,644,000 ウォン
3	テョンダムモンテソリ幼稚園	10,169,160 ウォン
4	中央大学付属幼稚園	9,975,960 ウォン
5	サンミョン師範大学付属幼稚園	9,869,964 ウォン

B,ソウル江南(カンナム)英語幼稚園　　(『中央日報』2018,7,23)

英語幼稚園名	月納付金
GATE Apgujeong 語学院	2,243,000 ウォン
GATE Daechi 語学院	〃
BCC(BC Collegiate)	2,200,000 ウォン
GATE Seocho 語学院	2,193,000 ウォン

　韓国教育の歴史は、本格的には戦後からスタートしたと言っても良いだろう。即ち、まだ歴史が浅く、その分、教育制度が確立できていない部分もあるということを認めなければならないだろう。特に、幼稚園はもっとも歴史が浅いため、まだ、混乱が続いているし、小学校に入学前の過程で正規の幼児教育機関と私教育（教育部が正規教育機関として認めていない所、例えば、学習塾・予備校・習い事塾など）機関が運営するところと別れていて、親たちの混乱を招いている。例えば、表AとBは、Aが教育機関の幼稚園だが、Bは英語スク

ールで運営する英語を元にしている幼児教室である。ところが今は、英語以外の学習も取り入れて、幼稚園とあまり変わらないプログラムで運営している。

　私立幼稚園の平均授業料は、1カ月約70万ウォン（給食、バス費）であるが、内容は、英語週6時間（英語4、中国2）、音楽（バイオリンなど）、美術、スポーツ、スキーなどのカリキュラムを取り入れている幼稚園が多い。

　韓国の江南には、高額の英語・中国語幼児教室(3～7才)が続々登場しているが、GATE幼児教室の場合は、韓国の代表英語教育を展開しているYBMが運営していて関連教育学校、教室を全国的に広げている。GATEは、英語だけではなく中国語にも力を入れているが、表Bで見るように一か月授業料がApgujeong教室などは2,243,000ウォンで、年間3,000万ウォンに近い。韓国大学の2016年の年間授業料が4年制で平均667万5000ウォンである。国立大学は418万ウォン。2015年度4年制大学医科系列授業料、一番高額の高麗大学が1,241万ウォンであった。一般私立幼稚園の一か月平均授業料(32万ウォン)の5倍以上にもなっている。韓国の幼児教育制度が近年少々変わることになっている。一般幼稚園教育で、英語教育制度を変える予定である。そのために、益々これらの英語・中国幼児教室に注目が集まっている。

② 初等学校(小学校)　　　　　　　　　　　　　　　　　　　　　　　([ウモンセンス]など)

初等学校	納付金	特徴
ウチョン初等学校	1,290万ウォン	ミッションスクール。アメリカ小学校テキスト。一人一特技。オーケストラ、スキー、科学など。
ヨンフン初等学校	1,157万ウォン	英語授業実施で有名。2013年から1・2年は不可のため、父兄が憲法裁判。2016年、合憲と判決。韓国人担任と外国人副担任制。
世宗初等学校	1,160万ウォン	オーケストラ、ミュージカル、ダンス、吹奏楽等数学・化学融合英才学級と音楽英才学級を自体的に運営。英語・中国語・乗馬・ゴルフなど。
ソンドン初等学校	1,180万ウォン	礼儀作法教育。科学カフェ、オーケストラ、スポーツ教室など。

京畿初等学校	1,000万ウォン	15名小グループ制。歴史的名門校。三星財閥系 子息や財閥子息が多い。一人一楽器
崇義初等学校	850万ウォン	芸術・体育系教育に充実。芸能人の子息が多い。

　2013年に変わった韓国の教育制度には、小学校1・2年生は正規教育で英語科目の開設不可となっている。3・4年生は週2時間、5・6年生は3時間以内で英語の授業が可能である。数学などを英語で教えるのも禁止した。韓国の多くの私立初等学校は、英語のカリキュラムを重視していたため、打撃が大きかった。今は、放課後などを利用して英語・中国語学習に力を入れている。

③中学校

　2009年基準のデータでは、中学校総数3,106校で、国立9校、公立2,447校、私立650校となっている。この内男子校が418校、女子校が373校、男女共学が2,315校である。学生数は合計2,006,972人。男子1,063,741人、女子943,231人であった。注目したいのは、韓国は男女共学が進んでいるが、まだ男子校・女子校と別々の学校が多いということである。もう一つ、日本と比較できるのは中学校などで、教育内容にボランティア制度を導入していることである。

・国際中学校

　韓国教育部は、早期留学ブームなどで初等学校から留学をし、帰国子女も増え、受け入れ先として、または早期留学ブームの授与を吸収する目的などで国際中学校を設けた。英語でほとんど授業が行われることが特徴である。

　1998年開校の釜山国際中、2006年開校の清心国際中、2009年に国際特性化中学校として変更したデウォン国際中、ヨンフン国際中など4校がある。2013年、全国国際中平均競争率は13.1:1で、2015年度11.8:1より上昇。釜山国際中は、60人募集に1374人志願、22.9対1で、青心国際中は100人募集に1434人志願14.3対1を記録した。

④幼稚園から高校までの公立と私立の学費比較　　　（単位：万ウォン、倍）（『韓国日報』2016,9,26）

区分	幼稚園	費用	比率	初等学校	費用	比率
公立	公立	12	200	公立	82	14.1
私立	Eton HouseLodge	2,436		ヨンフン初	1,157	
外国人学校				ソウル外国人学校	3,796	

区分	中学校	費用	比率	高校	費用	比率
公立	公立	61	12.7	公立	264	10
私立	ヨンフン国際中	776		民族士官高	2,527	
外国人学校	ソウル外国人学校	3,897		ソウル外国人学校	4,684	

⑤海外留学生現況　（資料 KESS）　　　　　　　　　　　　（単位:人）

区分	2013年度	2014年度	2015年度
初等学校	5,154	4,455	4,271
中学校	4,377	3,729	3,226
高等学校	2,843	2,723	2,432

⑥国家別留学先現況　　　　　（単位:人）　（2015年度　資料 KESS）

区分	初等学校	中学校	高等学校
計	4,271	3,226	2,432
アメリカ	953	974	969
日本	76	49	65
フランス	13	11	15
ドイツ	34	54	61
スペイン	14	9	9
中国	335	428	312
カナダ	979	487	249
オーストラリア	192	106	84
ニュージーランド	207	120	72
ロシア	13	20	14
イギリス	52	51	43
中東	19	17	6
南米	32	27	19
フィリピン	530	450	176
タイ	64	40	14
シンガポール	46	42	24
インド	29	34	16

その他 東南アジア	73	33	26
インドネシア	33	11	3
マレーシア	124	73	17
ベトナム	64	16	12
未確認	37	52	125
その他	352	122	101

　韓国は、小学生の留学が多いのが目立つ。日本ではあまり考えられないことであるが、ほとんどは、英語圏の留学が中心であり、そのくらい韓国社会が英語を重視していることが一目瞭然でわかる。では、なぜ小学生からの留学なのか。言語というのは低年齢ほど発音で影響されるし、言語による思考力また、低年齢ほど確立されやすいという考えからである。

　今の韓国の教育の現場では、英語が必須であり、留学に行かなくても、幼稚園から英語専用幼稚園に通わせる。また、幼児の子供を連れて英語の語学研修で世界を旅している韓国人の親子と多く出会うことができる。

　近年は、留学生が毎年減少している傾向である。それは、小学校からの留学だと母親と共に親子留学が多かったことから、家族バラバラの生活で多くの社会問題を起こしていた。そのために、近年は、アメリカやイギリスのシラバスを適用した幼稚園や、英語専門幼稚園などが増えていることと、短期留学などで効果が上がる一方、韓国の国内教育現場でも、社会問題を解消すべく、英語で授業を行う中学校や高校が次々と開設すると同時に、アメリカ・イギリス分校も韓国に開設されているため、韓国国内で英語の教育を受ける環境が整っているためと考えられる。

・国際学校

区分	本校	過程	通学方法
CHADWICK INTERNATIONAL SCHOOL（CHADWICK SCHOOL 韓国キャンパス）	アメリカ LA	幼稚部～高校	通学・寮 選択可
Jeju Branksome Hall Asia(カナダ Branksome Hall Asia キャンパス)（韓国唯一女子寄宿私立学校）	カナダ Branksome Hall	幼稚部～高校	通学・寮

Jeju NLCS (North London Collegiate School Jeju/ 英国NLCS アジアキャンパス)	英国	幼稚部〜高校	通学・寮
Jeju KIS (Korea International School Jeju)	韓国公立国際学校 KIS Jejuキャンパス	幼稚部〜高校	通学・寮
SJA Jeju (Saint Johnsbury Academy Jeju)	アメリカ名門校 2017, 10〜	幼稚部〜高校	通学・寮

　済州島などこれらの国際学校は、寮の費用入れて1年総額が4,000万ウォンくらいかかると言われている。

＜参考文献など＞

『世界日報』2012.11.5

韓国教育部ホームページ

文部科学省ホームページ

mitsumolist

4．日韓の大学と高校

1）日本の高校と大学

　初めに、日本の高校の特徴を一つ紹介したい。韓国と大きく違う点であるが、日本の場合、一番入学が厳しい難関大学が東京大学と言われているが、東京大学に入るためには、高校の学習レベルだけでは入れないということである（公立基準）。韓国の場合は、全国のどの高校で勉強をしても、韓国の一番難関大学のソウル大学に入ることができることになっている。しかし、日本は結論的に公立の高校レベルでは入りにくい。これが不思議な日本の教育事情であり、日本の特徴と言える。このような不思議な制度は、大学入試に限らない。日本は、幼稚園から学校によって入試制度があり、入試の結果で入学が決まる。日本は中学まで義務教育であるが、中・高一貫校が多いために、中学から入試で入る場合が多い。当然、中学入試も小学校の学校の学習内容では入試に合格できない仕組みになっている。入試をするためには、学習塾などに通わないと殆ど入試に望むこと自体不可能と言っていいだろう。

　日本は、正規の学校以外の学習塾や予備校を禁止していないし、その制限もない。個人の選択によって私教育（正規の12年の教育過程以外の教育のこと。学習塾・予備校・習いことなど）の力を借りて名門と言われる学校に入るようになっている。そのために、日本はある面、韓国よりも教育の格差や教育による経済の格差がもっと進んでいるかも知れない。ただ、韓国なら教育制度に不満が出て当たり前だが、不満が出てこないのは、高校卒でもどの大学卒でも、就職にあまり困らないため、いわば生活に直結していないからではないだろうか。

　中学まで義務教育の日本は、高校からは受験制度がある。自分が入りたい高校に受験で入ることができる。しかし、私立や名門と言われる高校は、中・高一貫校が多く、中学校入試で入る人が多いが、ところが昔から公立の中でも名門と言われる高校もあることや、地方ではまだまだ公立の名門が多いので、公立の有名高校を狙っている人も中には多くいることも事実である。

　しかし、東大など有名大学に入るためには、有名高に入らない限り、塾・予備校は必須であり、塾・予備校では学校で習わない学習内容も勉強するというところが、韓国と違うし、結局、高校で学習しない範囲が出るということが韓国と大きな差があるところであろう。

① 日本の高等教育機関の学校数

区分	計	国立	公立	私立

大学	777(-2)	86	91(2)	600(-4)
短期大学	341(-5)		17(-1)	324(-4)
高等専門学校	57	51	3	3

②日本の高等教育機関の在学生数　　（単位：人、％）（ ）は、前年度の増減値である。文部科学省）

区分	計	うち女子％	国立	公立	私立
大学	2,873,624 (13,414)	43.4 (0.3)	610,401 (-401)	150,513 (1,747)	2,112,710 (12,068)
短期大学	128,460 (-4,221)	88.7 (0.2)	—	6,750 (-206)	121,710 (-4,015)
高等専門学校	57,658 (47)	18.0 (0.5)	51,623 (8)	3,740 (-38)	2,295 (77)

③2016年東大に合格者が多い高校の順

高校名と地域	数字
開成高等学校（東京、私立）	170人
筑波大学付属駒場中・高（東京、国立）	102人
灘高（兵庫、私立）	94人
麻布中・高（東京、私立）	94人
渋谷教育学園幕張中・高（千葉、私立）	76人
聖光学院中・高（神奈川、私立）	71人
桜蔭中・高（東京、私立）	59人

　日本も東大にどの高校が多く合格者を出しているかによって、いろいろなことが推測できると思う。まず、日本の高校のレベルを予測できるであろう。東大に合格者を一番多く出している開成高等学校を日本の一番レベルが高い高校と予測できることは勿論、上記表に名前が出ている高校が概ね日本の上位圏高校と推測できる。実際にはもっと細分した分析などもあるはずだが、結局多くの人々も上記表の高校が日本の上位圏の高校だと納得することには違いない。

　また、上記表を見ると、東京が多いことがわかる。これらの高校の名は、やはり日本の名門と言われる高校で、毎年名前が載っておりこの差は毎年大きい変化は見受けられないことである。ここから予測できるのは、日本も格差社会になっているということであり、長年、

東京や関東を中心に日本の有名大学と言われる大学に多くの入学者を出していることは間違いない。

④日本の大学の平均授業料　　　((All Aboutマネ)「学費・教育費、大学でかかるお金」)

区分	初年度	4年間合計
国立大学	1,758,000	4,575,000
私立大学	2,489,000	6,755,000
私立(理系)	2,840,000	8,180,000
私立(医歯系)	5,982,000	30,886,000(6年間)

⑤大学卒業後の状況　　　(単位：人、%)　(( )は、前年度の増減値である。文部科学省)

年度	卒業者	進学者	就職者	正規職	一時的	無職	その他
2012.3	558,692	76,856 (13.8)	357,088 (63.9)	335,096 (60.0)	19,569 (3.5)	86,566 (15.5)	18,690 (3.3)
2013.3	558,853	72,822 (13.0)	375,957 (67.3)	353,175 (63.2)	16,736 (3.0)	75,929 (13.6)	17,507 (3.1)
2014.3	565,573	71,387 (12.6)	394,845 (69.8)	372,569 (65.9)	14,519 (2.6)	68,484 (12.1)	16,415 (2.9)
2015.3	564,035	68,958 (12.2)	409,759 (72.6)	388,611 (68.9)	11,730 (2.1)	58,102 (10.3)	15,535 (2.8)
2016.3	559,678	67,563 (12.1)	418,163 (74.7)	399,025 (71.3)	10,184 (1.8)	48,866 (8.7)	14,970 (2.7)

2）韓国の高校と大学

　韓国の高校はどんどん変化している。大学の入試に合わせて高校が変化してきたと言っても過言ではないだろう。韓国の社会にとって、教育制度は大変敏感な部分であり、人々の関心がとても高い。韓国の政治家にとっても選挙の公約に教育制度は大きな比重を占める部分になっている。

　韓国の高校は、大学入試や大学の制度に合わせて高校の制度も大きく変わってきたと言ってもいいだろう。以前は、日本のように私立・公立と簡単に分類できたが、今は、私立もだいぶ形態が変わりつつあり、公立でもいろいろな仕組みになっている。

①韓国2016年度高等学校流形別現況　　　　　　　　　（単位：人）

流形	学校数	学生数	教員数
一般高校	1,545	1,256,108	91,474
特目高校	152	67,607	7,416
特性化高	497	290,632	26,306
自律校	159	138,110	10,231
計	2,353	1,752,457	135,427

・一般高というのは、言葉通りに韓国の一般的な高校を指す言葉であり、韓国の基本教育政策である平準化政策に基づいた高校を言う。日本と違うのは、一般高校はほとんど大学に進学する学校になっていることと、大都会では日本の義務教育の学校のように、学校の選択ができず居住区内の高校の中から推薦で入るシステムになっている。もう一つは、私立と公立が混ざっているがほとんど区別がなく、授業料も私立・公立の差がほとんど変わらないということである。

・特目高校というのは、学校の専門化で分類できる専門的高校と言える。科学を重視した学校や、芸術・体育を重視した学校、外国で授業を行う外国語学校などがある。特目高の類型は、外国語（31）、国際高(7)、科学高、英才高、芸術・体育高、マイスター高である。科学高と英才高は、国と自治体が特別に設立、または指定した高校のことである。ほとんどの授業料が無料で、寮での生活だが寮費用などは私費である。科学高は2年で卒業可能で、以降大学へ進学することができる。科学高は全国20校、英才高は全国8校がある。

・自律高・自律私立高は、自立的に学校を運営することを許可された学校のことである。

・特性化高は、大学への進学をせずに高校を卒業してから就職が目的の高校を言う。

・一般高は、正規の授業後、ヤザと言われる夜間自律学習時間があり、私教育の抑制政策の一環となっている。

②2016年度ソウル・KAIST大学合格者現況(%)

区分	特目高・英才高	科学高・英才高	外高・国際高	その他特目高
ソウル大学	25.8	8.7	11.8	5.2
KAIST	65.5	63.6	1.9	0

③KAIST 大学

　Korea Advanced Institute of Science and Technology は、1981年に韓国科学技術研究所(KIST)と韓国科学院(KAIS)が統合して韓国の大田広域市で出発した大学である。1989年より学部から大学院までの体系になり、その後も変革をしながら2009年にその統合を確立し、今日の形になった国立大学と大学院である。

　高度科学技術人材の養成と国家政策的科学技術研究及び研究支援が目的としている理工系大学であるが、韓国大学をリードしていると言える。講義は全て英語で行われている。

　2016年アジアイノベーション大学ランキングで1位KAIST、2位東京大学、3位ソウル大学の順になっている。2015年度世界イノベーション大学ランキングでは、第10位で、唯一アメリカ以外の大学であった。東京大学は24位。2016年度は、世界第6位に上がった。

④高等学校卒業後現況　　　(単位：人、%)　(資料KESS)

区分	卒業者	進学者	就業者	その他	進学率
2016	607,598	423,997	61,882	121,719	69.8
2015	615,462	435,650	61,370	118,442	70.8

⑤韓国の大学　　　(資料KESS)

区分	学校数	在校生数	うち女子比率%
専門大学	138	697,214	
大学	201	2,133,955	43.3%

⑥大学卒業後の正規職率　　　(単位:%)　(資料KESS)

区分	2011年	2012年	2013年	2014年
専門大学	67.8	68.1	67.9	67.8
大学	65.5	66.0	64.8	64.5
大学院	79.2	79.1	78.5	77.5

⑦卒業率推移　　　(単位:%)　(資料KESS)

区分	2012年	2013年	2014年	2015年
男子(大卒以上)	3.0	3.1	3.2	3.3
女子(大卒以上)	3.5	3.4	4.1	4.0
全体(大卒以上)	3.2	3.3	3.5	3.6

5．日韓アイドルについて

1）日本のアイドルの流れ

　本来アイドルとは、「偶像」「崇拝される人や物」「あこがれの的」「熱狂的なファンをもつ人」の意味を持つ英語に由来する。しかし、日本に入ったアイドルの意味は本来の意味と変わり、日本独特のアイドルの形を作り上げた。それは、「成長過程をファンと共有し、存在そのものの魅力で活躍する人物を指す」。また、「親しみやすい存在」と同時に「手が届きそうで届かない存在」という意味を持ち、日本だけのアイドル文化を作り上げた。現在でも日本のアイドルの意味は、この枠から抜けていない。

　日本のアイドルは、1970年代に未成熟な可愛らしさ・身近な親しみやすさなどに愛着を示す日本的な美意識を取り入れた独自の「アイドル」像が作り上げられた。アメリカを始め、アイドルを誕生させるのは、オーディションプログラムである。日本は、1970年代に多くのオーディション番組からアイドルが誕生した。

　特に女性アイドルが有名であるが、1970年代に活躍したのは、森昌子、桜田淳子、山口百恵などを代表に上げられる。1980年代は多くのアイドルが誕生し、全盛期を迎えたと言えるだろう。松田聖子、小泉今日子、中森明菜、工藤静香、中山美穂、南野陽子、浅香唯などである。これらのアイドルには、ファンなどで構成された「親衛隊」と呼ばれる応援組織が結成され、コンサートやイベントで活躍したのも特徴と言えよう。「親衛隊」は、アイドルの所属事務所から公認され、また支援を受け、全国的な組織として発展し複数存在するようになった。

　男性アイドルは、1970年代は郷ひろみ、西城秀樹、野口五郎を代表として上げられる。1980年代になるとジャニーズ事務所の存在が現れ、以降、日本の男性のアイドルの代表所属事務所になる。1980年代は、たのきんトリオの田原俊彦、近藤真彦、野村義男とシブがき隊、少年隊、光GENJI、男闘呼組、忍者。その他に、チェッカーズ、吉川晃司、本田恭章などが活躍した。

　1990年代は、女性アイドルがほとんど消滅時代と言える。また、アイドルと言われる存在も薄い時代であった。ジャニーズ事務所が送り出したグループだけが活躍していたと言えよう。SMAP、嵐、KinKi Kids、TOKIO、V6などである。

　2000年から2010年代に入ると、東方神起、BIGBANGを皮切りに超新星や2PM、FTisland、少女時代、KARAなどのK-POP組などが日本に押し寄せてきた時代と言える。EXILEもこの頃

誕生した。

①ジャニーズ事務所

　喜多川擴（ジャニー喜多川）が1962年6月に創設した。初めは野球チームを創設して活動したが、その中から何人か音楽活動をしたきっかけから音楽事務所に拡大していった。1964年初のジャニズが誕生した。スタートが男性だけの野球チームからということもあり、自然と男性アイドルの育成に力を入れることとなった。特に、ジャニーズ Jr. から独り立ちしたグループの養成・育成に力を入れている。

　社長のジャニー喜多川が認めなければCDデビューはできないと言われており、今までデビューして活躍した、少年隊、SMAP、TOKIO、KinKi Kids、関ジャニ∞、KAT-TUN、Hey!Say!JUMP、Kis-My-Ft2、Sexy Zone ジャニーズ WEST なども、グループ結成からレコード・CDデビューまでかなりの期間を要したと言われている。

　ジャニーズは、所属タレントのコンサート・舞台等の主催、企画、チケット販売などは、それを扱う専門会社「ヤング・コミュニケーション」が設立されており、そこには「ジャニーズチケット販売約款」という規約が作られている。

　他の芸能企画社と違いチケットの販売もジャニーズだけの特徴がある。まず、チケットはファンクラブ会員に最優先で販売されるということと、そのルートも決まっていることからファン管理も有効にできているといえる。ジャニーズだけの特徴あるトータルシステムによって、アイドルの人気も維持できる方法を成しているかも知れない。

②現在の日本のアイドル

　落ち込んでいた日本のアイドル業界に、2000年代後半に韓国のK-POPが雪崩れのように入ってきて、現在の日本は第2のアイドルブームを迎えていると言える。日本国内のもっとも立役者は女性グループアイドルの誕生であろう。

　2005年に、現在も人気が続くAKB48が結成されたことはその意味が大きいだろう。「アキバ系アイドル」として、今までとは完全に変わった形態のアイドルグループの誕生である。AKB48の人気に便乗するかのように、日本全国で次々と女性団体アイドルグループが誕生し、2010年代はアイドル戦国時代と言われている。SUPER☆GiRLS、東京女子流、さくら学院、BABYMETAL、ももいろクローバーZなどであるが、地方からも、新潟のNegicco、宮城のDorothy Little Happy、愛媛のひめキュンフルーツ缶、福岡のLinQなど、ローカルアイドル（ロコドル）地域に密着したアイドルが誕生し全国デビューしている。現在、東京拠点のアイドル500組と、全国に841 (2017.1.1現在)組が存在していると言われる。

③日本のアイドルの特徴

　日本のアイドルの特徴は、「成長過程をファンと共有し、存在そのものの魅力で活躍する人物を指す」ということで、完璧さを求めないことである。日本のアイドルは、歌も顔もスタイルも完璧でなくても良し、ということである。一般人とあまり変わらないことで「親しみやすい存在」と同時に「手が届きそうで届かない存在」という意味を持ち、これらはやはり日本だけのアイドル文化を作り上げたと言っていいだろう。ファンは、アイドルの成長を共に見守っていくことができる。

　日本のアイドルは、歌手活動だけではなく、様々な活動舞台で活躍している。ドラマ、演劇、芸能活動は勿論、ニュースキャスター、声優など、芸能全般で活躍しているのである。ドラマの主人公に抜てきできることで、ファン層の拡大に繋がり国民的アイドルに発展する。韓国は、アイドルが歌手以外の場で活動すると大変強い非難を浴びる。なぜなら、韓国は人気や有名勢だけでは許されず、どの分野も完璧さを求めるからである。ドラマの分野でも、演技が検証されてない状態の人気アイドルは、非難から避けられないのである。人気だけで、その専門分野に立証される根拠にはならないということである。他の専門分野も同様で、韓国はそれぞれの分野に完璧さを求めるために、アイドルが芸能全般で活躍することは難しい。その面日本とは大きな違いがあると言えよう。

　現在、アイドルになりたい日本の若者たちが、韓国で厳しい練習生訓練を受けながら、韓国でのデビューを夢見て練習に励んでいる。TWICEなど韓国でデビューして活躍している日本人アイドルは10人ほどいるという。韓国でデビューすると、日本だけではなく世界で活躍するアーティストになるので、第2 TWICEを目指す日本の若者たちが韓国へ留学したり、大阪のK-POP事務所でそのチャンスを待っているという。これからの活躍舞台に国籍や国家にこだわる必要はないのではないだろうか。K-POPが韓国語の意味において世界の人々を魅了しているのではなく、新しいジャンルやパフォーマンスなどで、世界の人々の心に近づき共感台を作り上げている。音楽の力は、国境やイデオロギーなども超えられる。韓国は、国籍に関係なくこれから多くのアーティストたちをいろいろな国でデビューさせたり活躍させようとしている。多国籍アーティストたちが世界で自由に飛び立ち、世界の人々と一つのジャンルで疎通できる日がくることを期待してみたい。経験やノウハウを持つ日本はその力の原動力になってほしいのである。

2）韓国のアイドル

　韓国のアイドル誕生は日本よりだいぶ遅れてからである。1990年中頃からと言えるが、具体的には、1996年にデビューしたH・O・Tからと言われている。韓国では、1990年から2000年初めに登場したアイドルを、一世代アイドルと言い、2000年中後半から登場したアイドルを二世代アイドルと分けている。

　現在の韓国のK-POPアイドルが誕生したのは、2000年代後半からと言われている。少女時代、KARA、東方神起、BIGBANG、超新星、2PM、FTislandなどである。

　韓国のアイドルを理解するためには、K-POPをリードしている韓国のエンターテインメント社を抜きにして説明しにくい。韓国のエンターテインメント社は代表的に3社を上げることができるが、K-POPに詳しい人々は、世界的にK-POPアーティストと共にこれらのエンターテインメント社のことも詳しいだろう。J-POPを理解する時に日本のジャニーズ事務所を理解するのと同じである。

①練習生からデビューまで

　韓国のアイドルは、練習生の時代を経てデビューする。練習生は、まずオーディションから選ばれる。オーディションの競争率は、1000:1と言われている。ということは、オーディション段階である程度の実力がないと練習生にも選ばれないということである。練習生になれば、歌・ダンスは勿論、マナー、語学なども勉強しなければならない。歌、ダンス、語学、スタイルなど、完璧にスターになれる状態でデビューができるのである。

　韓国のアイドルの寿命は約5年と言われている。1年で60グループも量産されるが、殆どは間もなく消えてしまうと言う。2011年にデビューしたアイドルグループは40あったが、2016年まで活動して残っていたのは5グループだけだったという。早いと2年、長くても4〜5年と言われる。1つのアルバムを出して消えたグループも存在する。

　また、韓国のアイドルの仕組みは、日本とまったく異なる。韓国は、オーディションで合格すれば練習生として選ばれるが、練習生時代に掛かる諸費用は全て会社が負担することになっている。練習生の時の費用は、結局アイドルの借金になる訳で、デビューしてから費用を清算する仕組みになっているのである。練習生時代が長いほどその費用は膨らんでしまう。一人1か月に掛かる費用は、10万円から30万円くらいと言われているが、寮で生活する場合は追加される。アイドル1グループのデビューに掛かる費用は、1億円という投資費用がかかると言われていて、大型企画社が練習生にかかる費用は、1か月2千万円で、1年で2億円という。企画社も2〜3年でデビューさせないと、大損失だという。

デビューしたアイドルは、何年間は借金の返済でほとんど給料がもらえない。デビュー後4～5年も生活苦のアイドルも多いということである。今活躍しているAOAのメンバーも3年でやっと清算できたとの話だ。派手な生活の裏には、いろいろな苦労があるのである。

②SMエンターテイメント

1995年に設立された韓国の代表的なエンターテイメント会社である。H.O.T、BOA、東方神起、少女時代、シャイニー、スーパージュニア など、多くの有名スターを送り出してきた韓国を代表するエンターテイメント＆メディア社である。

事業活動は、音楽と文化のトレンドコードを分析してマーケティングを広げている。差別化した戦略で、コンテンツを発掘し、出資している。韓国だけではなくアジアを代表するエンターテイメント会社としての立場や努力を続けている。

普通SMと言う名で知られているが、体系的で組織されたキャスティング（オーディション）、トレーニング、プロデューシングシステムを持っている。芸能マネージメント事業に力を入れている。現在は海外支社の新設や、戦略的提携などで事業領域を持続的に拡大しながら、韓国だけではなくアジア、全世界へと広げている。

2000年4月、韓国でエンターテイメント会社では初めてKOSDAQ上場された総合エンターテイメント会社となった。アイドル歌手を中心とした音楽ソフト制作や芸能マネージメントが主な事業であり、レコード会社としては韓国最大手に位置している。このほか、番組制作やオンライン事業、傘下企業を通じて芸能スクール運営やカラオケ機器製造、カラオケ店運営、不動産開発なども行っている。

所属歌手・タレントでは、ユヨンジン、カンタ、ソンクァンシキ、TRAX、呉娟受、コアラ、孫志昌、キンミンゾン、イウンホ、イドンウ、キムギョンシク、ピョインボン、ホンロッキ、東方神起、スーパージュニア、少女時代、シャイニー、F(x)、EXO、NCT、チュカヨル、BoA、イヨニなどである。

2011年、韓国国内レコード界市場の占有率は、SMが30.4%で1位、2位がYGエンターテイメント8.9%であった。2013年3四半期株式上場社の内、3社の売上高の占める割合は、全体上場企業売上高の28.91%を占める。SMエンターテイメント15.46%、YGエンターテイメント12.33%、JYPエンターテイメント1.12%である。

SMは、きついスケジュールと決まらない日程などで、心身が疲れている芸能人たちに、栄養士、心のケアができる相談員なども常勤していると言われている。

2018年上半期決算では、異変が起きている。経営不振などに落ちいるなど中々2社を超え

られなかった JYP が 1 位に上がっている。その裏に TWICE の活躍があるに違いない。

③YG エンターテイメント

1 世代アイドルグループの一つの「ソテジワアイドル」のメンバーだったヤンヒョンソクが設立したエンターテイメント会社である。特徴としては、We are One「YG FAMILY 私たちは一つだ」を掲げて活動している。

FAMILISM―マルティフレイ的な会社環境を造成し、YG ファミリーは誰でも利用できるようにしている。フィットネスルーム、シャワー施設など、ホテルなみの施設を完備しており、きついスケジュールをこなして家で食事ができないメンバーのために、食堂は家庭食と同じレベルで用意されている。24 時間果物も提供されているという。

・FAMILY ということを強調している YG は、家系図も作っている。

 Father=ヤンヒョンソク

 1 世代　1TYM、ジヌソン

 2 世代　セブン、ビックママ、フィソン、グォミ

 3 世代　ビックバン、2NE1

Adopted line-up クヘソン、ユインナ、チョンヘヨンなど(2012 基準)

所属歌手・タレントは、BIGBANG、ICON、WINNER（ウィノォ）、楽童ミュージシャン、PSY（サイ）、ケイティキム、イハイ、Sects Kites（ジェッスキス）、BLACK PINK、リゾンソク、チェジウなどである。

アメリカ合衆国に「YG アメリカ」、日本に「YG JAPAN」を設立していて、近年 SM とその格差を大変縮めてきて、その成長ぶりが目まぐるしい。

④韓国の音楽消費層の特徴

SM と YG は、Segmentation を志向している。韓国のレコード界消費層及び好みのジャンルを年代別に分類すると、10 代がダンス、アイドル、20 代-30 代がバラード、インディーズバンド、40 代が大衆歌謡、7080 世代・50 代がトロットである。SM と YG は、Targeting は、10 代-20 代の女性であるが Genre は異なる。SM が VARIOUS で YG は mostly HIP-HOP である。韓国のエンターテイメント事情を全体でみると、10 代 Habra で、20-30 代がバラード及びホークなど、40 代以上が伝統歌謡である。2015 年のレコード界消費層は、10 代が 65%を占めている。

⑤K-POP について

1990 年以降、韓国の大衆音楽は、ダンス・ヒップホップ・R&B・バラード・ロック・エレ

クトロニクス音楽などが人気を集めた。1992年ソテジワアイドルのデビューで、ラップとダンスなどが注目を集めると同時に、いろいろと複合的混合の音楽的方向と男性グループが成功を収めて、音楽の流れも変化し、現在のK-POPへと変貌していたと言われている。

　2000年代に入り、韓国以外でも韓国の大衆音楽が流行り、その時からK-POPという用語が使われ始めた。K-POPジャンルでも、アイドルグループの音楽で、単純でテンポがやや速くてリズム感がある、真似しやすいメルローデと歌詞に、カッコイイダンスで見せる群舞が世界の多くの人々を魅了したのである。西洋のPOPよりまた別な特徴を持っていると言われているK-POPは、「若くて魅力溢れる可愛いガール・ボーイグループを象徴する」と、イギリスのテレビが表現した。k-POPはまた、ハイブリッドジャンルとも呼ばれているらしいが、欧米のポップスに韓国的情緒が融合されたとの意味らしい。

　韓国のエンターテイメント社の企業戦略も競争が激しい。所属歌手の広報用ミュージックビデオをYouTubeなどに乗せたり、オンラインマーケティングを広げている。これに接した人々はTwitter、FacebookなどSNSを通して拡散させるやり方で、全世界の若者たちにK-POPが急速に電波されていく仕組みになっている。例えば、今一番人気アイドルグループのBTS(バンタン少年団)の曲「ボムナル」のMVが、2017年2月13日真夜中にYouTubeで公開後、約26時間38分で10,219,692ビューを記録し、視聴回数が1千万件を突破した。

　BTSは、続けてK-POPの世界記録を更新している。2018年8月24日に発表した「IDOL」は、YouTube24時間内最大5626万ビューを記録し、4日23時間で1億ビューを超えた。BTSは、2018年8月で14編のミュージックアルバムが1億ビューを突破している。

　ちなみに、BTSは 2016年10月、第二アルバム「WINGS」がアメリカビルボードワルドアルバムチャートで18週もTOP10という大記録をたてている。また、このアルバムを通じて韓国K-POP歌手最初の3連続「ビルボード200」チャート進入と「ビルボード200」26位という、韓国歌手では最高の順位まで登り、人気の頂上に立った。2012年歌手サイ(PSY)が「江南スタイル」で、アメリカビルボードのシングルチャートであるHOT100チャートで7週連続2位を占めたことがある。

　しかし、2018年のBTSは、ビルボードでも記録を更新している。5月に発売した『LOVE YOURSELF 轉 'Tear'』が、ビルボード200で1位に続き、3ヵ月後の新アルバム『LOVE YOURSELF 結 'Answer'』も初登場1位を獲得した。

　K-POPは、POP、ROCK、HIPPOP、R&B、電子音楽などを融合させた音楽と言われているが、K-POP歌手が歌っている曲は外国人のプロデュース曲も多い。アメリカ、スウェーデン、ノ

ルウェーから曲を貰っている。「韓国は、アメリカのビートにスカンジナビア半島の曲スタイルを要求している」と、ある製作者が言ったという。振り付けの呼吸を上手に合わせて、正に一人が振り付けをしているかに見せるアイドルを「群舞ドル」、または、カルグンムドル(剣群舞ドル、完璧に息がピッタリ合う群舞をやるアイドル、一糸乱れない群舞)と言う。カルグンムドルで評判があるのは、ティンタップ、インフィニティなどである。

＜K-POPのYouTubeでMV1億ビュー突破曲(2017.2.14基準 31曲)＞

・サイ(PSY)の「江南スタイル(25億ビュー以上)」「DADDY」「MADE SERIES」「ゼントルメン」
・PSY&ヒョンアの「オパン タク ネスタイル」
・ヒョンアの「Bubble pop!」
・BIGBANGの「FANTASTIC BABY」「LOSER」「ベンベンベン」「Bad boy」
・GDのソロ「ピタカゲ」　・GD&テヤンの「Good boy」
・TWICEの「OOH-AHHハゲ」「TT」「CHEER UP」
・BLAKPINKの「BOOMBAYAH」
・少女時代の「Gee」「OH」「THE BOYS」「MR,TAXI」「I GOT A BOY」
・テヨンのソロ「i(アイ)」
・EXOの「ウルロン」「ジュンドク」「MONSTER」「CALL ME BABY」
・スーパージュニアの「Mr,Simple」
・f(x)の「Electric Shock」
・2NE1の「ネガゼイルジャルナガ」
・バンタン少年団(BTS)の「FIRE」「チョロ」「ブルタオルネ・ファイア」「ピタムヌンムル」「サンナムジャ」総4曲

⑥韓国エンターテイメント社の順位(2016年末)

・SMライン(SM-少女時代、XEO、BOA、東方神起、スーパージュニア、シャイニー、f(x)、Red Velvet、天上智喜、NCT)・(Woollim-INFINITE、Lovelyz、テイスティ、ネル)
・YGライン(YG-BIGBANG、IKON、WINNER、PSY、AKMU)
・Loenライン(ロエンテュリ-アイユ、Sunny Hill、EXID、Fiestar)(Starship-SISTAR、Boyfriend、MONSTAR X、ジョンギゴ、メドクラウン)(A Cube-Apink、ホガク)
・JYPライン(JYP-Miss A、TWICE、2PM、GOT7、ペクアヨン、パクジミン)
・CUBEライン(CUBE-BEAST、BTOB、4minute、CLC、Pentagon)
・FNCライン(FNC-AOA、CNBLUE、F.T.Island、N.Flying、ジュニエル、ユジェソク)

・Cjライン(Cj-ダビチ、チョンジュンヨン、イェリックナム、SG.WANNA.B、スピカ)(ジェリピシ-VIXX、ソイングック、ソンシギョン)
・イェダンライン(イェダン-EXID、シクラウン、CHI-CHI)(ドリムティ-GIRLS DAY、ジュビス、MAP6)(YMC-エイリ、フィソン、ベチギ)
・その他、Big Hit エンターテインメント(BTS-防弾少年団)

〈参考文献など〉
『頭山百科』
ウィキペディア(2016.10.1基準)

6. 日韓のファッションについて

Ⅰ) 日本のファッション

①日本のアパレル業界について　（平成25年7月-平成26年6月 決算）

平均年収	507万円
市場規模	4兆7,867億円
経常利益	3,475億円
売上高純利益	+3.8%
過去5年間伸び率	+4.0%
総資産	4兆1,156億円
労働者数	35,663人
平均年齢	38.9歳

②2018年日本のアパレル業界の売上高ランキング　（2017,2～2018,5）

順位	企業名	売上高	営業利益
1	ファーストリテイリング	1兆7,041億円	2,388億円
2	しまむら	5,651億円	439億円
3	ワールド(UNTITLED,CORDIERなど)	2,458億円	132億円
4	オンワードホールディングス	2,430億円	59億円
5	青山商事	1,888億円	182億円

③2017年アパレル業界の世界ランキング　（FASHION RYUTU BLOG 2018,5,17）

順位	企業名	売上高	世界店舗数	基幹業態
1位	インディテックス(スペイン)	3兆4,203億円	7475店	ZARA
2位	ヘネス&マウリッツ(H&M)(スペイン)	2兆7,608億円	4739店	H&M
3位	ファーストリテイリング(日)	1兆8,619億円	3294店	UNIQLO
4位	ギャップ(米)	1兆7,248億円	3594店	OLD NAVY
5位	リミテッドブランズ(米)	1兆3,742億円	3075店	Victorias secret
9位	しまむら(日)	5,651億円	2145店	しまむら

④近年、日本のアパレル業界は、ユニクロやジーユーを展開するファーストリテイリングの活躍が目立つと言える。ファーストリテイリングは、海外でも中国・韓国・台湾など東南アジアを中心に世界企業として成長しているが、会社の収益も連続で増収を記録している。国内業界2位のしまむらは、地方を中心に1,401店舗(2018,2基準)展開している。台湾に45店舗、中国に11店舗と、台湾と中国を中心に海外展開も積極的に行っている。この2大ファストファッション系企業を巨頭に続くのがワールドなどの国内アパレル企業であるが、やはり大きな収益を得るには海外展開が不可欠だという意見も出ているなか、アパレル業界は様々な企業戦略を出すなど新ビジネス業界への模索も続いている。

ワールドやオンワードHD、TSIホールディングスなど既存アパレル業界も、2010年頃までは長引く消費不況や百貨店離れなどの影響もあり、減少傾向にあったが、2011年頃から回復基調に転じている。2012年には国内百貨店の売上高が16年ぶりに前年比を改善。同2012年の政権交代後のアベノミクスの影響もあり、消費マインドの持ち直しも見られる。厳しい状況が続いていたアパレルメーカーも、最近は好調に転じているようだ。

アパレルの売上は流行や天候に左右されるため、予測を立てるのが難しい。特に、近年は猛暑や異常気象が多発しており、服を売るタイミングを図るのが難しくなっている。しかし、世界的に不況と言われる時代でも、アパレル業界は大きな変化は見られず、利益を出しているのは、私たちの生活と密接した産業であるということであろう。その点はこれからも変わらないと言えよう。

日本のアパレル業界も変革を求められている。一つの例として、カジュアル衣料大手のストライプインターナショナル(岡山市)は、2017年1月5日、ホテルを併設した旗艦店を東京・渋谷の渋谷パルコ・パート2跡地に開設すると発表した。かつての「ファッションの聖地」は、雑貨も扱う家族向け新規ブランド「KOE」に変身するという。KOEを若い女性をターゲットにした「アースミュージック&エコロジー」など主力ブランドを超える「象徴的なブランドに育てる」と発表している。業界ではカフェ併設の動きも活発化し、男女や年齢層を問わず、環境に配慮した衣料、食器、リビング用品、化粧品など品ぞろえも豊富だが、魅力的な「暮らし」をどう打ち出すかが新たな競争軸になっていきそうだ。(『日本経済新聞』2017/1/6)

⑤日本のカジュアルファッション人気ブランドランキング　　　　　（「Lady`s Me」）

順位	女性	女子大生
1位	UNITED ARROWS（ユナイテッドアローズ）	LOWRYS FARM　（ローリーズファーム）
2位	X-girl（エックスガール）	mysty woman　（ミスティウーマン）
3位	BEAMS（ビームス）	JEANASIS　（ジーナシス）
4位	earth music&ecology（アースミュージックエコロジー）	MISCH MASCH（ミッシュマッシュ）
5位	LOWRYS FARM（ローリーズファーム）	Dip Drops（ディップドロップス）

⑥10～20 Mens Fashion　　　　　　　　　　（定番男服－メンズファッション定番アイテム）

順位	10～20代に人気ブランド	大学生に人気服ブランド
1位	RAGEBLUE（レイジブルー）	BEAMS（ビームス）
2位	RARE（ハレ）	ユナイテッドアローズグリーンレーベルリラクシング
3位	UNIQLO（ユニクロ）	ナノユニバース
4位	GU（ジーユー）	ジップスジェットブル
5位	GAP（ギャップ）	RAGEBLUE（レイジブルー）

2）韓国のファッション

　韓国は、街なかを何時間歩くだけで、ファッションの流行りなどが予測できる国である。同じ服や、同じスタイルの人で溢れていることがわかる。韓国の人々は、流行に敏感で、同じスタイルを苦とせず、それどころか、同じスタイルをすることで、トレンドを共有しているという安堵を感じている風にもみえる。

　また、アイドルや有名人のファッションなどをよく観察していて、芸能人や有名人の海外に出入国する際に着る服を「空港ファッション」と言われているが、そのスタイルのファッションや靴など、身に着けているものどれか空港で発信され、話題になると、その芸能人が自宅に着く前に、その話題になった品が売り切れ状態になる現象が起きてしまうと言われている。流行やトレンドに敏感で、新しいものが好きで、おしゃれには努力を惜しまないのが、いわゆる韓国流と言われるもののようである。

①韓国の衣類・ファッション市場の規模

年度	衣類・ファッション市場規模	オンライン規模
2015年	41兆4676億ウォン	8兆4519億ウォン
2016年	43兆1807億ウォン	10兆2316億ウォン
2017年	43兆408億ウォン	12兆391億ウォン
2018年予測	44兆3216億ウォン	……………

②韓国の衣類・ファッション市場の部分別市場占有率

種類	2016年比率	2017年比率	2017年度の金額
カジュアルファッション	32,7%	35%	14兆9945億ウオン
スポーツウェアファッション	17,3%	16%	7兆669億ウオン
靴	15,3%	15%	6兆5794億ウオン
男性ファッション	11,4%	10%	………………
女性ファッション	8,9%	8%	………………
カバン	………	7%	………………
下着	……	6%	………………
子供服	……	3%	………………

③韓国のアパレル業界の売上高ランキング　　（単位：億ウォン）

順位	ブランド名	2013年	2014年	2015年	2016年
1	ユニクロ(UNIQLO)	6,938	8,954	11,169	11,822
2	デイズ(Daiz)	2,798	3,500	4,500	4,680
3	ZARA	2,273	2,379	2,905	3,451
4	SPAO	1,400	2,000	2,400	3,000
5	H&M	1,227	1,383	1,569	2,074
6	TOPTEN10	800	1,200	1,700	2,000
7	8 IGHT SECONDS	1,200	1,300	1,500	1,500

④韓国のアパレル業界では、日本のアパレル企業である、ユニクロ(UNIQLO)がこの数年韓国のトップの座に君臨し続けている。2005年9月に韓国へ進出して以来、韓国のアパレル業界を改革しながら先頭に立ち、韓国のアパレル業界をいろいろな意味で刺激を与えながら脅かしてきたと言える。ユニクロは、韓国進出10年目で1千億円以上の売り上げを達成し、

韓国進出で成功を収めた。今は、世界の18ヵ国に進出しているが、韓国国内でも179店舗を運営し、ソウルだけでも50か所に店舗があり、韓国の至る所にあるユニクロで買い物ができ、韓国の人々の心を掴むことに成功したブランドと言える。

ユニクロを成功に収めたファーストリテイリングは、2018年9月14日、GUもソウルジャムシルロッテワールドモールに売場をオープンし、韓国SPA業界を緊張させている。GU売場では世界初のRFIDを活用したデジタルファッションストアとして、ユニクロより低下額をコンセプトにしており、韓国のアパレル業界を攻略し、第二のユニクロの座に躍り出ることができるか注目している。

韓国のファッション業界は、全体的に低下大量生産体系から、技術・知識・集約型・高付加価値産業への転換を実現しつつあり、韓国の最新トレンドが日本や中国に影響されると言われている。

最近韓国の女性ファッションは「家」というコンセプトの下に、トータルライフスタイルを経験できるフラックシップ・ストア(flagship store)を運営することらしい。経験を大事にし、その価値を感じさせることで、ボーダーレス(Borderless)ファッションが流行っている。男女の区別も、時間・場所・状況に関係なく着られるファッションということで、これからもその流行は続く予想である。

韓国は、オンライン市場が続けて伸びている。オンラインによる輸出も伸びている。しかし、多様な面で開発途中で、トータル流通市場を掌握できていない韓国ファッション市場に、先進的流通網や技術・資本力などを備えた日本代表のアパレルブランドのユニクロが韓国の市場を占領し、なお、低下額高品質のGUも参加したことで、韓国ファッション業界をこれからもリードすることは間違いない。韓国ファッション業界もこれに影響されつつ、韓国が得意とする分野を開発しながら、またオンライン市場の環境も拡大させながら成長を加速されるであろう。

⑤2016年韓国のファッション産業10大イシュー(三星ファッション経済研究所)(『Fashion seoul』)

区分	キーワード	備考
1	Suvival	成長よりは生存
2	SNS Economy	趣向認証消費
3	New Man Power	中年になったX世代のオジパワー
4	Innovative Lifestyle Retail	ライフスタイル基盤の流通大型化 VS 路地商圏活性化

5	Smart Online Business	O2O, V-Commerce, VR Service
6	Cost Effective Item	価格対性能比の進化、不況期アイテム
7	Sportism, Borderless	スポーティズム、崩れた服従境界
8	K-Style, K-Power	成長するK-FashionとパワフルなK-消費者
9	Rising Small Brands	デザイナーブレンド及びインディブレンドの宣伝
10	Mindful Life	私だけの休み空間と些細な日常の幸福追求

・上記の表は、三星ファッション経済研究所が2016年の韓国ファッション界を分析し、10大イシューとしてまとめられているもので、一目で2016年の韓国の様々な動きを読みとることができる。何点か詳しく紹介してみよう。

　1のSuvival(成長よりは生存)とは、2016年が韓国全般にわたって低成長のままで、ファッション業界は生き残るために、M&AやOnline拡大を試みるなど、成長より生存のために一番努力したという意味を指す。

　2のSNS Economy(趣向認証消費)は、SNSを通して高級化した個人の趣向を経験認証消費へとつなげていくことで、このような現象はこれからもより進化し、経験認証文化などを生んで進んでいくことをいう。

　3のNew Man Power(中年になったX世代のオジサンパワー)とは、2016年の韓国はX世代が大変活躍した年で、ファッション業界でもX世代の消費が目立ち、韓国全体でX世代が注目を浴びた年という意味を指す。アジェパタル(アジェとはおじちゃんとかおやじのことを親近感もって呼ぶことであり、アジェパタルは致命的に魅力があるおじさんの意味)という新しい言葉が流行ったり、この言葉と共にロエル族('Life of Open-mind, Entertainment and Luxury)やノム族(no more uncle)という言葉が多く使われた年と言える。いわば、40代の中年であるのに、オパ(お兄ちゃん)なのかアジョシ(おじさん)なのか区別できないほど、よく自己管理されたかっこいいスタイルで活躍されたアジェトレンドのことを表す。

　4のInnovative Lifestyle Retail(ライフスタイル基盤の流通大型化VS路地商圏活性化)とは、スタピルドハナムのような大型ショッピングテーマパークが誕生したり、エルキュブのような注文型店舗が増えたり、個性溢れる小型個人店などが集まった路地商圏が新しいイシューになった年でもあった。

　5のSmart Online Business(O2O, V-Commerce, VR Service)とは、2016年はSmart Online Businessの成長を取り上げることができる。韓国は、1996年からオンラインショッピングが始まり、毎年、成長し続けてきた。オンラインショッピングは2015年基準、世界7位で

約5兆円の規模まで成長した。ファッション産業は、約15.6%の比重を占め、旅行に続いて二番目に大きい割合である。特に、モバイルショッピングの規模がオンラインを超えて一番重要なショッピングチャンネルとして浮上した。

　現在は、新しい形式の顧客との接点である V-Commerce(Video+commerce)がマーケティングのトレンドになっている。SNS と MCN など多様なチャンネルから動画を視聴しながら商品を販売するマーケティングが大勢である。

　⑧の K-Style, K-Power(成長する K-Fashion とパワフルな K-消費者)とは、韓流の人気はコンテンツ産業だけではなく、K-ビューティや K-ファッションという形で広がっている。8IGHT SECONDS(エイトセカンズ)が G-Dragon をメインモデルとして起用し、2016 年 9 月に上海 1 号店をオープンした。また、2016 年のファッション業界の一番イシューブランドの Vetement(ベトマン)が Garage Sale の場所としてソウルを選んだ。これらは、韓流の影響によるもので、これからもこの現象は広がると言えよう。

⑥「8 IGHT SECONDS(エイトセカンズ)」

　「8 IGHT SECONDS(エイトセカンズ)」とは、GD(G-DRAGON)が直接デザインに参加した「エイッバイジードラゴン(8 X G-Dragon)」と、GD が好んで着ているスタイリングを提案した「エイッバイジディスピッ(8 X GD's Pick)」の二つをコラボレーションしたブランドである。2016 年 8 月にオープンしたが、1 か月で 4 億円以上の売り上げを上げたと言う。このショップは、韓国ファッションを代表する SPA ブランドで、10 代後半から 30 代までの男女ヤングカジュアルを中心にした人気のファッションショップとして、現在明洞(ミョンドン)店、新村(シンチョン)店、上海店などがある。(『ニューストマト』2016-09-30)

⑦韓国 10 代ネットショップランキング上位　　　　　　(Style chart)

順位	ブランド名	種類
1位	ソニョナラ	女性総合衣類
2位	ミチョラ	ビンテージスタイル、スクールルック、制服アイテム
3位	ユッユッゴルズ(66gails) （６６サイズ）	ニート類、スカート、カーディガン、Tシャツ、アクセサリー
4位	ゴゴシン	女性総合衣類

| 5位 | LoveLoveMi | ジャケット、Tシャツ、ズボン、カバン、アクセサリーなど |

⑧男性ネットショップランキング上位　　　　　　　　　(Style chart)

順位	ブランド名	種類
1位	モンナム(MUTNAM)	男性総合衣類
2位	トモナリ	男性トレンドカジュアル
3位	シュポスタアイ	男性トレンドカジュアル
4位	プルライデイ	男性トレンドカジュアル
5位	アボキ	男性トレンドカジュアル

3）日韓ファッションの比較

日本	韓国
チュニックなどの体型が隠れるファッションが比較的人気	体型がハッキリするタイトなファッションが比較的人気
個性を重視するファッションを楽しむ人が多い傾向	「流行」を重要視する。同じファッションをした人たちが街中に溢れることもある。
20代でもキュートなファッションが人気	極端なキュートなファッションは10代特有
可愛いファッション	大人っぽいファッション
フレアスカートなど	テニススカートなど

＜参考文献など＞

http://mouda.asia/I0003142

https://mayonez.jp/1140

Style chart

ユニクロ　ホームページ

『ニューストマト』 2016,09,30

『韓国繊維新聞社』（www.ktnews.com）2016,09,30

http://kyuryobonus.seesaa.net/article/436500425.html 「seesaa BLOG」

ACE Trader 「オンラインマーケティング動向―衣類/ファッション」2018,3,13

7. 日韓食べ物比較

1）日本の食べ物

　日本の食べ物には、日本料理と呼ばれるものと、和食と呼ばれるもの、この二つの形式の料理が存在する。日本料理は、料理屋で提供される高級料理のイメージがあり、和食は家庭や普段身近で食べられる料理全体を言う。1898年に石井泰次郎『日本料理法大全』により日本料理が一般化されたと言われているが、高級料理のイメージは現在なお続いている。ユネスコ無形文化遺産に選ばれたのも、実は日本料理ではなく和食として選ばれたのである。

　日本の食文化の特徴は、多様で新鮮な食材料を使うことと、一汁三菜を基本にした栄養のバランスにも優れているということである。日本の食事情は、日本という立地条件を生かして自然や季節を表現した料理が多いということである。まず、日本の食文化の特徴をあげてみると、食品に手を余り加えず調理するということである。つまり、食品そのものの風味のよさを引き立たせる傾向が強く、塩で甘みを引き出したり、だしを利用したり、アク抜きをするなど、「引き算」の料理と表現されることもあるということである。食品の持ち味を生かすと共に、食品の持ち味以上においしくしないという原則もあるという。言うならば、手を加えてまで美味しくしないということであり、そこまでして食べたくないということでもあるようだ。これらは、いかに日本という恵まれた環境に食材料が豊富であったかが伺わせる。しかし、このような考えの裏には調理に対する消極性も指摘されていることを忘れないことである。

　創作料理や、いかに美味しく調理するか、という現代的な考えからは、日本の本来の食文化の特徴とは隔たりを感じられるが、日本の食文化の伝統には、このような原則や考えが受け継がれていることは間違いないだろう。

①肉料理の伝来

　日本伝統の食べ物から、肉料理があまりないことに気づく。しかし、すき焼きとかしゃぶしゃぶ、鉄板焼きなどが日本の伝統料理の枠から外されることは、想像がつかないかも知れない。日本政府の外国向け「日本食レストラン推奨制度」では、日本食は具体的に懐石、寿司、天ぷら、うなぎ、焼き鳥、そば、うどん、丼物、その他伝統の料理を日本食としている。この中に、すき焼きやしゃぶしゃぶや鉄板焼きなどは入っていない。

　日本では幕末になるまで、牛肉を食べることは一般的にはなかった。しかし、「すきやき」と称された料理は存在していた。ただし、今の肉がメインのすき焼きとは違う。魚介類の味

噌煮の「杉やき」と、鳥類や魚類をメインにした「鋤やき」という2種類の料理が、「すき焼き」の起源として挙げられている。

日本に肉の食文化が伝わったのは、1859年に横浜の開港以降、居留地の外国の人々からだと言われている。当時は日本に肉牛畜産の産業がなかったため、当初は中国大陸や朝鮮半島、あるいはアメリカから食用牛を仕入れていたという。これ以降、肉の食文化が広まったと言うことであるから、今の日本食と思われる肉料理は、日本の伝統料理としてふさわしくないと言えよう。

肉料理の代わりに、日本はたんぱく質代用品として豆腐や大豆を使った料理が発達したと言える。特に、豆腐料理はその種類も多様である。油揚げ、がんもどき、厚揚げ、オカラ、ゆば、おぼろ豆腐、ざる豆腐、高野豆腐、六條豆腐、ごどうふなどである。大変健康的でこのような素晴らしい伝統的素材を活かして、もっと料理への工夫を加えて、若者にも親しめる料理へのバリエーションが必要ではないだろうか。

②ユネスコ無形文化遺産に登録された「和食」

「和食」のユネスコ無形文化遺産は2013年12月に登録された。詳しくは、「和食；日本人の伝統的な食文化」と題してあるが、次の特徴が記されている。

・「和食」の4つの特徴
1　多様で新鮮な食材とその持ち味の尊重
2　健康的な食生活を支える栄養バランス
3　自然の美しさや季節の移ろいの表現
4　正月などの年中行事との密接な関わり

(http://www.maff.go.jp/j/keikaku/syokubunka/ich/index.html)

和食が無形文化遺産に登録された背景には、料理そのものに対しての評価ではなく、和食という食文化が失われつつあるためと言われている。その背景には、日本でも日本食ではなく、簡単に食べられるファストフードなどが氾濫しており、手がかかる和食を遠ざける傾向があるためではないかと思われる。世界でも健康食として、また美味しい食べ物として評価される和食を失わせてはならない。すでに失われつつある伝統料理も、その価値をいかして生かすべきであるし、日本の記念行事と共に、そこに生きている伝統料理を取り戻す努力が必要と言える。

③不思議な日本料理

日本料理は、個人的に大変不思議な料理として映る。なぜなら、日本人にも一般的に食べ

られない幻の料理ではないかと思われるからだ。日本料理というと真っ先に会席料理が思い浮かぶが、なぜか家庭で手軽に作られないことからきていると言える。日本料理を食べるためには、高級で格式ある料理屋に行って食べなければならないからである。そのようなところに、日本人もめったに食べられない料理が存在する理由である。高級日本料理店や高級旅館などで食べることができるために、庶民の中には口にしたことがない人もいる。日本料理であるが日本で日本人が食べられない料理で、やはり不思議な料理に違いない。

　日本料理は、作り方が難しいのではなく、手間がかかる料理が多いということではないだろうか。また、家庭で料理の見栄えと形式を考えた食べ物を作って食べるという難さもあるかもしれない。1898年に石井泰次郎が日本料理を一般化したとは言うが、本当の意味での一般化はされてなかったのではないだろうか。実際、日本料理の一般化が可能であるならば、もっと開発すべきであろう。それで、美味しい日本料理が、家庭でもお店でも手軽に食べられるのであれば、大変喜ばしいことであり、きっと世界の人々にも歓迎されるであろう。

2）韓国料理について

①伝統韓国料理

　韓国料理は、元々道教の陰陽五行の思想にのっとり、五味（甘、辛、酸、苦、塩）、五色（赤、緑、黄、白、黒）、五法（焼く、煮る、蒸す、炒める、生）をバランスよく献立に取り入れることを良しとした。また、薬食同原と言って、薬と食べ物はその基本が同じだという考えで、薬として使っている薬材を料理にも多く使っている。

　伝統的なご飯膳の組み方を飯床（パンサン）と言って、日本の本膳の立て方とも似ているが、今でも韓国では飯床（パンサン）が基本になっている。「床」とは食べ物をのせる膳のことであり、楪（チョプ）とは蓋付きの器の意味で、一般家庭では三楪か五楪の膳が組まれ、七楪、九楪となるとかなり豪華な膳である。十二楪は宮廷の献立である。ご飯膳以外にも、いろいろな「床」の種類がある。

　三楪飯床（サンチョプパンサン）　一汁三菜、五楪飯床（オーチョプパンサン）　二汁五菜、七楪飯床（チルチョプパンサン）―二汁七菜、九楪飯床（クーチョプパンサン）―二汁九菜、九楪飯床（クーチョプパンサン）―二汁九菜、十二楪飯床（シビチョプパンサン）―二汁十二菜などである。おかずの数や内容で区別しているが、大変栄養のバランスが取れた献立である。

　三楪飯床（サンチョプパンサン）の基本は、一汁三菜で、ご飯、スープ、キムチ一品、醤（ジャン）類（調味料）一品、チョリム（煮付け）またはクイ（焼き物）一品、ナムルまたは生

菜（センチェ）一品、常備菜（チャンアチ、塩辛、チャーバン（干物））一品からなる。王様などに出す宮廷のご飯膳は、十二楪飯床（シビチョプパンサン）で、二汁十二菜。ご飯二品、スープ二品、チゲ二品、チム一品、ジョンゴル一品、キムチ三品、醤類三品、片肉一品、ジョン一品、フェ一品、チョリム一品、クイ二品、ナムル一品、生菜一品、チャンアチ一品、塩辛一品、チャーバン（干物）一品、卵一品からなる。

②韓国料理の種類

　食べ物の種類では、スープ類（タン・湯、クク）、鍋類（チゲ、チョンゴル）、肉類、海鮮類、野菜類、お焼き類（チョン・煎）、蒸し物類（チム）、ご飯類（パプ・飯）、麺類（ミョン、クッス）、粉食（プンシク）類、宮廷料理、菓子類、飲み物などがある。農耕民族であった歴史から、穀物を使った料理を基本に、環境的には海に囲まれ、魚や海藻を使った料理、山や野原や畑などから出た野菜料理、穀物や魚などの発酵食品、家畜を飼育して肉料理も発達した。長い５千年の歴史の中で、自然環境、社会環境、季節などを利用した調和ある献立を工夫した料理が韓国料理と言える。

　現在、日本で知られている韓国料理には、ビビンパ、トッポッキ、サムゲタン、焼き肉、チーズタッカルビ、サムキョプサル、チゲ料理などが挙げられる。キムチは日本でも一般的になっていると言えるが、最近は調味した韓国のりも普通に手に入るようになっている。

　日本料理と比べた時に、韓国料理にはお粥が多いことも目に付く。日本は麺料理が発達したと言うなら、韓国はお粥料理が発達したと言える。また飲み物では、日本はお茶が発達したと言うなら、韓国は、高麗時代までは仏教文化のお茶が盛んであったが、儒教政策を推し進めた朝鮮時代にお茶文化が衰退し、その変わりに韓国伝統茶のオミジャ（五味子）茶、スジョングァ、シッケといった今で言えばデザートの種類が発達したと言える。

　日本は、油を使った焼き物・揚げ物などがあまり発達していないと言えるが、韓国は、焼き物のチヂミなどの種類も大変多く、油の種類も多い。料理や焼き方によって油の種類も選択できる。チヂミは日本でも知られているが、その他に鍋料理の種類も豊富である。日本では、スンデュブチゲやキムチチゲが有名だが、この他にも、海鮮チゲ、牛もつのチョンゴルや肉チョンゴルなど、たくさんのチョンゴルの種類がある。一般的にチゲは、スープと違って韓国ではおかずの一種である。スープがあり、おかずとしてチゲが出てくる。スープは味が薄いが、チゲは味がやや濃い。

　また、韓国料理の特徴には、包んで食べる料理が多い。ご飯を何種類の野菜に包んだり、肉も、魚も、あらゆる種類を野菜に包んだり、海藻に包んだりして食べる。今は、郊外にあ

る食堂に行くと様々な包む料理に出会うことができる。

　韓国の正月にはトックッを食べる。日本でお雑煮を食べるのと同じである。数え歳である韓国は、トックッを食べてひとつ歳をとるという意味で、「歳を食べる」とも表現する。トックッは餅のスープのことであるが、もち米ではなく普通の米を使うので、あまり粘りはない。同じ米の餅で作ったのがトッポッキである。韓国は、餅（トック）の種類も豊富で、餅米を使った餅や米を使った餅などがあり、その他にもいろいろな穀物を使った餅がある。餅は、韓国の伝統行事でなくてはならない貴重なものである。冠婚葬祭には欠かせないし、お祝いや様々な行事には必ず登場する。

　韓国では、伝統的に食べ物は周りの人と分けて食べる習慣があった。冠婚葬祭やお祝い、行事などでは、食べ物を多めに作って近所の人と分けて食べたり、来られない人には直接配り、共に行事を楽しんだり悲しんだ。今でも農村などではこの風習が残っている。このような時に多めに作って周りに配った食べ物には、肉やジョン（チヂミ）の種類や餅などがある。特に餅は、韓国の年中行事などにも関係が深く、様々な行事やお祝いなどでは、餅の種類が違う。韓国では餅の種類で、どのような行事やお祝いがあったのかが推測できる。

③キムチについて

　本来の製法で作られたキムチは発酵食品であり、乳酸菌やビタミンが豊富である。2006年3月27日、アメリカ合衆国の健康専門月刊誌『ヘルス（World's Healthiest Foods: Kimchi (Korea))』による世界の5大健康食品が発表され、スペインのオリーブ・オイルをはじめ、日本の大豆、ギリシャのグリークヨーグルト、インドのレンズマメ、大韓民国のキムチの5品目が選出された。

　2008年9月には、キムチ体験テーマパーク、キムチ博物館、多目的体験場、低温貯蔵庫などの施設を備えた「キムチ村」が大韓民国京畿道漣川郡にオープンした。

　韓国の食卓には、キムチが一日三食あがる。またキムチは、種類別に料理の組み合わせに合わせて食べる。毎日同じ種類のキムチが食卓にあがるのではなく、料理のメニューに合わせたそれぞれの別の種類のキムチが合わせられる。季節別に、季節の野菜を使って様々な種類や、漬け方を異にしたキムチを漬けてきた。

　キムチは200種類もあると言われているが、具体的に何種類かあげてみよう。

　ペチュギムチ(白菜のキムチ)、オイギムチ(胡瓜のキムチ)、カクトゥギ(大根のキムチ)、チョンガキムチ(チョンガ大根（小型の大根）のキムチ)、ポッサムキムチ(白菜の葉っぱに海鮮、野菜、肉、いろいろな薬味などのものをいれて包んだキムチで、唐辛子はあまり使わ

ない、開城地方の名物)、カジキムチ(ナスに葱、ニンニク、糸唐辛子等の薬味を詰めて漬けたキムチ)、パキムチ(ワケギより長さが短いねぎを使った即席漬けキムチ)、ムルギムチ(水キムチ)、トンチミ(大根を切らずに丸一本を使って作った冬に食べられる水キムチ。唐辛子は使わない。夏は冷麺のスープになる)などがある。

④ユネスコ無形文化遺産「キムジャン」、分かち合いの韓国文化

「キムジャン文化(Kimjang：Making and Sharing Kimchi in the Republic of Korea)」がユネスコ無形文化遺産に登録されたのは、2013年12月で、日本の和食と同じ日である。ちなみに、2015年12月に、北朝鮮が申請した「キムチ作り」も無形文化遺産に登録された。

野菜が取れない長い冬のために、貯蔵食として冬が来る前に大量の白菜キムチなどを漬けていたのが由来である。何か月の間大家族が食べるキムチ漬けだったので、一人では漬けられず助け合いながら漬けていた文化が世界遺産に登録された。キムジャンは、20～30年前までも大事な行事で、気象予報の時にも、毎年いつが一番キムジャン漬けに適した頃かを、地域ごとに予報をしてくれていた。なぜなら、早く漬けても早期発効したり、遅いと寒すぎて漬けにくくなるからである。今は、キムチ専用の冷蔵庫が販売されているために、いつでも美味しいキムチが食べられる。韓国の人たちは、キムジャンの季節である11月～12月の間に、キムチを多めに漬けてキムチ冷蔵庫で保存し、1年間食べることもある。キムジャン文化は、完全に消滅したわけではなく、少子化や食生活の変化などで、規模が小さくなっただけであり、変わらずキムジャンはやっている。LGエレクトロニクスでは日本でも「食品貯蔵庫」として発売している。

2015年12月2日、北朝鮮が申請した「キムチ作り(Tradition of kimchi-making in the Democratic People's Republic of Korea)」もユネスコ無形文化遺産に登録された。

⑤その他

記念行事や年間行事では、様々な料理が作られた。今ではあまり残っていないが、まだ残っている年間行事料理には、正月料理、お盆料理、陰暦1月15日のチョンオルデボルム料理、冬至料理などがあり、お祝いには、誕生100日、1歳誕生記念料理、結婚式料理、60歳料理、70歳料理などがある。お葬式の料理や特に韓国の家庭の年中行事である祭祀の時の料理は、今も行われている。

韓国料理もK-KOREA FOODとして世界化を進めている。ソウルには韓食文化館が2016年4月にオープンした。韓食文化館は韓国料理の名品化、韓国料理の世界化のための体験と遊びの空間ということで、伝統的な韓国料理から未来の韓国料理まで多彩な韓国料理が体験で

きる空間となっている。また、ここでは体験コースもあり、自分で直接作り、楽しく味わうこともできる。文化創造ベンチャー団地内3階の展示館と、4階の体験館、5階のアートマーケット館で構成されている。

⑥今の韓国料理事情

　今韓国で流行っている食べ物の一つに、チーズを使った料理がある。若者を中心に急速に流行り出しているが、チーズは辛い物と相性がいい。最近、いろいろな辛い韓国の食べ物にチーズをアレンジしているが、特にチーズカルビやチーズタッカルビは有名で、日本でもチーズタッカルビ屋さんは人気である。

　タッカンマリは、鶏一羽を使った料理で、以前は家庭料理であったのが、お店でも食べられるようになった。鶏肉を使った料理で知られている料理には、サムゲタンやタクトリタンなどがあるが、サムゲタンの鶏とタッカンマリの鶏とは、鶏の種類が違うが、辛くない料理という共通点がある。

　韓国の人々には浸透しているが、ドラマを通して世界的に有名になったのがチメックである。チメックとは、チキンのチと、メックは韓国語メックジュ（ビール）からきている。言葉通りに、チキンとビールのことであるが、この相性がとても良いことから韓国では古くからチメックとして愛されていた。ドラマを通して世界にも広がり、チメックを体験するために韓国を訪れる観光客もいるという。チメックをする際は、漢江（ハンガン）の川辺でやる。韓国は、配達文化が有名で、どのような場所でも配達を頼めることが可能ということで、ドラマ同様チメックもハンガンの川辺で配達を頼んで楽しむことができる。

　チメック以外、ジャジャン麺と言う黒いジャジャンに麺を絡めて食べる中華麺の料理が、韓国では一番売れる中華であるが、この料理もどこでも注文できるという食べ物として韓国では有名である。ソウルのハンガン公園では、いろいろな食べ物が配達できることで、外国人と共に食べ物を楽しんでいる人が多いという。

　最近、カップラーメンと同様のサイズで、カップご飯ものなどが出ている。コッバップという。コッバップとは、カップラーメンの大きさのプラスチック容器または紙コップに、ご飯とその上におかずを載せた食べ物で、日本で言えば、丼物をプラスチック容器または紙コップに入れて歩きながらも食べられるようにしたものである。学園町のノリャンジンを中心に、就職も出来ず、経済的苦しい若者たちの節約方食べ物が、今はインスタント化してスーパーにも並べられているし、全国的な食べ物にもなった。

4）日韓の食マナー

日本	韓国
・片手で食器を持ち上げて箸でご飯を食べる。スプーンを使わない。 ・スープは食器を口につけて飲む。 ・頭を下げない。まっすぐ姿勢を正す。 ・食事の時は喋らない。音をたてない。ただし、そばを食べる時は、すする音を立ててよし。ある程度の話はよい。 ・食べ物は基本的に残さない。 ・箸から箸への食べ物渡し合いは禁物	・食器を置いたままスプーンでご飯を食べる。おかずだけ箸を使う。 ・手で食器を持ち上げない。食器を口に付けない。頭は下げても大丈夫。 ・食事の時は喋らない。音をたてない。今は、ある程度の話はよいこととされる。 ・年長者より先に食べない・先に箸をおかない。 ・ご飯以外は残しても大丈夫。昔はご飯は空にして、そこにスンヌンというおこげ茶を飲むのが習慣になっていた。 ・以前は食べきれないほど出すのが、韓国式のもてなし方であったために、食べ物を残すのが礼儀とされていた。 ・ご飯の上にスプーンと箸を指すのが禁忌。 ・食べ物の「箸渡し」は一般的。

＜参考文献など＞

ウィキペディア　（2016.10.1 基準）

韓国観光公社　ホームページ

8．日韓の化粧と化粧品について

1）日本の化粧品業界
①日本化粧品業界売上高ランキング（2015～2016）　　　(https://gyokai-search.com)

順位	企業名	売上高（億円）
1位	資生堂	7,630
2位	花王（ビューティーケア事業）	6,076
3位	コーセー	2,433
4位	ポーラ・オルビスホールディングス	2,147
5位	マンダム	750

　日本の化粧品業界売上高ランキング1位の資生堂は、中国へ積極的に事業を展開しているが、その他にも、ベトナム、ギリシャ、スイス、米国、韓国、トルコなどに相次いで子会社を設立し、海外展開を加速させている。

　コーセーはアラブ首長国連邦で販売を開始。中東諸国を視野に入れた販売戦略を展開している。

②日本化粧品業界純利益ランキング（2015～2016）　　　(https://gyokai-search.com)

順位	企業名	純利益（億円）
1位	花王	988
2位	資生堂	232
3位	コーセー	186
4位	ポーラ・オルビスホールディングス	140
5位	マンダム	63

③可愛いコスメ人気ランキング　　　(Lady`s Me)

順位	ブランド名
1位	JILL STUART（ジルスチュアート）
2位	ANNA SUI（アナスイ）
3位	PAUL & JOE（ポールアンドジョー）
4位	MARY QUANT（マリークワント）
5位	Lavshuca(ラヴーシュカ)

④人気ランキング化粧品　　　　　　　　　　　　　　　　　(「Ladys My」)

順位	20代人気化粧品	大学生に人気化粧品
1位	CHANEL(シャネル)	KATE（ケイと）
2位	JILL STUART（ジルスチュアート）	CANMAKE（キャンメイク）
3位	Dior(ディオール)	COFFRET D`OR(コフレドール)
4位	LANCOME(ランコム)	MAJOLICA MAJORCA（マジョリカ マジョルカ）
5位	ORBIS(オルビス)	JILL STUART（ジルスチュアート）

⑤日本女性の化粧の変遷100年　　　　　　　　　　　　　　(SHISEIDO GROUP)

年代	化粧の特徴
1920年代	大正ロマンのモダンガール
1930年代	銀幕女優への憧れ化粧
1950年代	アメリカンスタイルとヘップバーンがお手本
1960年代	欧米志向真っ盛り　西洋人形風
1970年代前期	フォークロア調アンニュイなヒッピースタイル
1970年代後期	欧米志向を脱却　日本美を見直し
1980年代初期～中期	ジャパンアズナンバーワンのキャリアウーマン
1980年代後期～1990年代初期	バブル期のワンレン・ボディ・コン　にわかお嬢様
1990年代後期～2000年代初期	ミレニアムのヒカル　クールビューティー
2000年代中期～後期	モテ気分の盛化粧
2011年3.11以降	癒し愛され・ゆるふわ化粧
2010年代中期	にわか好景気の　バブルリバイバル

　SHISEIDO GROUPの「日本女性の化粧の変遷100年」の中には、日本の今までの化粧に関する変遷史がまとめられている。詳しい内容をいくつかみてみると、1990年代後半から茶髪・細眉・小顔メークで女性たちの美容熱はヒートアップし、ファッションも流行が先行層から裾野へと広がるピラミッド型から変化していき、ギャル層、OLエレガント層、裏原系など、ピラミッドの山は幾つも細分化され、多様化に向かったとある。さらに、2000年代に入ると、ヘアエクステ、まつ毛パーマ、まつ毛エクステ、黒目強調コンタクト、ジェルネールなど、化粧品だけでは表現できない領域の美容表現にまで手を広げ、空前の美容ブー

ムが到来し、白熱し拡張するかに見えた。しかし、ここで転機を迎えるが、それが東日本大震災だったのである。震災とともに考えが現実的になり、自分自身を見つめ直した化粧に変わり、ナチュラルに回帰していったとある。また、癒しを求め日本女性が本来好む「カワイイ」表現として、涙袋メークや湯上りのぼせチークが現れ、眉の色は明るくなり、ブライトカラーで口もとに色味が戻ってきたとある。ここで面白いのは、涙袋が韓国メークの特徴として今言われているが、日本のメークの特色でもあったということである。2000年代メークの色味は、技術の進化とともに、なじみ系ヒューマンカラーの長い流行を経て、現在色戻りの時代となっていると、分析している。

それから、「日本女性の化粧の変遷100年」では、社会・景気動向と化粧についてまとめている。景気が良くなると明るい色の口紅や太眉が主流となり、凛とした元気なメーキャップが流行する傾向があり、逆に景気が悪くなると、眉が細くなるなど、頼りなげな冷めた表情のメーキャップが流行するとある。その他、天災や情勢不安があると、メーキャップがナチュラル回帰するなどの傾向がみられるとし、最近は、口もとに色が戻り、太眉の傾向が続いていることより、景気の上向き傾向や好景気への期待が化粧に表れていると、そのように捉えることもできると書いてある。

ところが、社会・景気動向と化粧は、国によって違うのであろうか。韓国では、日本よりもっと太い眉が流行っていることは韓国に関心がある人なら知っていると思うが、韓国の景気は悪い状況と言われている。また、韓国のナチュラルメークのことも有名であるが、景気関連分析は日本国内と関連した評価のようである。ファッションなどにも社会・景気と関わる評価があるが、化粧にもそれが現れると言う大変面白い味方として、参考になるのではないだろうか。

次は、ポーラ文化研究所の「女性の化粧行動・意識に関する調査2016」レポートを紹介してみよう。日本の女性でメークを行っている人は80％（毎日22％＋ほぼ毎日33％＋ときどき25％）で、使用率の高いアイテムは「ファンデーション」86％、「口紅」76％、「アイシャドウ」75％、「アイブロー」73％、「チークカラー」72％の順。メークを行っている人は平均8.3アイテムを使っているといわれ、1日のはじめのメーク時間は平均14.7分という。

ベースメーク化粧品の1ヶ月平均投資金額は2,250円（平均金額）、1,250円（中央値）。ポイントメーク化粧品の1ヶ月平均投資金額は1,754円（平均金額）、1,250円（中央値）ということである。口紅使用者（1102人）の使っている色のランキング1位は明るいローズ系31.8％、2位は明るいピンク系31.5％、3位は明るいオレンジ系22.4％だった。

15～74歳の口紅の使用率は61%で、年代別に口紅の使用率は、40歳以上で6割を超えるという結果が出ている。

2）韓国の化粧品業界

①韓国化粧品の2015年の売上高順位　　　　　　　　（単位：億ウォン）

順位	社名	2015年	利益	ブランド名
1位	AMOREPACIFIC	37,579	5,342	AMOREPACIFIC、雪花秀(Sulwahasoo)、LANEIGE、Hera、Innisfree、ARITAUM、ETUDE HOUSE、Iope、HANYUL、Primera、Mamonde、LIRIKOS、ODYSSEY、VERITE、makeon、AESTURA、呂(Ryo)、HANBANG BIO、MEDIANなど
2位	LG Household & Health Care	30,313	3,059	Whoo、SU:M37°（シュム）、THE FACE SHOP、LACVERT、Sooryehan、ISA KNOX、CARE ZONE、VDL、VOV、CNP、BEYOND、belif、O HUI、LAHA、CATHYCAT、TOMARU、VONINなど
3位	Korea Kolmar Co., Ltd	5,358	427	Dr.Jartのビタミン関連品など ―ODM・OEM専門企業
4位	COSMAX	5,333	359	COSMAX―ODM・OEM専門企業
5位	ABLE C&C	3,561	130	MISSHA, A`PIEU, EAU DE LOVE, SWISSPURE

②ブランド別売上高

順位	ブランド名	2015年の売上
1位	THE FACE SHOP	6291億ウォン
2位	Innisfree	5921億ウォン
3位	MISSHA	4100億ウォン
4位	It`s skin	3096億ウォン
5位	ネイチャーリパブリック	2800億ウォン

③韓流の分類

　最近の韓流を、韓流 1.0 は K-pop、韓流 2.0 は映画とドラマ、韓流 3.0 は「？」、のように分類する。韓流 3.0 を「？」にしたのは、K-pop、韓国映画とドラマではないすべてを言うからである。特に最近注目を受けている K 分野は、料理とファッションと K-ビューティ(韓流ビューティ)だ。K-ビューティは、美容、ヘアーショップ、ネイルサロン、ワクシン(ムダ毛)、テラピ、1 人サロン(エステ、ヘアー、まつ毛エクステ、ワクシン…)などである。韓国の化粧品も韓流 3.0 である。これからもっと伸びる分野ということである。

④韓国の化粧品市場

　リサーチ&マーケットの調査によると、化粧品の世界市場規模は、2014 年で 4,600 億ドルで、毎年 6.4%ずつ成長し、2020 年には 6,750 億ドルになると予測されている。ここ数年間で飛躍的に成長し、世界 11 位にまで伸びた。このような成長に触発され、韓国政府も化粧品産業を主要輸出産業として位置づけ、今後、韓国の化粧品産業を世界 7 位にまで育成していくという計画を打ち出した。

　特に中国への輸出が急激に伸びてきた。中国への輸出額は 11 億 9,520 万ドルで、前年対比 99.9%の成長を示している。中国は現在、まだ人口の 10%しか化粧品を使っていない。15 年から 20 年の化粧品産業の予想成長率も毎年 10%で、今後の伸び代は非常に大きい。

　中国の国内市場でのシェア 1 位は P&G (12.6%)で、2 位はロレアル (9.1%)、3 位は資生堂 (3.6%)である。韓国企業のなかでは、アモレパシフィックと LG 生活健康が最近急激にシェアを伸ばしている。韓国業界最大手であるアモレパシフィックの中国シェアは、1.4%である。しかし、2016 年は不透明になり、中国関連ビジネスは全分野が一気に暗い曇りに包まれ、先が読めない状態が続いている。

⑤アモレパシフィック (AMOREPACIFIC)

　アモレパシフィックの爆発的な成長の背景には、中国人の観光客による免税店での爆買いがある。アモレパシフィックは、免税店の売上だけでも、15 年にすでに 1 兆ウォンを超えている。中国での成長を加速させるため、14 年 10 月に上海に工場を建設した。同社は中国だけで、3 兆 3,000 億ウォン以上の売上を達成することを目標としている。人気商品は、漢方薬を使った化粧品などが中国人に好評を得ている。

　アモレパシフィックは、今は世界で売られているクッションファンデを初めて開発し誕生させた。2008 年 3 月に系列社ブレンドアイオペが「エオクション」と言う名前で初めて世に出してから、雪花秀(Sulwahasoo)、LANEIGE、Hera、Mamonde など自社 15 個のブランド

で出した多様なクッションが、2016年の3四半期基準合計1億個を販売した。今は、ランコム、イブサンローラン、ボビー・ブラウンなどグローバル化粧品会社がクッション製品を続けて出しながら、新しい化粧品の一種として定着している。(『韓国日報』2016.11.21)

　アモレパシフィックは、新事業として「マイ　テゥトン　リップ　バ」を出している。「マイ　テゥトン　リップ　バ」とは、業界初めて顧客自身の趣向と皮膚の色に合わせて色を選べる、注文型化粧品のことである。この注文型化粧品は、全て予約制になっている。

⑥韓国の化粧品の問題点と展望

　今後の展望と問題点として、中国の化粧品会社は年32％ほどのスピードで成長を続け、2014年には中国市場の14％を占めるほど成長している。最近の中国企業は、資金力を武器に、韓国の化粧品会社を買収して技術を吸収しようとしたり、韓国の技術者をスカウトして品質向上を図っている。ある専門家の指摘では、1～2年後には、中国企業は韓国企業をキャッチアップできるだろうと警鐘を鳴らしている。

　韓国化粧品が急激に市場を拡大していくと、それを阻止するために、中国政府は衛生許可、または通関の手続きを厳しくする措置を取ることも十分あると言われている。そのようなことから、韓国の化粧品業界は、中国だけでなく、東南アジア、アメリカなどで市場を拡大しようとしている。

⑦最新K-ビューティ

　ビューティとITを結合したビューティTex市場に、コミュニティアプリとサイトYoutubeなど多様なチャンネルを通して初公開している。

　オフラインビューティ産業と利用者たちをモバイルプレッフォームで効率的につなぐビューティO2OサービスOで、男女両方が普遍的に接近できる、美容、ヘアーショップ、ネイルサロン、ワクシン(ムダ毛)、テラピ、1人サロン(エステ、ヘアー、まつ毛エクステ、ワクシン…)などが結合したビューティトータルソリューションを構築している。

　映像資料を通して、より多くの顧客とサロンと意思疎通をつなげる趣旨。モバイルを通して、希望する地域と時間帯、デザイナーと、望む施術形態、価格などを総合して比較選択できる。価格を事前に確認でき、無駄な待ち時間を省くことができる。

　韓国は、映像効果を利用して、様々なチャンネルで、k-ビューティの映像を流している。多様なチャンネルを通して、化粧の仕方や、化粧品の使い方、様々なビューティの紹介など多様である。ビューティチャンネル、スターグラムシーズン、ビューティスカイ、ゲッディッビューティ、ファジャンデルゥルブタッヘ2、ジンチャビューティ、ビ

ューティバイブゥル 2016、ビューティステイション デオショ、モッチョムアヌンオンニなどがある。YouTube の動画からも、たくさんのユーチューバーたちが、個性あふれた化粧の仕方を、様々な化粧品を紹介しながら動画を配信している。一躍有名なユーチューバーも現れ、化粧品会社から注目され、仕事を依頼されるなど、ユーチューブから知名度を高めて売れ出した例も出ている。

⑧韓国の人気化粧品

順位	韓国人10代に人気	中国人に人気	韓国人一般
1位	ARITAUM	雪花秀(ソルファス)	MISSHA
2位	TONYMOOLY	Hera(ヘラ)	SU:M37°
3位	ETUDE HOUSE	Iope(アイオペ)	TONYMOOLY
4位	APRIL SKIN	Whoo(フー)	SKIN FOOD!
5位	A`PIEU	The Face Shop (デォ ペイス シャップ)	THE FACE SHOP

⑨韓国人気ベースメークと日本人に人気の韓国化粧品　　(Pinky 2016. 11. 1)

順位	韓国人気ベースメーク	日本人に人気
1位	IOPE —BBクリーム	ネイチャーリパブリック
2位	The Face Shop— CCクリーム	バニラコー
3位	VDL—クッションファンデーション	バビパット
4位	It`s skin—ドクターズコスメ	ホリカホリカ
5位	ETUDE HOUSE CC—クリーム	ARITAUM

⑩韓国化粧品の国家別輸出実績(2016.6)

順位	国家名	輸出額
1位	中国	10億6236万ドル
2位	香港	6億4181万ドル
3位	アメリカ	1億8851万ドル
4位	日本	1億2237万ドル

⑪韓国の今までの化粧品の輸出推移　　(韓国「経済ダバンサ」)

2000年代	貿易赤字、その幅 4億～6億ドル
2013年度	貿易赤字、 2億7,000万ドル

2014年度	輸出額　18億突破、貿易黒字に転換。前年対比 50.4%増加
2015年度	20億 5878万ドル、前年対比 43.76% 増加

3）韓国の男性の化粧と化粧品
①韓国男性化粧品人気順位

順位	化粧品名
1位	Boθod　TURBO BOOSTHR（ボソード　テォボ　ブスタ）
2位	PHYTOMES（ペ・ト・メ・ス）
3位	POSH REVORUTION
4位	EANVIE FOR MEN FLUID
5位	briall HOMME（ブリオル　オムム）

②男性ビューティ事情

　最近の韓国ビューティ業界は、男性顧客の流入で、男性顧客が多様なビューティ関連コンテンツを望むことがわかった。ヘアーショップを訪問した顧客が、ネイルサロン、ワクシンサロン（ムダ毛）、テラピサロンなどを利用するという市場調査から、トータルビューティ市場の可能性を見せていると判断している。

　YouTuve、アフリカ TV などのメディアチャンネルを利用し、検索最適化作業でビューティトータルチャンネルを利用するなど、ビューティトータルソリューションシナジー効果で男性化粧動画サイトも増えている。

　2016年4月発表によると、韓国男性ビューティ業界売り上げが、2009年から 2014まで 62.8%上昇したことがわかった。2020年まで 50%以上追加成長を展望している。また、男性グローバル市場調査業界のユロモニタも、韓国男子ビューティ産業市場がスキンケア部門で世界 1位だという発表をしている。韓国男性化粧品産業は日々発展していることやその可能性に期待が高まっている。特に成長しているのは、20代男性化粧品などの若者層が中心ではあるが、30代男性化粧品消費も増えている。そのため、韓国の化粧品業界も女性化粧品だけではなく、男性の化粧品も、今や多様なブランドと皮膚別またはタイプ別機能性化粧品を売り出している。

　ここで、男性の皮膚について少し触れておきたい。男性の肌は女性の肌より脂肪分が多いと言う。男性ホルモンが関係していて男性の皮脂の分量が女性の5倍であるため、皮膚の脂肪分が多く、毛穴も女性より広がると言う。このような肌の性質から、吹き出物や炎症が起

こりやすく、皮膚のトラブルの原因に繋がると言う。

　また、男性の皮膚層についても女性より厚いと言う。表皮層が厚いということである。例えば、女性がA4の用紙1枚だとすると、男性は6枚分の厚さだと言う。これも男性ホルモンと関係するが、ただし、これは女性より男性の皮膚が弾力があり、しわが女性より出にくい利点も持っている。

　男性の皮膚は、水分が女性の1/3なので、乾燥肌でやや黒いため紫外線から保護する必要があるらしい。このように、男性の肌は女性の肌と差がかなりあるために、女性の化粧品と区別されなければならないということである。（「KISTIの科学の香り」 KISTI）

　最近、メトロセクシャルや特にグルミン(grooming)族の出現で、男性がファッションや化粧をするのが普通になってきた。グルミン(grooming)族とは、ファッションや美容に惜しまなく投資する男性のことを指す言葉で、特に化粧や美容に力を入れるイメージが強いと言う。韓国の男性は、「外見も競争である」という考えを持って古い。世界でも韓国男性の化粧文化が大きく取り上げられていることもあり、美容業界や化粧品業界もこのような男性の動きを見逃すはずがない。男性のビューティ業界も益々競争世界に入っているということが言えよう。

4）日韓比較

①日韓代表化粧品企業比較

資生堂	アモーレパシフィック（AMOREPACIFIC）
コーポレートブランドを生かした戦略	独立した個別ブランドとして育成
擦り合わせ型	組み合わせ型
ブランドへの信頼と評価を背景とする親ブランドの保証下でローカル・ブランドによる現地化戦略が容易	既存ブランドを海外市場にそのまま拡張 世界標準のグローバル・ブランドとして生かす方法 経営資源の分散化を防ぐ上で有利
戦略での適合性は高い	戦略での適合性は低い
グローバル・ブランドによる標準化戦略の適合性有	グローバル・ブランドによる標準化戦略の適合性有

②日韓の化粧の差

日本	韓国
濃い化粧。化粧がマナーであるという考え 美しく見せるための化粧	ナチュラルメイクアップ。目立たない化粧。ムルグァンファジャン(ムル;水、グァン;光、ファジャン;化粧、透明の肌に潤いと光沢のある化粧が韓国の人たちの今流行りの化粧)
チークやアイシャドウでカラーを出す	チークやアイシャドウをあまりしない
まつ毛に力を入れる 増量まつ毛などでボリュームアップ	黒のアイラインで目尻を下げるなど、目を強調した化粧
あまり白くしない。ツヤツヤ肌	地肌を白く、明るく見せる。ムルグァン肌
薄いピンクやベージュ色の口紅	ティントを軽く付ける
細い眉	「芸能人眉」と言われる太めの眉をしている。よく整っている
最近は、日本も白く明るいトンの化粧が目立てきている様子	涙袋を作る 永久化粧品や永久化粧も流行っている

※日本に進出している韓国化粧品

・It`s skin、ETUDE HOUSE(アモーレパシフィック)、MISSHA、THE FACE SHOP、TONYMOOLY など。

＜参考文献など＞

産業通商資源部 SNS 国民記者団

http://gyokai-search.com/3-kesyo.htm

『ニュースファインデォ』 2016.10.05

http://tvpot.daum.net/mypot/View.do?playlistid=6762169&clipid=78745003

LG 生活健康

『韓国コンテンツミディオ』

『東亜ニュース』2016.8.8)

『大衆文化辞典』 2009、現実文化研究)

「男性よ、女子の化粧品を欲しがるな」（「KISTI 科学のヒャンギ」 KISTI ）

9．日韓の整形問題について

1）整形の世界比較

・美容整形が人気な国トップ8

順位	国名	比率
1位	アメリカ	20.1%
2位	ブラジル	10.2%
3位	日本	6.2%
4位	韓国	4.8%
5位	メキシコ	3.5%
6位	ドイツ	2.6%
7位	フランス	2.1%
8位	コロンビア	1.8%

・顔&頭部の整形トップ

順位	国名	比率
1位	ブラジル	11.9%
2位	アメリカ	10.4%
3位	韓国	8.1%
4位	日本	6.0%
5位	メキシコ	3.6%
6位	ドイツ	2.4%
7位	フランス	2.0%
8位	コロンビア	1.8%

・胸の整形トップ8

順位	国名	比率
1位	アメリカ	21.2%
2位	ブラジル	14.3%
3位	ドイツ	3.4%
4位	メキシコ	3.3%
5位	フランス	3.1%
6位	コロンビア	2.6%
7位	韓国	2.6%
8位	日本	1.6%

・まぶたの手術トップ5

順位	国名	比率
1位	ブラジル	11.3%
2位	日本	9.7%
3位	アメリカ	9.6%

・脱毛トップ5

順位	国名	比率
1位	日本	24.3%
2位	アメリカ	15.7%
3位	ブラジル	6.0%

| 4位 | 韓国 | 7.5% | 4位 | コロンビア | 2.0% |
| 5位 | ドイツ | 3.1% | 5位 | メキシコ | 1.5% |

(2014年に国際美容外科学会 (International Society of Aesthetic Plastic Surgery))

2）日本の整形について

①日本の治療別ランキング

1位	目・二重
2位	しわ・たるみ
3位	あざ・しみ・ほくろ
4位	鼻
5位	豊胸・バスト
6位	脂肪吸引・脂肪溶解
7位	わきが・多汗症
8位	婦人系
9位	あご・輪郭
10位	美肌

②日本の整形現況

　日本は、整形とは距離が遠いと思っている人が多いのではないだろうか。しかし、実際はどうだろうか。2011年を基準にしてみると、日本が95万件で、これは、アメリカ311万件、ブラジル145万件、中国105万件に次ぐ、世界で第4位の数である。ボトックス注射が最も多く、ヒアルロン酸注入、レーザー脱毛など、メスを入れない、「プチ整形」が多くを占めている傾向である。日本人の人口1000人当たりの美容整形件数は、7.45件だ。特に、日本は世界でも、もっとも自然な整形技術が優れていると言われている。というのは、もっとも目立たない整形に優れているのであり、「プチ整形」が多いというのは、メスを使わないで目立たなく整形をしているということである。

　日本は、2011年に95万件だったのが、2014年126万350件、2017年に190万3898件と、年々増えており、これからも整形人口は増え続けるであろう。

3）韓国の整形ついて

　韓国人のもっとも整形件数が多いのが、二重の施術である。韓国では、受験競争が激しいことで有名であるが、共通試験であるスヌンが終わると、多くの韓国の高校生たちは、二重などの整形施術をやると言われている。韓国で一番目に付く広告が美容整形の広告である。日本も美容整形広告が目立つようになってきたが、韓国は地下鉄の車内や駅の至る所で目立つ。特に、共通試験が終わる頃になると高校生向けに特別割引広告が目立ってくる。韓国の親の中には、子供たちのために整形を積極的に進める一方、費用も当然親が出してあげる。整形しなくても済むような顔に生んで上げることができなかったのも、親の責任だと思う親が多い。誕生日のプレゼントで整形をプレゼントするし、親子の整形もさほど珍しくない。

　最近は、男性の整形人口も増えている。全体の整形患者の内、2011 年に 5%だったのが、2015 年には 18%に増加し、2016 年 6 月には 20%を突破した。韓国には、容貌至上主義という言葉があり、「外見も実力の一つ」ということで、内面と共に外見も重要視されているのである。

　韓国は、2011 年の整形手術件数は約 65 万件、日本の 95 万件よりは少ない。しかし、韓国の人口 1000 人あたり 13.1 件の整形手術が行なわれた計算になり、人口比でいえば、韓国は世界一と言える。100 人に 1 人以上の割合で整形をしていることになる。ところが、この計算は韓国国内で行われる外国人整形施術者もこの数字に含まれている。現在、多くの外国人が整形に訪れている。

　韓国の整形外科は、全国 1,301 ヶ所だが、ソウルが 671(51.6%)ヶ所で、中でもソウル江南だけ 462 か所である。

①韓国整形外科人気ベスト 5　　　　　　　② 皮膚科人気 5

1 位	目・二重：埋没法	1 位	糸リフティング
2 位	豊胸・バスト	2 位	ウールセーラリフティング
3 位	目の下脂肪削除術	3 位	トーニングレーザ
4 位	鼻	4 位	カクテル注射
5 位	あご・輪郭	5 位	サーマクール CPT

(http://navercast.naver.com/magazine_contents.nhn?rid=1096&contents_id=115773)

③韓国の今の整形トレンド

　韓国の今の整形トレンドは、「やっているかやってないか、気づかれずにきれいになること」だそうだ。また、童顔顔作りが話題になり、一番求めていることと言える。童顔顔の基

準もあるが、だいたい 1:1:0.8 の比率で額、鼻の先、顎の順に当たる。

④プチ整形

　日本でのプチ整形の意味は、まぶたを二重にするなどの、簡単な整形手術のことを言う。痛みや腫れなどもあまりなく、入院の必要やメスを入れることも少ないため負担が小さいとされ、お手軽に変身できることが魅力と言われている。

　韓国でのプチ整形の意味は、「少し、ちょっとだけ」の意味のフランス語「petit」からきている。ボトックス、フィラーなどの注射などを使って整形の目的を達成する手術を言っている。

　韓国のプチ整形は、2009 年約 20 億円から 2013 年 80 億円と 5 年の間、年間平均 43%成長した。これからも成長し続ける見通しだ。整形全体では、年間 5 千億円に達するなど、全世界の整形市場 25%を占めていると言われている。

⑤変革する整形文化

　最近、韓国はニューシルバー(60～74 歳)と言われる世代の整形が話題になっている。アンチエイジングケアが多いが、例えば、顔のしわを改善するレーザー治療を受けたり、額のしわを施すボトックス治療や、目の下のしわや脂肪の下眼剣（ハアンゴム）成形など、その種目も広がっている。以前は女性が多かったが、男性の件数が増えているのでより話題になっている。整形して外見が若くなるだけではなく、気持ちも若くなれると経験者たちは語っている。年と共に人と接することを避ける傾向にあったのが、外見を変えたことで大勢の前に堂々と立つことができたという経験談である。例えば、バリスタの資格を取ってカフェを経営したり、他の資格証にチャレンジできる自信感に繋がることである。

　男性ニューシルバー整形患者が多い理由は、他にもある。韓国は、2017 年度から定年退職が 60 歳になった。それ以前はもっと早かった。ところが、韓国では定年退職年齢はあまり問題にならなかった。なぜなら名誉退職制度があり、多くの企業では定年まで待たずに退職しなければならなかったのである。多くは 50 代で退職して、60 代は人生の再出発をするという意味で New Sixty と呼ばれてもいる。New Sixty は、20 代よりも就職者数が多いという統計も出ている。また、New Sixty は若者と違い、新製品やトレンドも積極的に受け入れ、値段よりも品質をより重要視する世代として、デパートや消費層でも注目されている。このように、20 代よりも就職率が多い New Sixty 世代は、再出発の前に、外見を磨くことで、自信感を持つことができるということである。

男性の再出発や再就職のためだけではなく、ニューシルバーの整形患者が増加している

理由は、夫婦の整形も多いということである。以前は、女性だけのアンチエイジングケアが多かったが、今は、女性だけが若く見えると夫との年の差や、周辺を気にすることから、夫婦が一緒に整形を受けることが多いということらしい。

　New Sixty、ニューシルバーというように呼ぶことで、従来の年よりとか高齢層とのイメージと差別化するということであろう。整形が、単なる美を表現するための手段ではなく、年齢や性別によっては、自信や新しい人生への挑戦の手段にもなれるということで、韓国の変革している最近の整形文化が伺われる。

4）韓国の医療観光

　韓国は、2009年5月1日に医療法を改正し、医療観光事業を積極的に支援している。資源も蓄積された技術も持っていない韓国が、経済的な発展を遂げるためには、韓国政府が訴えているように、創造経済を実現するしかないだろう。知識と情報を利用した創造的経済活動のことである。その一つに医療観光も含むのであろう。IT技術が発達している韓国は、医療サービス分野でも画期的な発展を遂げており、最先端ロボット手術分野の技術が進んでいるため、がんの手術に特に効果的であると言われている。

　韓国の医療水準は、経済協力開発機構(OECD)の中でも世界的高水準であることが認められており、ITを基盤に医療施設や設備などの基本的なインフラがよく整備されている。また、先進国に比べて医療費が安く、しかも医療技術が優れており、健康診断はもちろん、がんや脳血管疾患といった高難易度疾患の治療においても世界的な競争力を誇り、世界の保健医療市場で次第に注目されている。

　韓国の優れた医療は、質の高い医療サービスをはじめ、優れた医療技術、比較的安い医療費、速やかな診断および治療、先端医療機器、ITベースのシステムなどを実現し、グローバル医療市場で十分な競争力を備えているという。がん、心臓、血管、脊椎、移植などの高度な技術を要する治療において世界トップレベルとも言われている。

　高水準の医療サービスを提供しているにもかかわらず、医療費は米国や日本の20〜30%ほどで、中国よりも安く、シンガポールの個人病院と同じ水準だという。

　韓国政府は、外国人患者誘致機関(誘致企業、医療機関)を登録制で管理しており、特に安全で高水準の医療サービス提供に向けて毎年評価を行う優秀医療機関認証制度を実施している。外国人の医療ビザや医療通訳コーディネーターのサポートなど、医療サービスを受けるための環境が整っているため便利という。

創造経済(creative economy)は、韓国が次世代新成長動力産業の中の一つとして、高付加価値創出事業Global Healthcare産業(医療観光事業/外国人患者誘致事業)を選定した。政府の支援により2020年には、2014年に比べて4倍拡大を展望している。あるアメリカの医療技術専門メディア誌によれば、韓国は2020年までに医療観光が急成長することを推定しており、熟練の医療専門人材、最先端医療装備、確立された医療インフラが韓国医療観光の強みであると分析している。

　医療観光で多く訪れている国は、1位が中国、2位がアメリカ、3～5位が、ロシア、日本、モンゴルの順である。モンゴルとカザフスタンは、海外で医療を受ける先行国となっているようだ。フィリピン、サウジアラビア、インドネシア、UAE、ベトナムなども韓国の医療観光に訪れているという。([The Business]2017.01.26)

　診療科目としては、総合健康検診、皮膚科、整形外科、産婦人科、漢方医学、眼科、歯科、神経外科などである。2009年の外国人患者は、6万201人、2015年は、29万6889人と、毎年二桁の成長である。2020年までに99万人を計画している。診療報酬も、2015年度は、前年同期比20.2%増加した6694億ウォンの収入を創出。一人当たり外国人患者の平均診療報酬も前年対比7.9%増加した225万ウォンであった。

　韓国美容整形市場の規模は年間約5兆ウォンであるが、世界美容整形市場の規模が約21兆ウォンであることを考えれば、韓国は美容整形分野で約25%の世界シェアを占めていることになる。

　サービス面でも進んでいる。クレジットカード1枚で予約から治療まですべてが行われる「ワンストップサービス」の導入で利用しやすくなった。また、人間ドック、韓方医療、美容整形など、医療サービス別・所在地域別に病院情報の検索もスムーズに進むようにできているようだ。

　病気の治療や療養の目的で韓国専門医療機関や介護施設に入院を希望する者で、治療期間が91日以上必要な場合、患者本人および患者の介護のため入国する患者の配偶者、子供などその直系家族の滞在期間1年を含めて、ビザの有効期間1年査証を発給している。

　歯の美白・矯正や上下顎矯正といった審美歯科分野への関心が世界的に高まっている。審美歯科分野における韓国歯科医師の競争力は、世界トップレベルと評価されている。韓国歯科関連企業の海外シェアも次第に拡大しており、中国市場では40%以上のシェアを占めている。また、脊髄疾患・子宮癌・脳卒中分野も世界的に優秀とされている。

　韓国では韓国の伝統医学の韓方という分野があり、西洋医学に比べて独特な治療法、病院、

処方がある。特に、世界保健機関(WHO)は韓方を韓国固有の医術に分類していて、患者の体質を把握して最も適した方法で治療するという。抗生剤や鎮痛剤などの人工的な治療薬を使うよりは、自然に最も近い方法で治療に取り組み、生薬や鍼灸などを用いている。

　医療目的でソウルを訪れる外国人観光客のための「医療観光ヘルプデスク」が、ソウル地下鉄4号線明洞駅近くにオープンした。言語別にスタッフを配置し、医療機関や医療サービスについての案内をするだけでなく、通訳やピックアップサービスなど、他の医療機関と連携し、医療観光における総合的なサービスを提供している。また、ヘルプデスクではソウルの観光ガイドブックや観光地図なども入手でき、観光客の利便性向上も図っている。

　韓国の医療技術は、韓国の国内だけではなく、海外とも提携して医療技術を多くの国へ輸出している。中国の場合は、韓・中FTAで韓国医療技術が中国で直接営業できるようになっている。中国で医療行為をしており、堂々と「私は韓国から来ました」と、病院の紹介や看板に書いて韓国から来た医師であることを宣伝している。

　韓国の多くの病院が、日本向けに整形美容医療だけではなく、いろいろな分野の医療サービスの商品を出して宣伝をしている。日本語対応スタッフも常駐しており、診療相談から完治までの流れがパッケージのようになっている。日本で施術に難しい病気の治療のパッケージも積極に作って日本向けに宣伝している。近くて治療費の安い韓国での医療観光に日本も気軽に訪れる日も遠くないような気がする。

5）日韓の整形

　日本は、韓国に対して「整形の国」とか、韓国の芸能人はほとんどが整形しているとか、整形について大変批判的に言うことが多い。韓国の芸能人にも整形していない人も多いし、韓国人にも整形にまったく関心がない人や、否定的な人も多い。そもそも整形に対して根本的に日本人が批判的な考えを持っていることから、整形に関心が高い韓国を批判的にみていると思われる。では、なぜ日本人は整形に対してあまりいいイメージを持っていないのであろうか。日本人のたてまえだと、「親から貰った体を傷つけるのはいけない」と言うことらしい。この言葉の意味に大変困惑してしまう。「親から貰った体を傷つける」というのは、どこからどこまでを言うのであろうか。

　かつて、韓国が日本の植民地の時に、正確にはまだ植民地になる前に植民地になる過程で日本が韓国に強制したのが、断髪令であった。儒教の国の韓国。植民地にされた理由の一つとも言われるのが、儒教の教えを固く守ってきたために近代化に遅れ植民地にされたとも

言われていた韓国である。先祖から貰ったもの、親から貰ったものは髪の毛一本も大事に守っていた韓国の伝統を、真っ先に断髪令から壊したのが日本である。しかし、日本でいまだに親から貰った物を大事にするために整形に違和感を持っているという話を聞くと、多くの韓国人は不思議な思いがするに違いない。ところが、親から貰ったものは毛一本でも傷つけてはいけないはずであるが、病気で手術をしたり、人工心臓を入れたり、体を傷つけることに何の違和感がない現代医学において、なぜ、整形に関しては、時代を逆に戻してしまうのか、世界でも先端科学や先端医学が進んでいる日本のことなのでどうしても不思議に感じてしまう。

　日本も、美意識が大変高い国と言われている。その一つに、日本人のメークの技術は世界でもトップクラスであり、世界で活躍している日本人メークアーティストたちも多い。また、日本人のメークは世界的にもやや濃いと言われている。本来の顔が変わるほどメークをすることには抵抗があまりなく、整形には不信感があるということであろうか。

　日本は、韓国よりエステサロンが多い。韓国は、エステサロンよりも、皮膚科をエステ感覚で利用することが多い。韓国人は、厚化粧を大変嫌がる。厚化粧をするのは、夜の務めとか、自分をある程度飾る時や真面目なイメージではない傾向が強い。よって、韓国の人々は厚化粧ではなく、ナチュラルさを求めているので、持ち肌に力を入れている。化粧をしなくても外出できる肌を求めるので、化粧品も整形も、その考えから出発している。だから、白く透明肌を追求すると言っていいだろう。日本が良いのか、韓国が悪いのかではなく、美に対する基本的追求の差があると言った方が正しいのではないだろうか。

日本の美意識と整形
日本のメークの技術は世界でもトップクラス。
元々日本人の顔を、西洋風に近づけようとする中で、今の日本のメークができあがってきたのではとの意見。
目を大きく見せることで、顔がシャープに見える。
メークをする前と後では、まったく別人。
大人の女性は、化粧をするのがマナーだという考え。
日本人は「人からどう見られるか」を気にする国民性を持っている。
整形して美しくなった自分がどう見られるか、と同時に、整形をしたという事実を周りが知ったらどう思うか、も気になる。

日本人の根底にある「整形」に対する抵抗意識。 「親からもらった体だから」との考え。 整形の高額費用など。

韓国の美意識と整形
韓国では、ナチュラルビューティーが好まれる傾向。 自然な美しさを表現するには、清潔で透明な皮膚をベースにする。 お肌の綺麗さ、元々の顔の端正さが大切。持ち肌に力を入れる。 いかにもお化粧しました、というメークよりは、素顔っぽいナチュラルメークが好まれる。 韓国の芸能人には、色味の少ないメークが主流 今流行っているのが、ムルグァン肌(ムル—水、グァン—光、潤いと光沢のある肌。韓国の今流行りの肌) 抗酸化、抗老化成分

＜参考文献など＞

http://news.chosun.com/site/data/html_dir/2016/10/11/2016101101572.html

『韓国中央日報』2017.02.25

http://blog.naver.com/lkuyoon/220867059320

[The Business]2017.01.26.

『朝日新聞DIGITAL』2016年11月24日

韓国観光公社　ホームページ

１０．ソウル観光

１）韓屋村（ハンオクマウル）

①韓国のソウル観光で、初めに紹介したいのが**韓屋（ハンオク）村**と言われる伝統村である。ソウルは、時代が交差するまちである。古い時代も体験できれば、最新の今も体験できるまちである。またソウルは、まち全体が観光地でテーマパークになっていると言っても過言ではないだろう。では、ソウルという大都会がどのようにテーマパークになっているのか、詳しく説明してみよう。

　ソウルは朝鮮時代(1392～1910)の都であったため、その時代の故宮や家屋が多く残っている。特に、韓屋（ハンオク）と言われる伝統村がソウルの広い範囲にわたって点在している。勿論、そこにはソウルの住民が生活しているが、生活している状態の伝統村がそのまま観光地になっているのである。タイムスリップして、朝鮮時代の風景や抒情も感じながら、今生活している韓国の人々の生活も味わうことができる、まさに一石二鳥の効果を求めることができるテーマパークと言えよう。

　一番有名で広く知られている所が、**北村韓屋村（プクチョンハンオクマウル）**である。昔から両班の集落として知られていた北村韓屋村は、全てが朝鮮時代の瓦葺きの家で、今も当時の上流階級家屋の造りを大切に保存しながら生活している所を見ることができる。斎洞（チェドン）、桂洞（ケドン）、嘉会洞（カフェドン）、仁寺洞（インサドン）から成るこの地域は、昔から清渓川と鍾路の北にあることから「北村」と呼ばれている。

　北村韓屋村は、景福宮や昌徳宮、宗廟の間にある地域であり、600年のソウルの歴史と共に歩んできた伝統居住地域と言える。巨大な二つの古宮の間に伝統韓屋群が密集しており、昔ながらの通りがそのまま保存されている。現在は伝統文化体験館や小さな韓屋がぎっしりと立ち並ぶ小道がたくさんあり、韓屋料理店などにも活用されているなど、朝鮮時代の雰囲気を味わえる場所となっている。昔の趣が感じられる町並みや韓屋を見ようと、いつも多くの人が訪れる人気の観光地の一つである。

　地下鉄３号線安国（アングッ）駅の北側に広がる、大変個性的なショップや、おしゃれなカフェなどが立ち並び、散策にもいい場所である。歴史と現代が共存するこのエリアは、ソウルのほかの観光地にはない魅力が詰まっている。

　2008年に北村韓屋村の魅力を最も感じられるスポット８ヶ所をソウル市が「北村八景（プッチョンパルギョン）」として選定した。８ヶ所すべて周るとだいたい２時間から２時間半かかる。

「北村八景」の中には、路地があったりと見つけにくいところもあるが、ゆっくりあちこち散策したり、カフェに寄って休憩の合間に新しい感覚の個性あるスイーツを発見するのもいいだろう。この周辺は坂道や階段など段差のあるところも多い。

　韓屋は、韓国の伝統建築スタイルで建てられた家を言うが、韓屋には瓦屋根の家と藁葺き屋根の家があり、今日でいう韓屋は一般的に瓦屋根の家を指している。韓屋の魅力のひとつは固有の暖房システムであるオンドル施設があることである。オンドルとは床下で火を焚いてその熱で床を始め、部屋全体を暖めるシステムで、冬の寒さをしのぐのに大きな役割を果たす。オンドル文化の影響で現在もベッドやソファではなく、床に布団を敷いて寝たり、床に座って食事をする生活スタイルをする人々も多い。ところがベッドでも、オンドルシステムを取り入れた韓国ならではの暖かいオンドル式ベッドもある。

　韓屋のもう一つの魅力は環境にやさしい点である。韓屋を構成する土や石、紙は化学的な加工過程を経ずに環境はもちろんのこと、健康にも良いとされる。木材は柱、垂木、扉、窓、床材に使用され、壁は藁と土を混ぜたもので作られる。扉や窓に使われる紙は天然の木のパルプから作られ、戸枠や窓枠に貼り付けられている。すべての材料を自然から得ているため、通気性に優れており、韓屋は現代病であるアトピー性皮膚炎の治療にも効果があると言われている。

②北村韓屋村の続き、ソウルの代表的な観光地が仁寺洞(インサドン)である。仁寺洞は、伝統のまちを象徴していると言える。骨董品、伝統製品などを販売する店が多く、韓屋を改造した美術館や博物館も伝統文化のまちであることを実感させてくれる。以前は多かった古本屋もほとんど見えなくなり、まち並みも変わってきているが、変わってないのは、今も伝統を感じさせてくれるまちだということである。画廊や伝統工芸店、伝統飲食店、カフェなどが密集しており、特に画廊は100軒あまりが密集しており、韓国画から版画、彫刻展まで多彩な展示会を鑑賞することができる。韓国の伝統工芸アイテムなどを探すのに適合だろう。

③北村と一緒に散策できるところとして、仁寺洞の反対に三清洞(サムチョンドン)通りがある。このあたりは芸術家たちがたくさん住んでいたまちで、その芸術的感性が今も残っており、現在の洗練されたまち並みとなっている所である。そして、軒を連ねる小さなカフェやレストラン、ギャラリーが多く、若者たちがよく訪れる人気のまちである。

④仁寺洞に隣接する益善洞(イッソンドン)は、1920年ごろに形成されたソウルで最も古いとされる韓屋村(ハンオクマウル)で、約100もの韓国伝統家屋が密集している所である。メ

イン通りには築100年もの韓屋を改造した個性派ショップ、飲食店、ゲストハウスが並び、ショッピングや韓国グルメを楽しみながら韓国文化に触れることができる。お店の中では、日韓合作映画「カフェ・ソウル」(2009年)の撮影地として有名なカフェ「トゥラン」もある。仁寺洞から一歩足を伸ばして行ける所で最近注目をあびている伝統マウルである。

⑤**南山コル韓屋村**（ナムサンコルハノクマウル）は、1998年4月18日に開館した。総面積79,934平方メートル（24,180坪）の敷地内に、伝統韓屋5棟、伝統工芸展示館、泉雨閣、伝統庭園、タイムカプセル広場などがある。1994年にソウル定都600周年記念事業の一環として作られたタイムカプセル広場と南山コルの趣を考慮して作られた伝統庭園、またソウルのあちこちに散っていた伝統家屋5棟を移転、復元した韓屋村から成っており、これは南山コルの本来の姿を蘇らせる事業の一環として作られたものである。

南山コル韓屋村の一番奥に位置するタイムカプセル広場には、ソウル市民の生活の様子を垣間見ることができる600個の品々がタイムカプセルに入れられ、地下15mに埋められている。このタイムカプセルは400年後の2394年に開ける予定となっている。ここから見渡せるソウル市内の夜景は格別である。ここでは、多様な伝統文化体験プログラムが運営されており、外国人観光客が韓国の伝統を知ることのできる場所としても利用されているところだ。

伝統ハンオクマウルとしてはこの他にも、キョンボククンの隣のまちである、**西村**（ソチョン）を上げることができる。あまり人々に知られてないところではあるが、ここも伝統ハンオクが並んでいるまちである。近代の建物と共存しており、観光客もそれほど歩いてない所で、何か新しい発見ができるのではないだろうか。これからどう変わっていくか期待するまちの一つである。

⑥**城北区城北洞**(ソンブクドン)には、森に囲まれた大変静寂な伝統韓屋(ハンオク)がある。**三清閣**(サムチョンガク)という韓国伝統料理を楽しむことができる場所がある。1972年の南北代表団の晩餐で作られた場所で、国賓の接待や政治的な会談に使われたあと、2001年より一般に開放され、2009年からは世宗文化会館に委託され、伝統文化施設として運営されている所。MBCドラマ「宮(クン)」やSBSドラマ「食客(シッケッ)」などの撮影地としても知られている。

素敵な伝統韓屋で、韓国宮廷料理を現代的に解釈した韓国コース料理を食べることができる。2階の茶院では、韓国伝統茶などが楽しめる。その他に三清閣は、現在では文化体験施設として、国内外に韓国伝統文化を発信する拠点となっているため、伝統芸能の公演、音楽、伝統工

芸などの講習など、さまざまなプログラムが楽しめる。
　ちなみに、城北洞は、三清閣を入れて文化施設が多い文化通りと言われる。以前、文化人が住んでいた邸宅を利用して伝統茶を出す水煙山房（スヨンサンバン）など、いくつの施設が営業している。

2）壁画村
　①ソウルは面白いまちである。伝統的家屋でない、現代の特に庶民の普通のまちも観光地にしてしまっているのである。それが、**梨花洞壁画村（イファドン壁画村）** である。劇場が多く集まる演劇のまち・大学路（テハンノ）から駱山（ナッサン）公園の方へ進むと出てくる。庶民の生活を感じるまちかと思うと、数多くの芸術作品が展示されている「路上美術館」が広がる。このまちの「駱山プロジェクト」という正式名称の「路上美術館」は、2006年9月に文化観光部の生活環境改善事業の一環として始まった。
　タルトンネ（月にもっとも近い村、山の村、貧しい村）と呼ばれていたこの地域に多くの人たちを誘致し、様々な芸術文化に触れられるまちとして再生するのがこのプロジェクトの目的。約70人の作家と子どもからお年寄りまでの住民による約80個もの壁画などが、坂の上にキャンバスを広げたように、まちに溶け込みながら展示されている。
　ドラマにも出てきたことから、大勢の観光客が訪れているため、実際生活している空間であることもあり、住民とのトラブルになっている面もある。至る所に、「静かに」とか、「ゴミは持って帰りましょう」などの注意書きがある。しかし、素敵な絵を散策しながら無料で鑑賞できる素晴らしい場所であるため、観光客の足は後を絶たない。
　②**城北区ブックチョンマウル（ソンブックブックチョンマウル）** も、梨花洞壁画村のように 2009年頃から国民大学校と協力して、鳩の憩いの場と名付けて、「愛・平和・希望」の願いを込めた村づくりを始めたところである。最後のタルトンネと言われるところで、果たして梨花洞壁画村のように、タルトンネというイメージから抜けることができるのか。まだ、完成されていないが、これから本格的に開発が進む計画だという。どのようなまちになるのか楽しみである。

3）古宮と宗廟（チョンミョ）
①**景福宮（キョンボックン）** は、ソウルの五大宮の一つで、朝鮮王朝の正宮として600年の歴史がある。この宮は朝鮮の創始者である「太祖・李成桂」が高麗の首都を移転した際、新

しい王朝の宮殿として1395年に建てられたもので、ソウルの北にあるので「北闕」とも呼ばれている。1592～1598年の壬辰倭乱(イムジンウェラン、文禄・慶長の役)で焼失したのを復建したものである。12万6千坪の敷地に200棟を超える殿閣がある。朝鮮時代の歴史の末路を見守った宮廷として、植民地になっていく過程の歴史を生々しく辿ることができる、歴史の生きた現場でもある。古宮の内、一番観光客が訪れる場所である。

②史跡第124号の**徳寿宮**(トクスグン)は、元々王宮ではなく、王族の邸宅であった。壬辰倭乱(イムジンウェラン、文禄・慶長の役)により王宮が全焼したことから行宮として使われるようになり、朝鮮時代には宮闕として「慶運宮」と呼ばれるようになった。その後、高宗が1907年に純宗に王位を継がせた後、ここに住むようになり、高宗の長寿を願うという意味の「徳寿宮」と呼ばれるようになった。高宗が最後を遂げた場所でもある。

徳寿宮トルダムキルは、歩行者のための歩道と車道が共存する約900メートルの街路樹通りである。徳寿宮と調和した歴史的景観とロマンチックな雰囲気が漂う徳寿宮トルダムキルは、市民の休息空間であると共に、古くからカップルのデートコースとしても有名である。周辺にはソウル市立美術館やソウル歴史博物館などの文化施設がある。

③**昌徳宮**(チャンドックン)は、朝鮮王朝の宮殿の中でも、美しい景観の宮廷で、1405年に建立され、約270年間正宮としての役割を果たした。今も当時の趣を色濃く残しており、自然と建築との卓越した配置などからユネスコ世界遺産に登録された宮殿である。

政務のための効率に優れている景福宮に対し、昌徳宮は自然の地形に沿って建物が配置され非定型的な造形美が美しい。中でも韓国伝統庭園の秘苑は最も優れている。

④**昌慶宮**(チャンギョングン)は、昌徳宮とともに朝鮮王朝(1392～1910)別宮のうちの一つである。1418年に世宗(1397～1450)が王位に就いた後、退いた太宗(1367～1422)が穏やかに余生を送れるようにと建てた寿康宮がその始まりである。1592年の壬辰倭乱(イムジンウェラン、文禄・慶長の役)ですべての建物が焼失、1616年に再建後も大小の火災に見舞われ、そのつど復旧が重ねられた。

昌慶宮は日帝強占期(1910～1945)に昌慶苑に格下げされ、動物園と植物園のある遊園地に作られ公開されていたため、宮内の建物の多くが破壊・変形された。1985年から3年間にわたる韓国政府の大規模な復元・改修工事を経て、「昌慶宮」という名前とともに、本来の姿を多く取り戻した。

⑤**慶熙宮**(キョンヒグン)は、セムナン大闕、または西側の宮闕であることから西闕とも呼ばれた。第16代王・仁祖(インジョ)の父である定遠君(チョンウォングン)の邸宅があった。

光海君(クァンヘグン)が1617年に宮廷の建築を開始して1623年に完成した。朝鮮時代後期の離宮(有事の際に王が避難したところ)として使われ、朝鮮時代の仁祖から哲宗に及ぶ10代の王が居住していたところでもある。低い山の傾斜の地形を利用して建てられ、伝統美と歴史的由緒を誇る宮廷である。当時は徳寿宮とつながる歩道橋があり、政殿である崇政殿をはじめ資政殿、寝殿である隆福殿、会祥殿など約100棟に及ぶ大小の建物があったが、日帝強占期に日本人学校である京城中学校(現在のソウル高等学校)が建てられたため、ほとんどの宮廷が壊され移転したという経緯がある。1987年にソウル高校が江南に移転した後、1988年にソウル市は復元事業に着手、発掘調査を通じて正殿付近の主要建築物を復元し、新羅ホテルの正門として使用されていた興化門は元の場所に戻され、崇政殿の復元は1994年11月に終了した。2002年から一般公開して、現在は公園になっているが、公園内にはソウル市立美術館、散策路などがある。

⑥宗廟(チョンミョ)は、朝鮮時代の歴代君主の位牌を奉り祭祀を行う場所である。1394年、太祖(1335-1408)・李成桂が朝鮮王朝(1392-1910)の建国とともに、新たな都、漢陽に景福宮と同時に建てた建築物で、その伝統的な荘厳な儀式である祭礼や祭礼楽など、長い伝統と慣習がそのまま保存され、世界文化遺産に登録されている。

　正殿には19の部屋があり、各部屋には各王を奉っている。正殿の塀の中には君主に誠実に仕えた臣下たちを奉った功臣殿がある。

　宗廟祭礼楽は、器楽や歌、踊りで構成されている祭礼楽で、500年前の旋律を今日まで伝え、現在世界で最も古い儀礼文化となっており、毎年5月の第1日曜日(変更の場合もある)にその行事を見ることができる。

4) 今のソウル

①明洞(ミョンドン)は、巨大ショッピング都市を連想させるまちで、外国人や観光客で夜中までにぎわうまちである。各種ブランド店、百貨店、服屋などが密集している。流行のメッカと言われるだけに、衣類や靴、アクセサリーなどのさまざまな商品が並び、南大門や東大門より質のいいブランドが多く集まっているのが特徴だ。また、ロッテ百貨店と新世界百貨店がある他、Noon Square、明洞ミリオレ、M Plazaのようなショッピングモールでは手頃な価格で流行スタイルの製品を購入できる。特に目を引くのは、韓国化粧品のロードショップが並んでいることである。競争が激しい面もあるが、気軽に入って韓国最新のコスメを試すことができる。

明洞にはショッピングだけでなくファミリーレストラン、ファストフード店はもちろん韓国料理、洋食、和食と様々な飲食店が数多く建ち並び、食べ物も多様に楽しむことができる。特に明洞は、カルグクスと呼ばれる手打ち麺料理が有名。夜は屋台が路地に立ち並び、美味しい食べ物が簡単で手軽に食べ歩きもできる楽しみがある。

②日本人が最も立ち寄る場所が若さとロマン、芸術とアンダーグラウンド文化、個性あふれる自由な通り弘大（ホンデ）である。異色カフェ、小さなギャラリー、画廊、小物屋、ファッションショップ、ライブカフェ、クラブ、芸術市場、各種グルメ店などが弘大通りを自由な雰囲気に作り上げていると言えよう。美術学院通りやピカソ通り、クラブ通りなどの異色通りや、さまざまなイベント、ストリート公演など、文化的な要素が色濃い弘大周辺は、サブカルチャーの発信地として、多様な人々でにぎわっている。

　コッコシプンコリは、野外ステージが設置されており、インディーズバンドのストリート公演が開かれるなど、若者の若さや自由が感じられるところである。ピカソ通りは、弘益大の裏門に位置した、かねまや製麺所からフォーシーズンハウスまでつながる通りである。弘益大は韓国一の美術大学で省略して弘大（ホンデ）と呼んでいるが、その周辺は落書きのようなものから芸術的なものまで多くの絵が描かれている「ピカソ通り」と呼ばれる通りがある。弘大前芸術市場フリーマーケットは、毎年3月から11月まで、土曜日に弘益大の正門前にある弘益子供公園で開かれている。一般市民作家の手づくり小物の販売や生活創作アーティストの作品展示および販売をしている。

　その他に、美味しいと評判の「サムゴリプジュッカン」というYGエンターテイメントのヤンヒョンソプ社長が経営する豚焼肉専門店や、「flower cafe Lovin' her（フラワーカフェ・ラビンハー）」、韓国で人気のフラワーカフェの有名店や、「昭福（ソボッ）」は人工化学調味料を使用しないことをモットーに玄米やカボチャ、水あめなどの食材の甘みを生かしたアイスクリームの専門店。弘大の有名な即席トッポッキ（トッポッキ鍋）の専門店「トボゲッチトッポッキ」、弘大の人気デザートカフェ「MOBSSIE」など、紹介し切れないほど有名店が多い。弘大には約30のクラブや実力派ミュージシャンの生演奏を楽しめるライブハウスもある。

③東大門（トンデムン）という場所は、ソウルにあった4つの門の一つで、現在宝物第1号になっており、正式名称は「興仁之門（フンインジムン）」でソウル城郭の東側の門のことである。1396年に創建され、1453年に改修された。現在の門楼は1869年に再建されたもので、「興仁之門」と呼ぶようになったのは世祖（在位 1455-1468）の時からだと言われている。

東大門ファッションタウンは、伝統市場と現代式のショッピングモールが融合した衣類市場で、韓国のファッションショッピングの中心地となっている。長い間東大門を見守ってきた平和市場から、各種複合ショッピングモールと東大門デザインプラザ（DDP）まで、多彩なショッピング空間がある。既存のブランドの他にも、若さとセンスを兼ね備えたデザイナー達の最新アイテムが手に入るのが最大の魅力となっている。華麗な明かり、そして大型商店が開くイベントもまた楽しみの一つであり、それぞれの大型ショッピングデパートは、個性があり、目的別に分類されている。24時間営業しているが、夜9時から朝まで営業のところも多いので、昼間より夜のソウルの代表的な旅行地として脚光を浴びている。眠れない観光客には、大変嬉しい場所で、低価格の衣類・靴・アクセサリーなどから最新のアイテムをゆっくり選べる。

　BIGBANG、2PM、GOT7といった大人気歌手が登場するK-POPホログラムコンサートを楽しめる場所もある。東大門の「LOTTE FITIN（ロッテ・フィットイン）」9階にある、Klive（クライブ）である。K-POPライブと最新ホログラム技術が一体となって今話題のスポットで、生のライブでは味わえない、270度ビューによる大迫力な映像と、スターたちの華麗なパフォーマンスが融合した新感覚ライブを体験できる。

④東大門（トンデムン）デザインプラザー（DDP）は、東大門運動場跡地に約4年8ヶ月の歳月と約4,000億ウォンの莫大な費用を投じて、2014年3月に誕生したソウルの新ランドマークである。3次元の立体設計技法を駆使して設計された非線形的な建築デザインが特徴で、ライトアップされる夜には近未来的な様相に一層磨きがかかる。形態の異なるアルミパネル45,133枚を使用し流れるような曲線を描くように建てられた内外観は、見るからに巨大な芸術作品である。建物の設計は、2020年東京オリンピックのメインスタジアム設計にも話題になったイラク出身の建築家ザハ・ハディッド氏が担当。延面積85,320平方メートルに及ぶ広大な敷地は、大型催物場「アートホール」、韓国デザイン・トレンド発信地「ミュージアム」、デザインビジネス拠点「デザインラボ」、食事・買い物エリア「デザインマーケット」からなっている。

　夜に咲くバラとして知られる「LEDバラ庭園」は、お花一本一本にLEDが埋め込まれてとっても幻想的な風景で、夜の風物詩となっている。

⑤広蔵市場（クァンジャン・シジャン）は、市場の名称を東大門市場とし、市場の経営体法人名は広蔵株式会社と命名し、1905年7月5日に開設された。発足当時の市場は、活動と機能が閑散としており、市場の運営は1日市、隔日市、3日市、5日市、7日市などの方式

がとられていたが、常設市場として運営されていたという点では、市場の開拓上で先駆者的な役割を果たしていた。当時の主要な取扱商品は、農水産物、薪や炭などであった。1962年に東大門市場と分離し、輸入品などを扱う店が増えた。

　今は、市場が休みの日曜日にも営業しているグルメ横丁通りが有名である。ここでは、刺身、キンパプ、スンデクッパ、ユッケ、カルグクス、ビビンパ、天ぷら、スンデ、ピンデトクなど、韓国の伝統食べ物や家庭料理など様々な韓国の食べ物が味わえる。外国人観光客の目当ては、この韓国の伝統食べ物が低価格で堪能できることであろう。キンパプも普通に食べ慣れたものではなく、細くて具が殆ど入ってない、ご飯を海苔で巻いただけのものだが、なぜか格別な味である。韓国のいろいろな食べ物に挑戦できる場所でもある。

⑥**南山(ナムサン)**は標高265メートルの都心の真中に位置するソウルの象徴的な山。それほど高くはないが頂上からの景色がよく、市民の休息の場として人気がある。頂上には八角亭やタワー、この他にも噴水や南山図書館などいろいろな施設が備わっている。頂上まではロープウェイが往復しているので楽に移動することができるが、階段の道で上り下りもでき、市民の散歩道の他、ドライブコースとしても人気がある。

　南山の一番の名所であるNソウルタワーに上ると、ソウルの景観はもちろん仁川沖まで見渡せる展望台の他、レストランなどもあり、ソウル観光の欠かせないスポットとなっている。2005年に、先端と自然の調和というコンセプトのもと150億ウォンが投入され、大々的なリモデリングを経て、1980年から呼ばれていた「南山ソウルタワー」から「Nソウルタワー」と名前を変えて生まれ変わった。高さは236mで243mの南山の上に位置するため海抜479mの展望台からソウルを一望できる。特に、ソウルの夜景が一望できるのが魅力。

　南山には、もう一つの名所があるが、それは愛の南京錠のスポットである。多くのテレビ番組やドラマで登場されたが、カップルで永遠の愛を誓う場所である。愛の南京錠は、Nタワー1階のギフトショップで購入できるが、1つ8,000ウォンからとなっている。

⑦先端流行のメッカと呼ばれる**狎鴎亭(アプクジョン)**ロデオ通りは、ソウルのファッションの名所と言われている所。海外の有名ブランドの輸入店をはじめとする独特な雰囲気のブティックなどが多い。狎鴎亭(アプクジョン)は、90年代頃から、韓国の富裕層を象徴してきたし、若者のトレンドの発信地域であった。今も、10代の若者をターゲットとしたお手ごろな価格のファッションやアクセサリーの店などが通りを埋め、韓国の最先端の流行を発信している。ファッションのほかにも独特のインテリアが目立つカフェや韓国料理、タイ料理、日本料理など、好みに合わせて選んで食べられるさまざまなレストランや、美容院

なども密集している。

⑧ソウル地下鉄3号線新沙（シンサ）駅から狎鴎亭の現代高校前を結ぶ2車線からなるイチョウ通りをシンサドンカロスギルと言う。芸術家の通りとも呼ばれるこの通りの周囲には、おしゃれなカフェやレストラン、デザイナー直営のお店などが軒を並べ、異国の雰囲気が漂う。テラスカフェなども多く、若者に人気のエリアで、映画のロケ地となっている他、秋には紅葉を見に多くの人々が訪れる。ちょっと路地に入った静かなお店が最近は人気を集めている。

⑨清潭（チョンダム）駅の交差点からギャラリア百貨店に続く大通り周辺には名品ブランドの店舗が密集しており、ファッショニスタ達の主要ショッピングエリアとして有名な通りである。国内唯一のファッション特区であり、以前は清潭洞（チョンダムドン）通りと言われていたが現在は「**清潭ファッション通り**」という公式名称が使われるようになった。韓流旋風の追い風で日本人観光客の観光コースとしても脚光を浴びている。通りの両側の路地には有名レストランも数多く集まっている。近頃ではセレクトショップやギャラリーも増え、ショッピングと文化を同時に楽しむことができる空間として親しまれている。

⑩韓国政治の中心である大統領府の**青瓦台**（チョンワデ）も見学できる。青い瓦屋根の本館が青瓦台であるが、北岳山を背景にしたこの建物の青い瓦と美しい曲線を描く屋根が美しい調和をなしている。青瓦台の屋根には一枚一枚焼いた瓦が約15万枚使われ、100年以上耐えられるものだとされている。本館の他にも大統領の記者会見が行われる場所である春秋館、外国からの来賓をもてなす迎賓館などの建物があり、それぞれの建物が韓国の美を表すかのような独特の雰囲気に満ちている。また建物の他にも樹齢300年以上の松、歴代大統領が植樹した木が植えられた緑地園、噴水、鳳凰像のあるムクゲの丘などがあり、7～10月にかけムクゲの美しく咲き誇る季節には記念撮影をする観光客の姿があちこちで見られる。

　青瓦台も長い歴史がある。日本統治時代には日本が当時あった建物の大部分を取り壊し、この地に朝鮮総督府の官邸を新築(旧本館)した。その建物は続く米軍政下で軍政長官官邸として使用された。大韓民国成立後、初代大統領である李承晩（イ・スンマン）は、ここを「景武台（キョンムデ）」と命名、執務室兼官邸として使用し始めた。「青瓦台」という名に改称されたのは1960年のことである。旧本館は1993年に取り壊され、現在、大統領の生活空間である官邸や執務を行う本館は、1991年に時の盧泰愚（ノ・テウ）大統領が新築した

　毎週火曜～土曜の1日4回、予約制で無料の見学ツアーが実施されているが、外国人の参加も可能である。事前にインターネットサイトから予約が必須である。

5）韓国を体験する

　韓国の観光に最近増えているのが、韓国の体験コースである。韓国と日本は近く、何度も訪れている人も多く、観光・グルメ・ショッピングのついでに、いろいろと体験コースに参加している人も増え、そのような人のために、韓国も体験コースを多く設けている。韓国の伝統衣装の韓服(ハンボク)を体験できる店は、以前から多く、ソウルの伝統韓屋村(ハンオクムラ)を歩くと、韓服を着ている人とよく出会う。韓屋村周辺には着付け屋が多く、着て歩ける。また、古宮にも韓服を着ている人と出会えるが、韓服を着て入場すると、入場料が無料で入れる所もあるようだ。

　その他には、キムチ作り体験、韓国料理体験、韓国伝統工芸体験、K-POP体験、ダンス体験など、様々な体験ができる。いくつか挙げておく。

・ソスルデムン李家は、韓服試着、韓国礼節作法、キムチ作り、パジョン試食などの体験ができる。

・東琳メドゥプ工房は、韓服(ハンボク)や室内の装飾に使われてきたメドゥプ(組み紐)の展示や販売のほか、携帯ストラップやネックレスなどのメドゥプ作りが体験できる。

・韓国礼節文化院（ハングクイェジョルムナウォン）は、韓国固有の伝統的な礼法、現代生活のマナーを研究・調査・開発し、伝承・普及しており、現代人のための礼節教育プログラムなどを運営している。

・ROLLING KOREA K-POP ボーカル　レッスンは、ホンデで韓国のK-POPやダンスなどがレッスンできる。短時間体験レッスンが受けられる所である。

・キムチ文化体験　15000ウォン〜、韓服文化体験25000ウォン〜

・韓国と言えば体験したいのが、チムジルバンである。チムジルバンは、蒸し部屋という意味の低温サウナで、韓国人は、ここで様々な施設を利用しながら楽しい時間を過ごしている。最近ではチムジルバンを利用する外国人観光客も増えており、世界各地に韓国のチムジルバンが増えてきている。「チムジル」とは温泉や砂の中に入って汗を流し、病気を治すことを意味している。チムジルバンには体を温めることのできる蒸し部屋と風呂の施設がある。黄土、堅炭、塩などの部屋が約40〜80度に加熱されており、その中で汗をかくと疲れが取れ、肌もすべすべになる。1万ウォンほどの料金でサウナ、風呂、チムジルバンが利用でき、様々な休息空間や飲食施設も整っている。ほとんどのチムジルバンは24時間営業しているため、韓国の人の中には安く泊まる場所として活用されることもあり、また、ドラマなどでもよく登場する。

6）韓国でミシュラン

「ミシュランガイド・ソウル2017」にて星を獲得したお店　　　　　（韓国観光公社）

三つ星	二つ星
・GAON（韓食） ・羅宴（韓食）	・コッカン（韓食） ・Kwonsooksoo（韓食） ・ピエール・ガニェール（コンテンポラリーフレンチ）

一つ星	
・DINING in SPACE（コンテンポラリーフレンチ）	・L'amitie（フランス料理）
・Ristorante Eo（コンテンポラリーイタリアン）	・津津（中華料理）
・mingles（コンテンポラリーコリアン）	・alla prima（イノベーティブ）
・鉢盂供養（Balwoo Gongyang）（精進料理）	・ビチェナ（BICENA）（韓食）
・ポルムセ（BO REUM SAE）（バーベキュー）	・クンキワチプ（ケジャン）
・VOTRE MAISON（コンテンポラリーフレンチ）	・KOJIMA（寿司）
・二十四節気（コンテンポラリーコリアン）	・ハモ（韓食）
・SOIGNÉ（イノベーティブ・フュージョン）	・POOM（韓食）
・豫園（YU YUAN）（中華料理）	・ZERO COMPLEX（イノベーティブ）
・チョン食堂（JUNGSIK）（コンテンポラリーコリアン）	

7）その他

①ソウル深夜バスがある。夜遅くから明け方までソウルの都心を走るバスのことを指す。2015年11月現在、全部で8つの路線が運行しており、料金は2,250ウォン（現金）となっている。路線ごとに始発と最終の時間、配車間隔が異なるため、乗車前に各路線案内で確認が必要。参考までに、路線バスの中に含まれる「N」は深夜（Night）を意味する。短い時間で韓国を24時間楽しむ方法として利用するのもいいだろう。

②四大古宮・宗廟の入口と主要エリアには**公衆無線LAN環境（WiFiスポット）**が整備されており、別途の通信料を気にすることなくモバイルアプリをインストールして使うことができる。

③**統合モバイルアプリ「私の手の中の宮殿」**の登場により、ソウルの四大古宮（景福宮、昌

徳宮、昌慶宮、徳寿宮）と宗廟の観覧やイベントに関する情報を手軽に入手できるようになった。

④ソルビンは、韓国を代表するデザートカフェで、日本人の多くが韓国で最も立ち寄るカフェとなっている。韓国伝統食材料を使ったデザートを食べることができるが、特に、かき氷が有名である。韓国全国で食べられるが、特にソウルではソルビンのチェーン店が多く、どこでも軽く入ることができるのが魅力だろう。中国でも数多く進出しているし、タイにもあり、日本でも原宿店と福岡の天神店がある。日本限定メニューのチョコレートソルビンが食べられる。

⑤ソウルの新名所として、貨物用の大きなコンテナを積み上げて作り上げた空間が、最新トレンドや文化の発信地として注目されている。ここでは、フリーマーケットやライブなどのさまざまなイベントが週末に開かれ、ソウルの若者文化に触れることができる。また、コンテナの一部をソウル市や区が管理し、若者たちの就職支援をしたり文化的コンテンツを提供したりしている。地域活性化の拠点となるコミュニティセンターとしても機能しており、**コンテナ複合文化空間**というモデルは今後も増える傾向とみられる。
は今後も増える傾向とみられる。

⑥日韓それぞれの訪問者数

日本訪問韓国人数	62万5400人(2017,1)、714万人(2017年度)、80万人(2018,1)
韓国訪問日本人数	15万6000人(2017,1)、231万人(2017年度)

　韓国人は、世界で一番日本を訪れている。日本人の韓国訪問数より4倍多い。一番近い国である日本を、韓国人は韓国の国内のように、ショッピングで、グルメで、家族旅行で、週末の休養で、釣りで、ゴルフ―などで訪れる。韓国人にとっての日本は、もう遠い国ではないのである。韓国と日本は、空から、海から、利便性ある通路を作っている。空からは全国どこからでも韓国へ簡単に行けるし、東京、大阪、福岡などからは、日本の国内線よりも多く韓国を往復している。少し足を運べば、ちょっと変わった文化・食べ物・ショッピング・観光が楽しめる。韓国の人々は、そのような楽しみを躊躇しないで楽しんでいるのである。

＜参考文献など＞
コネスト
韓国観光公社　ホームページ

11．日韓年中行事について

1）日韓伝統年中行事

	日本の行事	韓国の行事
1月	元旦 （初詣、お節料理、お雑煮、お年玉） 7日　七草	旧正月（先祖に禮（祭祀）、ソルナル料理、トックッ、お年玉） 旧歴15日　大月名節（五穀物ご飯、ナムル） 20日　大寒
2月	3日　節分　豆まき （恵方巻きを食べる）	旧歴1日　ヨンデュンナル 旧歴1日　二月一日（イウォルチョハル） 4日　立春 旧9日　ムバンスナル
3月	3日　ひな祭り 春分の日	旧歴3日　サムジッナル
4月	花見	5日　寒食 旧暦8日　釈迦誕生日
5月	5日　こどもの日（男子） 5日　端午	5日　こどもの日 旧暦5日　端午の日　絶句
6月	衣替え	旧暦15日　流頭 旧暦20日　鶏を食べる日
7月	7日　七夕 14,15日　関東のお盆	旧暦7日　チウォルチルソク（7月七夕） 旧暦15日　百中（農民のお盆）
8月	13～16　お盆 旧歴15日　月見	旧お盆　15日　チュソク
9月	敬老の日 秋分の日	9日　白露 旧暦9日　重陽節　（敬老の日） 23日　秋分　（先祖に禮（祭祀）、テュソク料理、ソンピョン） 9日　白露

		旧暦9日　重陽節　(敬老の日)
		23日　秋分
10月		旧暦15日　下元
11月	七五三祝い	7日　立冬
		22日　小雪
12月	21か22日　冬至	21か22日　冬至　(小豆粥)
	31日　大晦日	25日　(イエス様誕生日)クリスマス
	(年越しそば)	31日　ソッダルグムゥム

2）日本の伝統行事

①日本は、正月をはじめ様々な伝統行事が多く行われている。正月初詣から始まるが、日本だけの固有の伝統行事であり、珍しい行事と言える。なぜなら、特定の宗教を持たない日本人が、なぜか新年年が明ける前から着物などに着替えて、神社やお寺などに大勢が列を作って新年を待っている光景は、外国人から見れば不思議な光景と言えなくないからである。

　正月に食べる物としてお節料理があるが、食べ物一つ一つにそれぞれの意味があり、1年間のあらゆる効能を考えてつくった料理である。

②2月3日の節分は、各季節の始まりの日（立春・立夏・立秋・立冬）の前日のことである。節分とは「季節を分ける」ことを意味している。江戸時代以降は特に立春（毎年2月4日ごろ）の前日を指す場合が多い。一般的には「鬼は外、福は内」と声を出しながら福豆（煎り大豆）を撒いて、年齢の数だけ（もしくは1つ多く）豆を食べる厄除けを行う。

　最近は、恵方巻・恵方巻き（えほうまき）を食べることが段々広まってきたが、節分に恵方を向いて食べると縁起が良いとされている「節分の丸かぶり寿司」、「節分の太巻寿司」のことが、最近は恵方巻になっている。「丸かぶり寿司」、「節分の太巻寿司」は、大阪を中心とした地域でそれを食べる風習のことであった。

　では、「恵方巻」はどこから来たのか。「恵方巻」という名称は、1998年にセブン-イレブンが全国発売にあたり商品名に「丸かぶり寿司 恵方巻」と採用したことからその始まりと言われているが、2000年代以降に急速に広まった。それ以前に「恵方巻」と呼ばれていたという文献類は見つかっていないようである。「幸運巻寿司」「恵方寿司」「招福巻」などとも呼んでいる。

③ひな祭り（ひなまつり）は、日本において、女子のすこやかな成長を祈る節句の年中行事のことである。ひなあそびともいう。ひな人形（「男雛」と「女雛」を中心とする人形）を飾り、桃の花を飾って、白酒や寿司などの飲食を楽しむ節句祭りである。雛あられや菱餅を供える。

　江戸時代までは、旧暦の3月の節句（上巳、桃の節句）である3月3日（現在の4月頃）に行われていた。明治の改暦以後は一般的に新暦の3月3日に行なうことが一般的になった。一部の地域では、引き続き旧暦3月3日に祝うか、新暦4月3日に祝う（東北・北陸など積雪・寒冷地に多い）。

　江戸時代の雛祭りは「五節句」のひとつとして「祝日として存在した」とされる。しかし、明治6年の新暦採用が「五節句（=雛祭り）」の祝日廃止となり、さらに「国民の祝日」より「皇室の祝日」の色が濃くなった。このため、戦後になって新たに祝日を作ろうとする動きが見られ、いろいろな案が出たが、最終的には5月5日の端午の節句を祝日（こどもの日）とする案が採用された。北海道・東北をはじめ寒冷で気候の悪い地域の多い時期を避け、全国的に温暖な時期の5月にしたというのが大きな理由のひとつとされる。

④5月5日はこどもの日であるが、男子の子供をお祝いする意味が強い。女の子は3月3日。元々この日は、端午（たんご）という五節句の一つで、端午の節句、菖蒲の節句とも呼ばれた。日本では端午の節句に男子の健やかな成長を祈願し各種の行事を行う風習があり、現在では新暦の5月5日に行われ、国民の祝日「こどもの日」になっている。

　この日を端午とする風習は、紀元前3世紀の中国、楚で始まったとされる。中国では、端午当日は野に出て薬草を摘み、色鮮やかな絹糸を肩に巻き病を避け、邪気を払う作用があると考えられた。また、蓬で作った人形を飾り、また菖蒲を門に掛け邪気を追い払うと同時に竜船の競争などが行われていた。これが現代日本においても菖蒲や蓬を軒に吊るし、菖蒲湯（菖蒲の束を浮かべた風呂）に入る風習を残している。

　元来日本では、男性が戸外に出払い、女性だけが家の中に閉じこもって、田植えの前に穢れ（けがれ）から祓い身を清める儀式を行う五月忌み（さつきいみ）という風習が中国から伝わっていて、元々端午は女性の節句だったという。しかし、鎌倉時代ごろから「菖蒲」が「尚武」と同じ読みであること、また菖蒲の葉の形が剣を連想させることなどから、男の子の節句に変わった。鎧、兜、刀、武者人形や金太郎・武蔵坊弁慶を模した五月人形などを室内の飾り段に飾り、庭前にこいのぼりを立てるのが、典型的な祝い方である。「こいのぼり」が一般に広まったのは江戸時代になってからで、元は関東の風習であったという。

鎧兜には男子の身体を守るという意味合いが込められている。こいのぼりをたてる風習は中国の故事にちなんでおり、男子の立身出世を祈願しているという。典型的なこいのぼりは、5色の吹き流しと3匹（あるいはそれ以上）のこいのぼりからなる。吹き流しの5色は五行説に由来する。端午の日にはちまきや柏餅（かしわもち）を食べる風習もある。（「ウィキペディア」2016.8.31基準）

⑤7月7日は七夕（たなばた・しちせき）である。七夕は、中国、日本、韓国、ベトナムなどにおける節供、節日の一つで、五節句の一つにも数えられる。旧暦では7月7日の夜のことで、日本ではお盆（旧暦7月15日前後）との関連がある年中行事であったが、明治改暦以降、お盆が新暦月遅れの8月15日前後を主に行われるようになったため関連性が薄れた。日本の七夕祭りは、新暦7月7日や月遅れの8月7日、あるいはそれらの前後の時期に開催されている。

　日本で全国的に行われている短冊の笹に飾る風習は、江戸時代から始まったもので、日本以外では見られない。江戸幕府が七夕を五節句の一つと定め一般的に祝ったが、初めの頃は短作に習字の上達を願うことが一般的だったという。竹は冬の寒さにも負けず、真っ直ぐ育つ生命力が備わっていることから、昔から神聖な力が宿っていると信じられた。

⑥五節句として以下の5つがあります。
・1月7日…人日（じんじつ）の節句。和名：七草の節句
・3月3日…上巳（じょうし）の節句。和名：桃の節句
・5月5日…端午（たんご）の節句。和名：菖蒲の節句
・7月7日…七夕（しちせき）の節句。和名：七夕（たなばた）
・9月9日…重陽（ちょうよう）の節句。和名：菊の節句
(https://tashlouise.info/)

⑦日本では夏になると鰻（うなぎ）を食べる日がある。それを土用の丑の日（どようのうしのひ）と言う。これは、土用の間のうち十二支が丑の日であるが、夏の土用の丑の日のことを言うことが多い。夏の土用には丑の日が年に1日か2日（平均1.57日）あり、2日ある場合はそれぞれ一の丑・二の丑という。

　鰻を食べる習慣についての由来には諸説があり、讃岐国出身の平賀源内が発案したという説が最もよく知られている。源内起源説の典拠は、前述の『明和誌』で、源内の知り合い鰻屋が、夏に売れない鰻を何とか売れる方法を源内に相談すると、源内は、「土用の丑の日うなぎの日　食すれば夏負けすることなし」と書いた看板を店先に掲げた。すると、そ

の鰻屋は大変繁盛したと言う。栄養に問題ない現代において夏バテ防止のために鰻を食べるというのは、医学的根拠に乏しいとされ、土用の丑の日の鰻は、効果があまりないとの話もある。

⑧七五三(しちごさん)は、7歳の女の子、5歳の男の子、3歳の男と女の子どもの成長を祝う日本の年中行事であり、神社などで「七五三詣で」を行いご報告、感謝、祈願を行う奉告祭のことである。もともと関東圏のみで行われる地方風俗だったが、京都、大阪、全国に広がった。昔は乳幼児の死亡率が高く、3歳まで健康に育つことが喜びであった。神社・寺で11月15日に、子供の成長を祝う行事が行われたことから、現在は、11月の土・日などで神社などを訪れている。

　七五三では、親が自らの子に長寿の願いを込めた「千歳飴（ちとせあめ）」を与えて食べて祝う。千歳飴という名称は、「千年」つまり「長い」「長生き」という良い意味から細く長くなっており（直径約15mm以内、長さ1m以内）、縁起が良いとされる紅白それぞれの色で着色されている。千歳飴は、鶴亀（つるかめ）や松竹梅などの縁起の良い図案の描かれた千歳飴袋に入れられている。千歳飴も地方ごとに形状や色が異なる（「ウィキペディア」2016.8.31基準）。

3）韓国の伝統行事

①旧暦1月1日が韓国の正月である。正月の朝は先祖に茶禮(元旦やお盆や祭祀などの際に行う祭祀という儀式)を行うことから新年を迎える。4代まで儀式を行い、それ以上は、お墓参りで行う。よって、茶禮が終わった後はお墓参りに行くのである。最近は、正月の当日は混雑するので、前後にお墓参りに行くこともある。

　大晦日には寝てはいけない。これを守歳と言うが、寝ると眉が白くなってしまうという言われがあるからだ。

　正月にはトックッを食べてやっと年を取ることができると言われている。トックッを食べないと年を取ることができないという言われからである。大晦日から楽しむ凧揚げは、旧暦1月15日まで楽しむ。正月を前後にしてやる遊びでは、ユンノリ（すごろく）、チェギチャギ（羽蹴り）、板とび(板戯)、スンギョンド遊び、銭打ちなどがある。

　日本も正月に禁忌事項があるが、韓国にもある。女性の出入りに対する禁止。針仕事の禁止。灰を片付けてはならない禁忌。灰は財物の観念があったようだ。また、穀物を外部に出さない禁忌などである。

②韓国では、旧暦1月15日は1年で最も大きい月であることから正月（チョンウォル）テボルム（小正月）と呼ばれる。この日は、満月に一年の安泰と豊穣を祈願する意味深い日である。

・五穀米の分け合い（オゴクパプ ナノモッキ）、5種類の穀物で作った五穀米ご飯を、ナムルを添えて近所の人と分け合って食べる。五穀米を分け合って食べると1年の運が良くなると信じられている。

・チブルノリ、畑や田んぼに藁を置いておき、日が暮れたらそれに一斉に火を付けて燃やす。田畑の雑草を燃やすことで害虫の被害を防ごうとするもの。地域によっては、激しい村間の試合として開かれ1年の中で一番のイベントでもあった。

・綱引き（チュルタリギ）、正月テボルムの前日に村の人々が集まって藁で太い綱を作り、正月テボルムの日に綱引きを行う。これも村間の対抗戦としても楽しんだ。2015年世界遺産に登録された。

その他にも、1年間良い知らせだけを聞きながら過ごせるように飲むキバルギ酒（耳明酒）飲み（キバルギスル マシギ）、1年間皮膚疾患にかかることなく健康に過ごせるように「プロム」と呼ばれるピーナッツやクルミ、松の実、栗、銀杏などの硬い木の実を食べるプロム噛み（プロムケギ）、藁や薪を積み重ねたものを燃やし、厄を払い福を招くタルジプ焼き（タルジプテウギ）、農楽隊が演奏しながら家々を回り、その土地を踏んで土地を守る地神に祈りをささげることで家庭と村の安泰を願う祭祀、地神踏み（チシンパップギ）などがある。

③旧暦2月1日は、2月1日(イウォルチョハル)。この日は、豆を煎り家族で分けて食べるが、豆を煎る際は、呪い言葉を言いながら煎ることが大事。日本の節分に似ているが、節分は正確に立春の前日のことで、韓国でも以前は行事があった。

④韓国で、2月4日は、立春である。春の始まりという意味である。従って、この日を祝い、これからの一年を大吉・多慶を願って儀礼を行う行事である。今は、玄関などに「入春祝」「立春大吉」「建陽多慶」「一春和氣滿門楣」「春光先到吉人家」などを書いて貼る。

⑤旧暦2月1日はヨンデゥンナルと言う。風の神である、ヨンデゥンハルモニが天の国から人間の国に降り立ったイウォルチョハルを指す。この日は地域によって呼び方が異なる。農閑期の最後の名節として、農経神のヨンデゥンハルモニを祭ることで、豊作と家庭の安寧を祈った。

⑥旧暦2月9日は、ムバンスナル。いろいろやることに制約が多かった昔、この日だけは

何をやっても害がない日という意味を持つ。そのために、この日まで待ってから他の仕事に取り掛かったりしていたらしい。今も農村ではこれを守る人が多い。

⑦日本の雛祭りにあたる旧暦の3月3日は、韓国ではサモルサムジンナルと言う。高麗時代では、9大俗節の一つであった。旧暦3月3日は、「南の国に行っていたつばめが帰ってくる日」という意味と、「女の日」の意味があった。漢字では、三重日、三辰日、上巳日、上除、元巳日、重三日、踏青節、禊飲日と称する。春の訪れを意味し、いろいろな遊びを楽しんだ。

　3月になると、女の子は、いろいろな模様の人形を作ったり、人形とセットで人形の身の回り品(布団、枕、屏風、服など)を作って、人形遊びを楽しんだ。また、『朝鮮賦』には、「3月3日」にはヨモギを取ってヨモギ餅を作って食べたとある。他に、つつじチョンやつつじ酒などがある。

⑧4月5日は寒食である。冬至から105日目にあたる日。一定期間火の使いを禁止し、冷たい料理を食べる、古代中国の風習から始まった。禁烟日、熟食、冷節とも言うが、正月、端午、旧お盆と共に、4代節祀と言い、お墓参りを行った。1年中お墓参りは、寒食のこの日と、旧お盆が一番多かったと言われている。農家では、この日を起点にして種蒔きを始める。

⑨旧歴4月8日はサウォルチョパイルの釈迦誕生日である。仏教の開祖である釋迦牟尼の誕生日。仏がいらっしゃった日とか、佛誕日、浴佛日、釋誕日とも言う。仏教4大名節(2月8日の釋迦出家日、2月15日の涅槃日、12月8日の成道日)の中で一番大きい名節である。燃灯は、高麗時代で本格化したが、子供も参加して1か月前から費用の工面のために、呼旗風俗というのが生まれるなど、古い歴史から民衆の祭りとして伝わっていることから、現在でも祭日として祝っている。

　韓国全国のお寺には色とりどりの燃灯が飾られ、夜には燃灯が一斉に明るくなるので、山奥ひっそり建てられた寺が多い韓国では、1年中この頃だけは大変明るくなる。また、ソウルにはソウル挙げてのお祭りが行われる。

　韓国仏教の最大の祭典「燃灯祝祭(ヨンドゥンチュッチェ)」は、釈迦誕生日(旧暦4月8日)のころ毎年ソウル市の中心部で行なわれる。約2,600年前、インドで自らの知恵と慈悲の精神を世に広めた釈迦(しゃか)の生誕を祝い、改めてその教えに理解を深めようとするものである。この時期、韓国のあちらこちらでは空いっぱいに燃灯(堤灯)がぶらさげられ、燃灯は蓮華をモチーフに作られており、釈迦誕生記念行事の時以外にも願いを込めて空に掲げら

れる。また「清渓広場(チョンゲクァンジャン)」を起点に流れる清渓川(チョンゲチョン)にも、燃灯や釈迦・動物などの張り子が飾られ、多くの人で賑わう。仁寺洞に位置する韓国仏教の総本山・曹渓寺(チョゲサ)では、境内一面に色とりどりの燃灯がぶらさげられ、空が見えないほどに隙間なく吊るされた姿が壮観である。

釈迦誕生日前の日曜日には、ソウル市内で盛大なパレードをはじめ、体験広場や公演など、様々な催しが行なわれるが、最大の見所は、パレードだ。仏教徒らが手に燃灯を持ち行進し、まばゆいばかりの巨大な張り子がパレードに花を添える。燃灯祝祭の開幕を知らせる点灯式では、ソウル市庁前の広場に壮大なモニュメントが設置され明かりが灯される。式はソウル市長、仏教界の代表、市民が一緒になって行なわれる。モニュメントの形は毎年異なり、夜になると毎日点灯される。

ビジネス街にひっそりとたたずむ三成洞(サムソンドン)・奉恩寺(ポンウンサ)などのお寺では、韓紙の素朴な味わいと丹青の華麗さがひとつになった伝統灯展示会が行なわれる。光と韓紙が幻想的な調和を成した、韓国伝統の美しさを堪能することができる。

「提灯行列」が行なわれる当日、曹渓寺前の通りでは、提灯作り、拓本、禅武道、韓国伝統民俗遊び、精進料理など、普段は滅多に見られない多彩な韓国仏教文化が体験できる。また、プンムル公演やスリランカ、タイなどのアジア仏教国の公演なども披露され、外国人や家族連れなど誰もが楽しめる場となっている。

華麗な衣装をまとった演技団と、会場いっぱい埋め尽くした参加者が一丸となって提灯行列を準備。歌や踊りで祭典を盛り上げ、提灯行列スタートまで会場は興奮の熱気に包まれる。

燃灯祝祭のメイン行事とも言える提灯行列は、調和の広場で歌って踊った演技団たちが東大門から鍾路まで行列するパレード。龍提灯、塔提灯、白象提灯、蓮華灯など、10万個あまりの提灯が、賑やかな韓国のリズムとひとつになり、華麗な提灯の海が広がる。

ネパール、タイなどの仏教団体や、チャンゴなどの楽器を叩きながら行進するプンムル隊、華麗な衣装を身にまとった子どもから大人まで、みな手を振りながら行進する。

⑩旧暦5月5日の端午(タンオ)は、旧正月、旧お盆(秋夕、チュソク)、寒食(ハンシク)と並ぶ4大名節である。戌衣日・水瀨日・重午節・天中節・端陽と、呼び方も多い。端午の端の字は初、初めてを意味し、午の字は五、即ち五の意味に通じていて端午は、〔初五日〕の意味を持つ。1年の内、一番陽氣が旺盛の日で、大きい名節として全国的に祝っていた。

田植えと種まきが終わる時期に山の神と地の神を祭り、秋の豊作を祈願する日とされる。男性はシルム(韓国の相撲)や弓道(ファルソギ)、女子はクネ(鞦韆、ブランコ)を楽し

み、厄除けの意味を込めて菖蒲を煮出した汁で洗髪し、菖蒲の茎でかんざしを作って付けたり、男子は腰飾りを身につける習慣があった。子供たちには、五色の糸で手首に巻き、子供の健康を祈ったり、夏服を仕立てて着せた。この日に滝に打たれて病気を追い払ったり、ヨモギを束ねて玄関の前に立てて、鬼や厄払いをした。端午の伝統料理には、ヨモギなどで作ったスリチ餅(ヤマボクチの若葉を混ぜて甑(こしき)で蒸した餅)やひらのスープやユスラウメの実の花菜(冷たい飲み物)などがある。集団的では、端午祭や端午グッ(グッとは、巫女であるムダンが家の安泰や個人の健康などを神々に祈る儀式のことで、シャーマニズム的儀式で、韓国では今でも広く行われており、国でも土俗信仰として保存している)などが行われる。2005年に「江陵端午祭」が世界遺産に登録された。

⑪旧6月15日の梳頭(ユデゥ、乳頭)の日を水頭とも言うが、ソドゥと言う言葉が頭髪を洗う意味で、水頭とは、頭に水を当てる意味。東流水頭沐浴の略で、東に流れる水に頭髪を洗って沐浴をすると災いを免れると言われた。乳頭麺を食べたり、ジャントッを食べた。

⑫旧暦6月20日はユウォルスムナルで、鶏を食べる日である。この日に鶏を食べると病気にかからないし、夏バテや体の保身になると言われる。日本の土用の丑の日に似ている。健康な人も病弱な人も鶏を食べることで無病の効力になると言われた。適切な時期に栄養を取ることで元気を保つことができるという意味。今もこの日になると、スーパには一羽ずつ袋に入った鶏肉が山のように積まれて売られている。

⑬旧暦7月7日は韓国ではチウォルチルソク(7月七夕)といい、この日は雨が降ると言われる。牽牛と織女が1年ぶりに会うので、その日の晩に降る雨は牽牛と織女が会って流すうれし涙、次の日に降る雨は別れを惜しむ涙だと言われている。七夕には、伝統的に各家庭でミルジョンビョン(小麦粉で作ったせんべい)とヘッグヮイル(季節の新しい果物)を供え、女性らはチャントッテ(醤油がめやみそがめを置く高台)の上に水(井戸水)を供え、家族の長寿と家庭の平安を祈願する。また、少女らは牽牛星と織女星を見上げながら、針仕事が上手くなるよう祈る。少年らは学問に秀でるため夜空に星を描いて祈る。家ごとに井戸水を汲み取ってきれいにした後、蒸し餅を作り井戸の上に置いたり、書籍や洋服などを外に出して虫がつかないよう干す曝衣・曝書の風習があった。

七夕の日の料理にはミルクッス(小麦粉で作った麺、うどん)、ミルジョンビョン(小麦粉で作ったせんべい)、鯉を材料としたインオフェ(鯉のさしみ)、インオグイ(鯉の焼き魚)、オイキムチ(きゅうりのキムチ)などを食べたり、桃やスイカで作ったクァイルファチェ(いろんな果物を入れて混ぜた冷たい飲み物)などを飲んだり、夜遅くまでお酒など

を飲んで歌踊を楽しんだ。

七夕の翌日には、カラスとカササギの頭が剥げていると言われているがその理由は、牽牛と織女が会う烏鵲橋を作る際に石を頭に載せて運んだためだという。

⑭旧暦7月15日は百中（ペッチュン）で農民の祭りである。この日は百種類の花や果物を仏様に供養し安泰を祈った。農民には1年に2回の祭りがあったが、一つが冬の農閑期の旧暦1月15日のチョンウォルデボルムで、もう一つが夏の農閑期にあたるペッチュン。

⑮旧暦8月15日は旧お盆で韓国では秋夕（チュソク）と言う。正月と並んで一番大きい名節である。正月と同一で朝一番先祖に茶禮（チャレ）を行ってから、家族一緒に食事をしながら家族団欒を楽しむ。秋夕は、8月のど真ん中という意味を持つ「ハンガウィ」や「中秋」とも呼ばれるが、これらは一番大きい満月の出る旧暦8月15日を示す言葉。先祖を始め、あらゆる神に穀物の豊作を感謝し、初穂（はつほ、新穀）を捧げて儀礼を行う。

秋夕の茶禮も各家庭で1年に2回、正月と秋夕当日の早朝に行われるが、正月のソルラルと異なる点は、トックッ（餅入りのスープ）の代わりに新米で作ったご飯と酒とソンピョン（松葉蒸し餅）を供えて儀式を執り行うということである。

また、重要なことは、秋夕の前に親族が集まって墓参りを行うのが慣わしであり、お墓に行くと真っ先に伐草（ポルチョ）と言われるお墓の草取りをし、その年に収穫された穀物や酒などを先祖に供える儀式も行うことである。韓国では秋夕の数週間前から週末の高速道路が混み合い始めるが、これは秋夕を迎える前にお墓をきれいにしておく人々が多いからである。ポルチョは、墓に無声に生えた雑草をいつでも勝手に伐採してはいけないので、必ず秋夕の前に決まった期間にしか墓には手を付けられないことになっている。これも多忙な現代の社会の仕組みと合わない伝統の一つで、家族間の争い問題などを起こしている要因の一つになっている。

秋夕の代表的な食べ物では、新穀で作った皮の中にゴマや豆、小豆、栗、ナツメなどを入れて蒸したソンピョンという餅である。松葉を敷いた蒸し器で蒸すため、餅から松葉の香りがするのが特徴。ソンピョンは大体、秋夕前日に家族全員が集まってソンピョンを作り、家族団欒の光景が見られる。この他にも、秋に収穫した穀物や材料を使った料理を秋夕の前日までに作る。

チョンは、名節や宴会などには欠かせない料理で、魚や肉、野菜などを薄く切って味付けをしてから小麦粉と溶き卵をつけて焼いた料理。地域および家庭によって材料が少しずつ異なる。秋夕の膳で大切なものはお酒である。秋夕になると遠く離れて暮らす親戚が集

まって儀式を行うが、この時に使用するお酒は新米で作られる。儀式が終わると、親戚が1ヶ所に集まって新米で作られたお酒や料理を食べながら談笑を交わす。秋夕が一年で一番ご馳走があるときである。

　秋夕の伝統遊びも多い。綱引き、学生たちがやるカマ争い（神輿戦い）、村の人々が村を回りながらやる牛遊びと亀遊び、牛を戦わせるソサウム(闘牛)や鶏を戦わせるタクサウム(鶏合わせ)などがある。シルムとカンガンスルレは今でも行われている。韓国伝統の競技シルムは、土俵で力と技術を競う競技で、1対1のトーナメント方式で行われる。優勝者は壮士となり、織物や米、子牛が与えられる。カンガンスルレは、満月の出るテボルム（大満月の日）や秋夕の時に韓服を着た女性達が手をつないで歌を歌いながら輪になって踊る踊りのことである。踊り方も多様でまた地方別に異なり、歌も同様である。

⑯旧暦9月9日は重陽節(デュンヤンジョル敬老の日)で、重日の名節の一つだ。重日の名節は、3月3日、5月5日、7月7日、9月9日のように、奇数即ち陽数が重なった日のことである。これらの日が全部重陽であるが、特に9月9日だけを重陽乃至重九と指す。重陽節は、菊の花が咲き乱れるごろから、菊酒・菊のチョンなどを作って食べる。菊酒は、菊の花を取って漬けるが、薬酒に菊の花びらを浮かべて楽しむこともある。花チョン(ファジョン)、花菜(ファチェ)、酒などに楽しむ菊の花は、在来種の甘鞠が香りも良いし長く新鮮さが保つのである。

　菊酒は、長寿を表す酒で、この日は耆老宴(キロヨン)の宴会を開いて年寄りを持成したというから、国や民間ではこの日を敬老の日の認識があったようだ。

⑰11月21は日本と同じ冬至(トンジ)である。韓国では、冬至は寒くて夜が長いので虎が結婚する日とも言う。冬至符籍と言って、蛇の字を書いて逆さまに貼って雑鬼を追い払う俗信があり、またこの日は、小豆粥を食べないと、早く老けるし、病気になりやすいし雑鬼が多く現れるという言われがある。

　借金を返済し困っている周りの人々を助け合い、人々と和解する日でもあった。また、小豆粥を家の隅々まで置くことで、悪鬼を追い払った。小豆の赤がその効果があると信じていた。韓国では、古くから良い日も、悪い日も小豆ご飯・小豆粥・小豆餅を食べたり、振舞う風習がある。小豆は、健康にも効果がある食べ物とされている。

⑱旧暦12月31日はソッダルグムゥムと言って、年の最後の日を意味する。また、この日をセミッ、ヌンソップセヌンナル(まつ毛を数える日の意味)、除夕、除夜、除日、歳除、歳盡とも呼ぶ。この日を除夕と言うのは、除が舊暦を革除するという意味からである。

この日は、朝方鶏が泣くまで寝ないで新年を迎えなければならない。このような守歳風習は、送舊迎新の意味として暦法が入った以来持続されたことがわかる。過ぎ去った時を反省し、新年を設計する儀式は、最後の日が終わりではなく新しく始まるという考えからきていると言える。ソッダルグムゥムに、舊歳拜、守歳、餃子茶礼、儺禮、薬燃やし、年末大掃除、歯ぎしり予防、マラリア予防のような風習が伝えられる。

　夕食後、新年のあいさつでやるセベを親戚の年寄りなどに行うが、これを古いセベと言った。この日は、餃子を食べないと1歳が上がらないと言われ、夕方、餃子グッ（マンデゥックッ）で茶禮をするが、このことをマンデゥ茶禮、マンデゥチェサ、クッチェサと言う。1年間守ってくれた先祖に感謝する儀式で、日が沈む頃、マンデゥックッ、ドンチミ、サムシルキワ、干物のような食べ物を供えて先祖に捧げる。ソッダルグムゥムに餃子を食べるというのは、中国の風習ととても似ていると言える。

　新暦の12月31日の夜12時にソウルの普信閣（ボシンカク）で、33回の除夜の鐘を鳴らす。33の意味は、108回を短縮して鳴らしていることで、仏教の33天から由来している。

4）韓国の新しい記念日

1月14日	・Diary day	・1年間使うダイアリーを恋人同士でプレゼントする日。1年を始めるという意味で、年の初めに準備するものとしてダイアリーは、男女共に、良いプレゼントになる。
	・Hello day	・Hello dayとして、中・高生の間では広く知られている。恋人同士が交わす1年の内の初めての日で、好きな人にその日一番早く挨拶をすれば愛が結ばれるという。
2月14日	・Valentine day	・女性が好きな男性にチョコレートをプレゼントしながら愛を告白する日。
3月14日	・White day	・男性が好きな女性に飴をプレゼントしながら自分の胸の内を告白する日。 韓国の場合は、Valentine dayに愛を告白された男性が女性の心を受け入れるかどうかを決める日だ。

3月3日	・サムギョプサル day	女性の愛を受け入れるなら飴を女性にプレゼントするが、拒む場合は飴を返さないことになっている。恋人の間ではValentine dayで受け取ったプレゼントのお返しの日としての意味を持つ。 ・「三(三)」とサムキョプサルの「サム」をつなげてサムキョプサルを食べる日として決めた。 韓国語の「サム」は、数字の「3」の意味。2003年以降に作られた。
4月14日	・Black day	・Valentine dayに男性にチョコレートをプレゼントできなかった女性と、White dayに飴をプレゼントできなかった男性が会い、お互いの寂しさを慰め合う日である。服・靴・靴下・アクセサリーまで、全て黒にして、食べ物も黒のチャジャン麺を食べて、ブラックコーヒーを飲む。ここで会った男女が恋人になることもある。
5月14日	・Yellow day ・Rose day	・Black dayまでに恋人が見つからない人は、黄色い服を着てカレーを食べると独身を免れるとされる日。 ・5月はバラの季節。恋人の中を深めるためにはデートを重ねる必要があり、郊外の雰囲気が良い場所としてのバラ祭りとちなんでローズデーが作られる。
6月14日	・Kiss day ・Mug day	・14日に出会った恋人たちが口づけをする日、子供たちは親にチューをする日でもある。 ・冷たい飲み物を飲めるマグカップをプレゼントする日。
7月14日	・Silver day	・Silver dayは、先輩(学校乃至職場の先輩または親)にデートの費用を負担させながら自分の恋人を人に紹介する日。

		その席に出席した先輩はデート費用を最大に補助してくれる。また、愛する恋人同士銀製品をプレゼントする日でもある。
	・Ring day	・七夕を迎えて指輪を交換する日。
8月14日	・Green day ・Doll day ・Gum day	・山林浴などをしながら恋人同士で楽しく過ごす日。 ・この日までに恋人がいない人が集まってグリン焼酎を暴飲するということで Green day。 ・人形をプレゼントする Doll day でもある。 ・子供たちはガムデーと言って、好きな異性の友達に可愛いラッピングしたガムのプレゼントを机にそっと置くか、直接渡す。
9月14日	・Music day ・Photo day	・ナイトクラブのような音楽がある所に友達を集めて恋人を自慢しながら紹介。二人の仲を公にする日。 ・晴れ和だった秋の空の下で恋人と写真を撮る Photo day でもある。二人で撮った写真をそれぞれの手帳に挟んで持って歩くと、より親密になれるとの考え。
10月14日 10月24日	・Red day・Wine day ・Apple Day	・赤いワインを飲む日という意味。 ・食べるリンゴ(韓国語でサグァ・沙果)に謝る(韓国語でサグァ・謝過)気持ちを表す日を意味する。即ち、24日は二人(2)がお互いを 謝る(韓国語で誤るはサグァで、数字の4→サが入る) また和解をする日。 学校暴力対策国民協議会が、学校の暴力を予防し韓国社会の和解文化を達成していこうと、毎年10月24日を Apple Day、和解の日と決めて、2001年から記念している。

		家族、友達、先生、または職場の上司或は先輩後輩、隣に至るまで、周辺の人々に対しての些細な誤解や恨み、憎しみの感情を全て洗い流して、許しと和解、申し訳なさとありがたさ、愛の気持ちをサギャする・謝る気持ちを伝える日なのである。
11月14日	・Orange day ・Movie day ・Cookie day	・オレンジジュースを飲む日とも言うし、恋人同士で映画を見る日とも言う。 ・子供の間では、Cookie day として知られている。気に入る・または好きな人にクッキーをプレゼント
11月11日	・ペペロ day	・1994年、釜山と慶尚南道地域の女子中・高生たちが、「背を伸ばそう」「スリムになろう」「ロング脚になろう」と言いながらペペロのお菓子を取り交わした。ご飯よりペペロを食べながらこのような発想をしたと言われている。11月11日が、縦棒の4つを考えられる数字'1'が長いお菓子のペペロと形が似ている。 1990年代の後半、小売店でペペロデーを掲げてペペロデー商品を別途に販売することで、ペペロデーが急速に拡散された。 ペペロデーは、既にバレンタインデー、ホワイトデーと共に学生だけではなく、一般人にも知られている。異性にペペロをプレゼントする。 プレゼントとしては、特定企業の商品であるペペロだけではなく、別種商品もたくさん登場している。
12月14日	・Money day ・Hug day ・靴下 day	・Money day の背景には、その間プレゼントする物に飽きた人々が、この日は主に男性が女性に現金を使うという意味である。 ・Hug day は、恋人同士で Hug するという意味。 ・クリスマスを迎えて靴下をプレゼントする日。

(千鎮基『韓国民俗大百科事典―韓国歳時風俗辞典』「新暦歳時―バレンタインデー」2010年11月11日、

1990年代以降、青少年の間で記念する記念日として 14 日、即ち fourteen day の風俗)

＜参考文献など＞
『韓国民俗大百科事典』
「ウィキペディア」(2016.8.31 基準)
韓国観光公社　ホームページ

１２．韓流と経済的効果について

　日韓の経済を語る際、やはり時代背景を語らざるを得ないだろう。韓国は、近代時代がほとんどないに等しい国で、その分近代を自分たちの手で建設されず、その建設の権利が奪われ、封建時代から現代に飛び越えた国と言える。それは、日本のように全ての分野において、近代を含めて時代を着実に築き上げ、蓄積された技術やノーハウが積み重ねて現在に至っているということではないと言うことである。韓国は政治、経済など、全分野において戦後やっと近・現代を共に建設しているため、まだまだ未熟な分野が多いと言える。

　特に経済の分野においては、これといった資源も財源もなく、国の経済を発展させるものに苦心してきた戦後と言える。最近、やっと世界の舞台に上がることができたのが「韓流」というコンテンツの力と言えるのではないだろうか。日本人も以前は、後進国から開発途上国に登りつめていくまでの韓国にほとんど無関心であった。それが、やや関心を見せ始めたのが「韓流」の人気からと言っていいだろう。

　韓流は、日本人に韓国のイメージを変化させただけではなかった。韓国人に日本人のイメージも変化させたのである。日本は、韓国に対して植民地時代だけではなく、戦後もあまり友好ではない国としての認識がある。日本は、敗戦から韓国の朝鮮戦争をきっかけに経済成長を遂げ、その後韓国に安い賃金を求めて工場を建設。しかし、労働搾取問題で、日本人経営者たちと紛争が絶えなかった。労働搾取をする日本企業のイメージと、経済大国となった日本人男性たちが、「キーセンツアー」で韓国の女性を買い求めて押し寄せた国でもあった。ところが、韓流ブームの後、日本人男性に入れ替わって日本人女性が韓国へ大勢訪れることで、韓国から一気に日本人へのイメージが変化したのである。韓流は、このように日韓問題においても、ある意味大変いい役割を果たしたという点で高く評価すべきではないだろうか。

　戦後、国の建設を始めた韓国だが、資源・財源がない韓国経済が、韓流という新しいコンテンツを背負って、知的財産をどこまで創出でき、その波及効果を利用して、韓国の経済産業がどこまで大きく飛躍できるのか。多難なことではあるが、未来産業でしか希望を託せない韓国の苦しい経済は、石畳みを叩いて確認しながら世間を渡る余裕はなく、安全・実験・確認などもないまま、ひたすら前に突進しているような不安感をぬぐい取ることはできないだろう。

　実際、韓流ブームに力を付けて、韓国はその経済効果を得ていることも事実である。韓

国政府は国家の経済力を韓流への支援でもっと効果を高める政策を広げている。当然、国家がどの産業をどのように支援するかは国家の政策と方針とにかかっているが、韓国政府がより効果的韓流への経済的支援を模索していることは間違いない。ではまず、新産業である「韓流」の効果は、今までどのくらいあったのか。またこれからの未来産業としての期待はできるのか。どのくらい確実なものなのかなどを推測してみよう。

1）韓流の歴史

韓国放送プログラムの輸出が始まったのは 1993 年からである。きっかけは、1991 年頃から地上波放送局が芸能企画社を設立し輸出に乗り出したことからであるが、そのスタートを切ったのが、1993 年 KBS ドラマ「ジルトゥ(嫉妬)」を中国へ輸出したことである。1994 年「ヌキム(思い)」がベトナムへ輸出するなど、次々とアジアを中心に韓国ドラマが輸出された。それから 1997 年中国で「サランイモギルレ(愛が何だっていうの)」がヒットすることになるが、この作品をきっかけに韓国のドラマが注目を浴びるようになった。

それまで、アジアはアジアの経済大国である日本がメディア市場も掌握していた。1980 年代末、日本のテレビプログラム輸出は急激に増加していた。特に、1983 年 4 月から 1984 年 3 月まで放送された NHK 連続テレビ小説「おしん」は、現在まで 60 ヵ国以上に輸出された。「おしん」の人気は勿論のこと、1990 年代前後のアジア市場は、日本のドラマ人気のピーク期と言える。

しかし、韓国ドラマと入れ替わったと言ってもいいかは確かでないが、韓国ドラマの人気が確かなものになってきたことと隣り合わせに、1998 年から韓国の第 1 世代アイドルと言われる H.O.P などの CD も売られて、韓国のメディア烈風がアジアに吹き始めたことは確かである。この頃から中国・台湾などで「韓流」と言う言葉が使い始められ、1999 年秋に韓国文化観光部で、大衆音楽の海外広報用の CD に「韓流」という言葉を正式に使ったことから、本格的に「韓流」と言う言葉が使えるようになったと、『頭山百科』で語っている。ところが、中国の『北京青年報』が 1999 年 11 月 19 日に最初に使ったという主張もある。これらも人気が出たからの話であろう。いずれにせよ、この頃から韓流ブームは起こり、2000 年にアジアで輸出された「カウルドンワ(秋の童話)」が韓国ドラマの人気を安定させ、特に絶対的な韓流人気を世界に知らせたのは、日本での「キョウルヨンガ(冬のソナタ)」の影響であろう。その人気については説明不要であろう。

2003 年 4 月に NHK 衛星テレビで放送された「冬のソナタ」が人気を集めると、2005 年か

ら地上波と衛星で4回も放送され、「ヨン様ブーム」も起きた。続けて「デジャングム」が、中国、台湾、香港、アフリカ、中東、中南米など、世界の様々な国で韓流ブームを巻き起こし、韓流はアジアから世界に広がって行ったのである。

2) ドラマと韓流の輸出収益

①ドラマ別

・「キョウルヨンガ(冬のソナタ)」は、30億ウォンの製作費をかけたが、300億ウォンの収益を上げた。

・「デジャングム(大長琴)」は、70億ウォンの製作費を投資し、464億ウォンの収益を上げた。その他に、「デジャングム(大長琴)」は91ヵ国へ輸出。130億ウォンの版権輸出を記録した。韓国国内広告売上だけ249億ウォンで、世界に韓国語、韓国の食べ物や韓国旅行への関心など、総生産誘発効果は1119億ウォンを達成したとの報告もある。

・「テワンサシンギ(太王四神記)」は、406億ウォンを投資したが、213億ウォンしか回収できず、制作社は210億ウォンの大損失となった。

・「アイリス」は、200億ウォンの制作費用に対して、191億ウォンを回収し、9億ウォンの損失になったが、放送局は168億ウォンの利益を得た。

・「ジェパンワンキムタック」は、60億3000万ウォンの製作費に対して、79億7000万ウォンの収益を上げて、19億7000万ウォンの黒字を記録し、放送局も141億ウォンの利益を残した。

②韓流

　韓国の放映プログラムの輸出額は、1994年に569万ドルから2013年には3億940万ドルを記録し、19年間年平均21%ずつ早いスピードで増加していった。放映プログラムの輸出額の内ドラマの比率が、60～90%で一番高かった。初めは、赤字が続いていたが2002年からやっと黒字に転じた。2005年以降は、ドラマと共にK-POPに対するアジアでの人気で、韓流は規模と地域から拡散を持続している。

　「冬のソナタ」の撮影地であるナミソムに外国人観光客が2004年に27万人、2005年に30万人が訪れた(韓国観光公社、2005)。「デジャングム」を撮影したヤンジュテーマパークには、2005～2007年に56万6000人の外国人が入場した。

(「ドラマ制作流通」, 2015. 11. 01. コミュニケーションブックス)

3）韓流の経済市場とその効果分析

　最近の韓流現況としては、東南アジアに対するコンテンツ産業の輸出が急激に伸びている。特に、インドネシアとベトナムのコンテンツ市場成長率が高く、韓国コンテンツ振興院の2015年のデータから、これからも年間平均10%以上の伸び率を見せるだろうと予想している。タイの韓流人気度も高く評価された。韓国文化体育観光部の2015年の統計では、2014年の東南アジア市場へのコンテンツ輸出規模は、9億6,000万ドルと分かった。韓国コンテンツ世界輸出の18.7%を占める割合である。東南アジアは、中国と日本について韓国の3大コンテンツ輸出対象国として浮上してきたのである。

　間接効果としては、2015年食品、化粧品、衣類など、東南アジアに対する韓流関連輸出規模は、10億7000万ドルで、最近の年間平均11%の成長率である。コンテンツ関連企業は、ドラマを直接輸出するだけではなく、産業の多角化が進んでいることがわかる。例えば、現地の制作社と合作ドラマや合作テレビプログラムを制作するなど、多様な方式で東南アジアに進出し始めている。

　フィリピンでは、「アネノユホク（妻の誘惑）」とか、日本でも話題になった「私の名前はキンサンスン」などの韓国ドラマの版権を輸入し、リメイクした作品に人気を集めている。JTBCのテレビプログラムである「ヒデゥンシンオ」の版権をタイとベトナムに輸出し、制作されたタイ型「ヒデゥンシンオ」と、ベトナム型「ヒデゥンシンオ」が、現地で同時間台視聴率1位を記録するほどの人気である。CJ E&Mも ベトナムとドラマを共同制作している。

　音楽市場では、東南アジアに対してエンターテイメント社が現地支社を設立するか、現地エンターテイメント社と協力して経済的進出を図っている。インドネシアでは、韓国とインドネシア（ハンーインニ）の合作アイドルグループ「S4」がデビューして、K-POP スタイルで活躍している。映画の分野でも、東南アジアへの輸出が活発であり、経済進出も目立っている。合作映画や映画館運営産業にも乗り出している。

　ゲーム分野ではeスポーツ（エレクトロニック・スポーツ・ electronic sports）の人気で韓国輸出の高い割合を占めている部分である。2015年に韓国で開催されたFIFA ONLINE 3 チャンピオンシップで、タイの選手が優勝し、以降、韓国のeスポーツへの関心がより高まり、東南アジアの視聴者が増加している。

　韓国は、これらの東南アジアとの交流が活発していることから、2017年を「韓―東南アジア文化交流の年」と決めた。東南アジア市場への期待を見込んで、これからも投資や協

力関係は続ける予想である。(「韓流を背に負って成長する東南アジアコンテンツ市場の注目」、Fashon seoul 、ハンジョンフン、2016-12-22)

「KOTRA・韓国文化産業交流財団、2015年韓流経済的効果に関する研究報告書」(2016-04-12)でも、インドネシア・タイなど、東南アジアに対する韓流効果を高く評価している。勿論、韓流の人気が東南アジアだけではない。2015年世界に対する韓流の文化コンテンツ輸出効果は28.2億ドルであると発表した。前年対比13.4%が増加した数値である。韓流の生産誘発効果は15兆6124億ウォンで、その内、映画245.9%、化粧品70.5%、放送 40.5%、音楽 40.4%の成長を示したという。 それから、国別成長度を下記のように分類している。

[国家別韓流の人気度と成長度による分類]

韓流心理指数
（成長度）

	少数関心	拡散	大衆化
高成長		マレーシア、アルゼンチン、アメリカ、カザフスタン、	インドネシア、タイ
中成長	ドイツ、ブラジル、ポーランド	ウズベキスタン、台湾、UAE、カナダ、インド、英国、フランス、ウクライナ、トルコ、オーストラリア、南アフリカ共和国、ロシア	ミャンマー、中国、フィリピン、シンガポール、ベトナム
衰退	メキシコ、イラン	日本	

韓流現況指数
（人気度）

(「KOTRA・韓国文化産業交流財団、2015年韓流経済的効果に関する研究報告書」(2016-04-12))

今成長しているアメリカ市場も簡単に紹介しよう。韓国コンテンツ振興院の「海外コンテンツ市場調査」結果をみると、2014年基準アメリカコンテンツ市場規模は、6599億5100

万ドルで、全世界コンテンツ市場の 35%を占めているという。2015 年には 6913 億ドル、2016 年は 7246 億ドルを記録し、今後 5 年間年間平均 4.8%の成長を展望している。主力コンテンツは、K-POP だと言う。

　アメリカでも韓国と言えば、K-POP のイメージが強いらしい。韓国文化事業交流財団の「2018 年海外韓流実態調査報告書」でも、K-POP に 15.4%の数値が出ている。K-POP の次が北朝鮮 14.0%、韓国料理 12.4%、IT 事業 6.4%の順である。アメリカ人が K-POP に人気がある理由は、中毒性が強い繰り返しとリズム 18.8、魅力的な外見とスタイル 12.4%、パフォーマンスが 11.8%、韓国語と英語の結合 10.6%という結果である。会いたい韓流スターは、サイ (PSY) が 8.8%、イミンホ 5.2%、BTS3.4%である。

〈日本で人気の韓国コンテンツ〉　韓国文化事業交流財団の「2018 年海外韓流実態調査報告書」

コンテンツ	2016 年 (%)	2017 年 (%)
韓国料理	51.8	51.8
K-POP	43.0	50.2(K-HOP 含む)
TV ドラマ	30.0	31.0
韓流スター	19.3	39.8
ビューティー	22.7	29.8
K-HOP	16.7	
韓流グッズ		17.4
映画		16.8

韓国文化事業交流財団の「2018 年海外韓流実態調査報告書」によれば、日本で人気の韓国コンテンツは韓国料理で、K-POP 歌手・グループ・アイドルの人気の理由は、優れたパフォーマンスが 1 位で、2016 年に 1 位であった外見とスタイルは 2 位であった。また、会いたい韓流スターは、ペヨンジュンが 1 位を維持しているが、2016 年より－5.3%であった。2 位がチェジウ、3 位が TWICE である。

4)「KCON (K-Culture コンベンション)」

　韓流は、世界に向けて様々な経済的効果の創出を狙っており、その発展に努めている。例えば「KCON」というのもその一つである。「KCON」は、「韓流の全て」を見せる世界最大級の K-Culture コンベンションである。

KCON　JAPAN の公式ホームページの案内からその内容を書き写してみる。全世界の K-Culture ファンたちを対象に K-POP コンサートと大規模韓流コンベンションが合わせた新たな形の総合韓流フェスティバルとして、 2012 年アメリカで初開催。KCON では K-POP、K-FOOD、K-BEAUTY、K-DRAMA などの強力な韓流コンテンツに関連し、コンベンション内のオフラインのプロモーションとデジタルバイラル、放送 PPL など、全方位マーケティングプラットフォームで参加者に提供した。2015 年の KCON は、LA から韓流ブームの最初の発信地となった日本で KCON を開催。また、ニューヨークでも開催され、真のグローバルイベントに成長した。3 都市で合計 90,000 人を超える観客を集め、期待を超える成果を出した 2016 年はアブダビ、日本、フランス、ニューヨーク、LA の開催が決定。KCON は世界をつなぎ、新しい韓流コンテンツを紹介し、韓流コミュニティを拡張させるプラットフォームとしての価値を高め、K-POP から K-FOOD まで、すべての韓流についての経験を体験することができるイベントとなった、ということである。

　続けて、KCON JAPAN2016 年の様子も引用してみよう。昨年に続き 2 回目の開催。2016 年 4 月 9 日と 10 日、幕張メッセで開催。80 以上のブースが出展したコンベンションエリアでは、性別や年代を超えて楽しめるようなイベントが多数行なわれた。行列が絶えなかったのは、食関連のブース。韓国ではどこの家庭にもあると言っても過言ではない定番調味料"ダシダ"のブースでは、家庭の味のスープの試食を楽しむ事ができ、また"辛ラーメン"のブースでは、カルボナーラ辛ラーメンなど一風変わったアレンジラーメンの試食が大人気。そのほかエバラ食品のブースでは、カクテキを使用したキムパの試食、JINRO や Samdasoo では飲料の試飲も行われ、長い列を作っていた。また、韓流ブームをけん引してきた K-DRAMA、K-FILM を日本に紹介してきた、CJ Entertainment Japan、TIMO Japan、KTA、クロックワークス、シネマート/ エスピーオー、スカパー！などのブースでは、多くの映像作品が紹介された。

　その他にも、韓国中小企業庁ファッション・ビューティーなどの商品を紹介するブースでは、韓国オリジナルブランドのシューズやバッグ、アクセサリーの他、最新の美容グッズを購入できるコーナーもあり、多くの女性で溢れていた。

　KCON STAGE では、Mnet で日本初放送した「ホグの愛」の主役を演じた俳優チェ・ウシクと、この日が初来日となった超大型新人ボーイズグループ MONSTA X が参加し「Mnet × 韓流ぴあ M-time 公開収録」が行われ、この日 1 番の盛り上がりとなった。韓国語講座、カバーダンス講座、K-POP 好き芸人によるトーク＆クイズ大会、さらに昨年の KCON でも大人

気だったMCNクリエイターの会社員JのK-Beautyトークショーや、Heopopのイベントが行われたK-CULTURE STAGEでは、韓国文化を体験したいというファンの熱心な姿を多く見ることができた。

　このように詳しいKCONの様子が書かれているが、この内容から「韓流の全て」を見せるKCONについて、これからも見せるものがもっと増えそうな気もするし、次回に対する期待感も大きく、その拡大も予想できそうである。気になるのは「韓流の全て」というのは、どこまでをいうのかということであった。

　いずれにせよ、KCONは韓国の韓流コンテンツの拡散だけではなく、世界に韓国の中小企業を紹介し、その育成の目的もあるのである。フランスで開かれた時は、大勢の人々が前日から徹夜で行列を作って待っていたという。KCONがどこまで成長してくれるか、それともこれ以上成長が止まるかどうかはわからないが、今のところは拡大していく様子が伺える。韓流を発展させた形が現在はKCONだと言うなら、今後どのような形で「韓流」が変化していくのか、ある意味、期待と共に見守ってみたいと思う。

5）最近の人気ドラマからみる経済効果

①「ビョレソオングデ(星から来た君)」

　韓流ブームが去ってしまった日本では、韓国ドラマについて、どの作品がどのくらいの人気があるのか、あまり関心がないかも知らないが、まだ世界では驚くほどの数値を表している。しかし、一遍のドママがどれほどの効力を持ち得るかについて、日本人の多くはよく理解していると思う。「冬のソナタ」というドラマのヒットで、様々な社会現象まで生まれたことを、日本人はまだ記憶していることだろう。

　「ビョレソオングデ(星から来た君)」は、2013年12月から2014年2月までSBSで放送されたロマンティックコメディ空想科学ドラマである。中国では、2014年に放送されたが、この一遍のドラマが、いろいろな形で巨大中国を動かした。まず中国内では、女主人公がよく食べていたチキンの売り上げが5倍増加したし、主な都市にあるコリアンタウンのチキン屋に長い行列を作った。チキンブームは中国では日常的に見られるようになり、コーヒーショップでもチメック(チキンとビール)のメニューが置かれるほどであったと言う。

　韓国メーカーのBBQは3週間で現地売上の50%を増加し、キョチョンチキンは、開店1年もしないで売り上げが3倍以上に上がった。チメックだけではなく、主人公が着ていたコート、運動靴、主人公が食べたラーメンなど、ドラマに出た人気アイテムや食べ物が売られて、

このドラマによる輸出効果は、545億5,500万ウォンに達したと言われている。
　2016年2月、中国広東省のアオラングループ役職員6000名が褒賞休暇で26日から順次に韓国インチョンを訪問したが、その内4500人が一同にチメック(チキン+メックジュ(ビール))パーティーを開いて注目を浴びた。このドラマは2014年2月終映した。
　中国オンライン動画サイトからの視聴回数が37億回だった。K-POPのYouTube視聴回数が1億ビューを超えてもすごいことであるが、中国だけで一つのドラマで37億回という数字が出たのである。このドラマによる経済効果は、30兆ウォンと言われている。それから「ビョレソオングデ(星から来た君)」は90ヵ国に輸出されたのである。
　新しい言葉も生まれた。女主人公の名前にちなんで、チョンソンイノミックスとか、男主人公の名前にちなんで「ドメニジョ」キムスヒョンなどである。

・「ビョレソオングデ(星から来た君)」の経済的効果　　　　　(『韓国日報』2016.11.11)

産業名	2012年	2014年
放送産業	1,100ドル	5,693ドル
映画	83万3,000ドル	820万6,000ドル
化粧品		12億2,457万ドル
観光客		598万4,170人

②「テヤンエフエ(太陽の末裔)」
　「テヤンエフエ(太陽の末裔)」は、2016年2月から2016年4月までKBSで放送されたヒューマン、アクション、メロ、ロマンスドラマである。このドラマの特徴としては、2016年2月24日に、韓国と中国が同時放送開始したことである。中国では「ラ中国」の中国動画プレッフォーム「アイチイ」を通して配信された。韓国と中国で同時間放送開始は、初の試しであったが、それが両国共に高視聴率を記録しながら、大きい反響をうけたことであった。韓中最初の「ゼロ時差」で同時放送された「テヤンエフエ(太陽の末裔)」は、4回放送後、中国では累積視聴回数3億ビューを突破した。中国内検索語1位にもなった。
　韓国では、30%代視聴率で、最終回は38.8%という高視聴率を更新した。男女主人公の名字がソンだったことから、ソンソンカップルとか、シガンカップルの言葉が流行り、ドラマが韓国の軍隊関連もので、軍隊で使う言葉の使い方も流行った。
　このドラマは中国(400万ドル)をはじめ、日本(160万ドル)、北アメリカ、スペイン、ポルトガル、ブラジル、南米など32カ国に輸出された。韓国輸出入銀行の推算によると、「テヤンエフエ(太陽の末裔)」の直接・間接的な経済効果は、1兆ウォンに上ると言われ

ている。「ビョレソオングデ(星から来た君)」と同様、ドラマで使われたいろいろなアイテムが、あっという間に売られたり、品切れだったりと、様々な現象が起きた。

「テヤンエフエ(太陽の末裔)」の版権は、中国「アイチイに」1回ごと25万ドルで、全16回400万ドルで売られた。日本では19億ウォンだったという。「テヤンエフエ(太陽の末裔)」は、まだ経済効果などのデータは出ていない。ただ、整形美容を兼ねた観光が増加したとの結果は出ているが、詳しい経済的データはこれから出るだろう。いずれにせよ、いろいろな国の政治家の発言もあり、2016年は、「テヤンエフエ(太陽の末裔)」で熱かった韓流の世界であった。

6)韓流の分類と今

1.0 時代	日本へ韓流輸出
2.0 時代	中国及び東南アジアへ韓流輸出
3.0 時代	・現地と手を結んで共同作業による韓流制作・輸出「ビョレソオングデ(星から来た君)」「サンソクチャデゥル(相続者たち)」「ロンニンメン」 ・中国資本と韓国のコンテンツが結合し、新しいコンテンツが生まれ、成長。

2016年、日本でも人気グループであるビックバンのデビュー10周年韓国記念公演で、韓国国内外から6万5千人の観客が席を埋めた。この時の公演ティケットの売上だけ71億5千万ウォンに達し、その他のMD(merchandising)商品の売上まで合算したら100億ウォンに迫る金額が推測された。

現在、海外韓流同好会は、86ヵ国で1493あり、会員数は3559万人(2015『韓流白書』)に達するという。韓流による直間接的輸出総額は、文化コンテンツ、消費財、観光分野を合算して、約70億3千万ドルと推定している。また、文化コンテンツ輸出効果は、約28億2千ドル、K-POPを始めとする音楽は、ゲームと放送関係に続き第3番目に多い、約3億5千400万ドルの輸出効果を上げたことと推算した。

現在放送されているKBS 生放送 'ミュージックバンク'は、120カ国以上生中継されている。

7）問題点と今後の予想

　K-POPは、アイドルとか若者などある程度集約的世代などに頼らなければならない点と、移動が速いという弱点がある。流動性が激しい生の産業と言っても不思議ではないだろう。そのような流動性が激しい産業を利用して経済効果を上げることは、簡単ではない。また、K-POPが世界的に広がっても実質的に韓国が得る収入は少ない。例えば、2011年日本でKARAブームだった時も、92％の収入が日本企業に入っている。これらは、韓流コンテンツの流通システムが構築されていない結果である。いち早く韓流コンテンツの流通システムの構築が必要とされる理由である。

　その反面、1篇のドラマの効果は、莫大である。またドラマの人口は無限である。部屋の中でどの年齢層でも楽しむことができるのである。韓流のアンケートからも分かったことであるが、韓流スターで最も会ってみたいと答えたのは、人気アイドルグループではなく、ドラマの俳優であったのである。しかし、ドラマの人気の予測は最も難しく、一時期アジアの市場を掌握していた日本のドラマや放送プログラムがいつの間にか衰弱したように、これからの韓流ブームをどこまで拡大し発展できるかは、中々予測し難い。しかし、世界や、それぞれの国のニーズも把握しながら細分化した分析などを通して、新しい接近が試されているといえる。

　しかし、いくら「韓流」の流れやコンテンツを新たにしても、一番政治的に利用されるのも、「韓流」ということを経験した。弱小国の弱点としか言いようがない。まず、日本で、韓流が衰退したと言うが、私はそのように見ていない。政治的に利用されたとみている。日韓で、領土問題が起きた時に、一般の人々よりも、一気に韓流関連のものが私たちの見ていた映像から姿を消したのである。K-POPのアイドルがTVから姿を消して、人気俳優たちが消えた。次々と韓国のドラマなどが地上波から消えた。このように、ある日から、早いスピードで「韓流」が私たちの目から消えていくのを経験した。なぜ、日本のメディアが政治的問題で韓国の文化を急いで消す必要があったのか、今も大変不思議でならない。

　また、韓国と中国の間にTHAAD（高々度ミサイル防衛システム）問題が起きた時にも、真っ先に報復してきたのが、「韓流」であった。K-POPの公演が中止になったり、「韓流」関連の人々のTVに出演も禁止し、流れていた映像も消えたのである。政治は必ずしも政治的話し合いで解決するものではないらしい。

　韓国が、今経済的効果を得ているのが「韓流」であるために、韓国に対する報復に一番かけやすいものが「韓流」かも知れない。韓国が必死に生きていく手段の一つを、強大国

が利用しているということだろう。だが、現実に起きている「韓流」弾圧を、どのように切り抜けるのか。品物の不買運動などと違い、「韓流」は大勢の若者が関わっており、韓国の中小企業が関わっているこの問題を、弱小国家の弱みと言って嘆くだけではどうにもならない。政治による犠牲はまだ続くと思うが、韓国周辺の強大国が強い息を吐くだけでも韓国の経済が揺れ動いてしまう仕組みを変えるのが、これからの経済大国への道であろうが、それはまだまだほど遠いだろうか。

＜参考文献など＞
『韓国日報』2016.11.11
韓国『キョンヒャン新聞』2016.04.10
韓国『連合ニュースTV』2016-04-09
大信証券
韓国『連合ニュース』2016.09.04
「ドラマ制作と流通」 2015．11．1．『コミュニケーションブックス』

１３．日韓のランキングと特別文化・産業・ものなど

１）日韓珍しいもの比較
①珍しい食べ物

日本	韓国
納豆	チョンクッチャン(韓国の納豆)
鰹(かつお)	鰹は、韓国では美味しくない魚で食べずに捨てた。
鰹節(かつおぶし)	
	ホンオフェ(がんぎ鱝刺身)
	ホンオ(がんぎ鱝(雁木鱝))

②珍しい文化

日本	韓国
神社とその風習	儒教とその文化
神社参り	ボルチョ(墓の草刈)
	ムダン(巫女・シャーマニズム)
七五三	ドル(1歳の誕生祝い)
法事(ほうじ)	チェサ(1年に1度の祭祀(法事))
	軍隊と周辺食べ物・言葉・文化
畳(たたみ)	オンドル

③韓国の軍隊と関連食べ物・用語・文化

ゴムシン(ゴムの履物、ゴム靴)→付き合っていた男女が兵隊に行った後に別れること。
軍靴を履き替える→男性が心変わりしたことを言う。
ゴムシンを履き替える→女性が心変わりしたことを言う。
ミシン→掃除すること。
チャムパップ→軍隊のご飯のこと
グンデリア→軍のハンバーグ

２）韓国の珍しい企業など
①韓国人参公社「正官庄」(ジョンキワンジャン)

　　100年の歴史を持った世界最高の韓国人参専門企業で、「正官庄」とは「正(まさに)」

「官（政府が）」「庄（包装した）」という意味。

　一般に人参の収穫は4～6年目で行うが、6年目になって脳頭（地下茎）や主根、支根がバランスよく成長する。人参の栽培は多大な生産経費と労力を要する上に、一度栽培した土地は、地力の回復のため6年間も休耕が必要なため「6年根」の栽培は政府からの補助金なしにはできない。

　韓国市場では紅参（高級な高麗人参）の売り上げの81%を正官庄が占める。現在、正官庄人参は韓国の健康食品全体の12%、そして単一品目としては最も高いシェアを占め、韓国を代表するブランドとして、韓国国内のみならず、観光客からも人気が高い製品である。

　糖尿病等の血糖コントロールや脳梗塞の予防等への効果が研究されている。韓国人参公社は1999年に民営化した元公社である。2012年1月12日、韓国人蔘公社ジャパンは設立記念発表会においてペ・ヨンジュンをイメージキャラクターに起用したことを発表した。

　高麗人参の効能は世界的に定評があるが、これは韓国の四季がはっきりしていることと、高麗人参の栽培に適した気温と土質そして降雨量を備えており、高麗人参を育てるのに最適地であるためである。現在、世界の何か所で栽培されているが、高麗人参とは品質や効能の面で著しい違いが見られる。高麗人参は、米国、中国、日本など他の国のジンセンと比べて、サポニンが非常に豊富に含まれているため、薬効が極めて優れているのである。

　高麗人参には、アミノ酸、ビタミン、ミネラルなど様々な成分が含まれているが、このうち、高麗人参の効能に最も重要なものがサポニンである。トラジ、ニンニク、玉ねぎなど、他の植物にも含まれているサポニンと区別するために、高麗人参のサポニンは「ジンセノサイド」といっている。高麗人参のジンセノサイドは、免疫力を高め疲労を回復し、血液循環を促す。その他にも、高麗人参は抗癌効果やストレス解消、肝機能の改善、老化防止など、様々な効能のあることが知られている。

　高麗人参は、6年経ってようやく脳頭・主根・細根部分がバランスよく発育し終え、3年根から生じ始めたサポニンが、6年目になると最大値に達する。そして7年以上になると成長が鈍くなり、表皮が荒くなるなど品質が落ちる。また高麗人参は、どのように加工するかによって、名前が異なってくる。

・水参：土から掘り出したままで干さないもの。生参ともいう。
・白参：水参を洗ってきれいにし天日で干したもの。
・紅参：6年根の水参を厳選し、それを蒸してから干して赤くなったもの。

　紅参は、蒸熟（蒸して煮る）や乾燥などの製造過程を経るうちに新しい成分が生じる。

老化抑制成分、抗癌成分、肥満抑制成分などは、水参や白参にはない紅参特有の成分である。(韓国観光公社)

②サンサム(山参)とシンマニ

　新造語で「しんばった!」という言葉がある。この意味は、思わぬ幸運に恵まれた時や、嬉しいことが起きた時に叫ぶ言葉である。しかし、元来の意味は別にある。シンマニと言われる職業の人々が、目的を達成した時に叫ぶ言葉である。シンマニという職業は、韓国の古くから伝統的に伝わる職業で、野生の高麗人参を採集する人たちのことである。彼たちの目的が達成することとは、野生の高麗人参を発見した時に、大きな声で山全体に伝わるように三回叫ばなければならない言葉が「しんばった!」である。大変貴重な物を発見した時に叫ぶ言葉であるが、その言葉を今は、嬉しい時や思わぬ幸運に恵まれた時に日常で使っているのである。

　シンマニとは、「シンメマニ」を略した言葉で、「シン」は高麗人参、「メ」は山、「マニ」は人を意味する。今は一般的にシンマニと言っているが、山で高麗人参を採集する人のことを指し、正確には高麗人参ではなく、野生の高麗人参を韓国では「山参(サンサム)」と言い、山で自力で生きる高麗人参のことである。普通に出回っている人参(インサム)]のことは、人間が植えて栽培した人参(インサム)のことで高麗人参がほとんどである。しかし、山で人間の力を借りないで野生した人参は、高麗人参より効力が高いと言われて、昔から貴重に扱われた。

　シンマニとは、貴重な野生人参を採る人のことであるが、昔から野生の人参は山の神が与えてくれる特別なプレゼントとしていたために、シンマニたちは、全ての面で神の教え通りに従って生活する人たちである。一生の内、1度も野生の人参に出会わないこともあり、もし、野生の人参のサンサムに出会ったら、物によっては一生を楽に生活できるほどの高値が付く物で、一攫千金を得たのと同じ効果があるのである。だから、サンサムは神様が特別に与えてくれないと見つけられない物として、山の神の教えの儀式が欠かせないのと、言葉も特別な言葉で意思疎通をしている。もし、サンサムが見つかったら、大きな声で三回山々に伝わるように「しんばった!」と叫ぶので、この言葉を叫ぶということはいかに特別かが伺えよう。

　今は、山に種を蒔いてサンサム作りも広がっているが、野生サンサムと区別できるし、効力はやはり野生サンサムと差があると言われている。サンサムにも、何十年から何百年のものがあり、その種類もいろいろあり、韓国ではサンサムの鑑定士やインサムの鑑定士

という職業がある。

③韓医学

韓医学（かんいがく・ハンイハック）とは、朝鮮半島の三国時代頃から発達した中国医学系の医術・薬学を意味し、主に韓国で使われる呼び方である。以前は漢医学（ハンイハック）、漢方医学、韓方医学（かんぽういがく）と呼ばれていたが、現在では、北朝鮮では高麗医学（コリョイハク）、中国では朝医学（チョイハク）と称されるが、これらは新しい呼称で、朝鮮時代では医学・医師は東医と呼ばれていた。韓国の医学は朝鮮時代に特に発展し、医学書も多く書かれた。

また日本では、百済の法蔵（7世紀末－8世紀初頭）など、朝鮮半島から渡来した医師が古くから活躍し、『医方類聚』（1445年）、『東医宝鑑』（1661年）などの医学書が日本に渡来するなど、中国医学だけでなく、韓国の医学も日本に影響を与えた。

韓医学はその多くを中国医学に拠っているが、鍼灸学は中国・日本とも相当異なる制度・伝統を持って発展し、動物性生薬を多用する点にも特徴がある。「一鍼二灸三薬」と言われるほど鍼灸が重んじられており、現在の韓国は世界唯一の鍼灸専門医制度を持っている。また、李朝末に李済馬が提唱した体質を4つの型に分ける「四象医学」も日本で知られている。現在の韓国の医療は、現代医学と東洋医学の二本立て体制で、韓医学（Oriental Korean Medical Doctor：OMD）は、現代医学の医師同様大学で6年間の教育を受け、漢方専門医師資格と共に鍼灸の資格を持ち、鍼灸術と生薬を併用して治療を行っている（ウィキペディア 2017.3.1基準）。

韓国では、韓医学で治療する病院のことを昔からの言い方でハンヤッパン・ハンイウォン(韓薬房・韓医院)と言う。今は、西洋医学と韓医学の両方の限界を補いながら研究を進め、医・韓両方の共同研究や治療方法も出ている。また、韓医学では薬草を利用した研究が進んでいるが、最近海外で人気を集めているのが、薬草を使った韓方化粧品である。

世界保健機関(WHO)では韓方を韓国固有の医術に分類している。韓方は、患者の体質を把握して最も適した方法で治療を行い、抗生剤や鎮痛剤などの人工的な治療薬を使うよりは、自然に最も近い方法で治療に取り組み、生薬や鍼灸などを用いて病気を治す医療方法である。

④チムジルバン

チムジルバンは日本のスーパー銭湯のようなところである。お風呂やサウナ、汗蒸幕(ハンジュンマク)などの設備がある。まず、日本の銭湯や温泉の浴室で体を洗った後、提供さ

れる室内服に着替えて、男女共通に利用できる汗蒸幕(ハンジュンマク)などの設備でゆっくり楽しめるようになっている。24時間利用可能なところがほとんどで、休日は家族で朝まで利用する人も多い。食堂や飲み物・食べ物の売店や、パソコン室、映画ルーム、エステ、カラオケなど、様々な設備がある。チムジルバンは、韓国のスーパーとも言えるほど数が多く、韓国の人々の中には週1回以上の利用者も多い。

3）日本のランキング

【2015年 全上場企業 平均年収ランキング】 「seesaa BLOG」

順位	業界	平均年収	企業数	順位	企業名	平均年収
1位	保険業業界	801.8万	12社	1位	M＆Aキャピタルパートナーズ	1947.4万
2位	鉱業業界	789.9万	7社	2位	キーエンス	1688.0万
3位	石油・石炭製品業界	773.7万	13社	3位	日興アセットマネジメント	1621.5万
4位	海運業業界	753.4万	16社	4位	野村ホールディングス	1579.0万
5位	証券、商品先物取引業業界	734.0万	41社	5位	朝日放送	1518.5万
6位	医薬品業界	701.4万	59社	6位	東京放送ホールディングス	1509.9万
7位	その他金融業業界	664.7万	32社	7位	GCAサヴィアン	1486.5万
8位	銀行業業界	660.2万	94社	8位	日本テレビホールディングス	1470.0万
9位	電気・ガス業業界	656.2万	21社	9位	フジ・メディア・ホールディングス	1447.4万
10位	建設業業界	634.9万	172社	10位	テレビ朝日	1434.0万

| | | | | | ホールディングス | | |

【2016年夏ボーナス支給額ランキング】　　【2017年卒 就職人気企業ランキング(総合)】

順位	企業名	ボーナス額	平均年齢	順位(昨年)	企業名	平均年収	平均年齢
1位	積水ハウス	165.6万	36.7	1位	ANA(全日本空輸)※	789万	47.1
2位	トヨタ自動車	148.0万	38.4	7位	JAL(日本航空)	735万	38.7
3位	アルバック	133.5万	—	2位	伊藤忠商事	1395万	41.5
4位	セイコーエプソン	130.2万	41.2	6位	資生堂	767万	42.1
5位	大塚商会	124.5万	40.4	3位	オリエンタルランド	792万	44.1
6位	セリア	124.2万	37.2	4位	JTBグループ	-万	—
7位	オープンハウス	123.5万	32.0	16位	味の素	923万	42.2
8位	オリンパス	120.2万	38.7	30位	森永製菓	693万	40.6
9位	大和ハウス工業	120.2万	38.3	8位	サントリーホールディングス	—	—
10位	塩野義製薬	120.0万	35.0	5位	三菱東京UFJ銀行	791万	38.0

(2017年3月卒業予定の大学生(大学院生を含む)1万710人が回答　　(*)は持株会社　　(単位:歳))

4) 韓国のランキング

①韓国の平均年収　　　　　　　　　　　　　　　　　(韓国『スポーツ東亜』2017-01-22)

順位	役職	平均年収
1位	部長	7070万ウォン
2位	次長	5990万ウォン
3位	課長	5010万ウォン

4位	代理	3970万ウォン
5位	主任	3230万ウォン
6位	社員	2750万ウォン

②パートとの年収の差(万ウォン)　　　　　　　　　　　　　　(韓国雇用労働部)

	2014年	差額	2015年	差額	2016年	差額
正規雇用者	3378	1991	3490	2066	3623	2154
非正規雇用	1387		1424		1469	

③年齢別失業者と失業率　(単位:千人、%) ( )は失業率　http://blog.naver.com/jpsme/220940015218

年齢	2016.1	2016.12	2017.1
全体	988(3.7)	867(3.2)	1009(3.8)
15～29	413(9.5)	366(8.4)	368(8.6)
15～19	30(10.2)	23(8.8)	30(10.0)
20～24	176(11.2)	131(8.5)	133(8.8)
25～29	208(8.3)	211(8.4)	206(8.2)
30～39	160(2.7)	176(3.0)	194(3.3)
40～49	145(2.1)	130(1.9)	138(2.1)
50～59	144(2.4)	114(1.8)	133(2.2)
60～	125(3.7)	81(2.1)	175(4.7)

＜参考文献など＞

ウィキペディア(2017.3.1基準)

http://kyurobonus.seesaa.nat/article/436500425.html

韓国観光公社　ホームページ

１４．韓国の酒文化と宗教

１）韓国の酒と酒文化

　韓国のお酒は、農耕文化の影響で米を材料にしたものが多く、濁酒、薬酒、焼酎などがその代表的なものであり、これらは酒をこす方法や蒸留するかどうかによって分類される。米と麹を発酵させて上澄みを汲み取った酒を薬酒、残ったカスに水を混ぜてこしたものを濁酒（タックチュ・マッコリ）、濁酒や薬酒を蒸留させたものを焼酎という。　韓国のお酒は、独自の伝統を守りつつも時代に合わせて変化し、今や韓国を超えて世界中の人々の関心を集めている。

　韓国の人々は、お酒を飲むことを大変楽しむ。その量と飲み方に驚いてしまう。特に、韓国の人たちの酒の飲み方は、世界でも取り上げるほど驚くものがあるが、そのため二日酔い飲料が多いことにも驚く。中には、それほど多い二日酔い飲料の事実を知らない人もいる。韓国では酒は静かに飲むよりも、大勢で楽しみながら飲んでいる場面が目に付くであろう。

　韓国人1人当たりのアルコール消費量は、世界第13位(2011年 WHO 調べ)という。焼酎やウイスキーといった高度数のお酒に限っては、OECD 加盟国中1位という。いかに、韓国の人々は強いお酒を飲んでいるかがわかる。

①韓国ビール

　韓国のビールは主に、「Cass(カス)」(シェア1位)、「hite(ハイト)」、「OB(オービー)」、「Max(メクス)」の4種類である。アルコール度数は4.4％〜4.5％で5.5％が主流の日本のビールに比べると若干軽く、軽い口当たりでお酒が苦手な人でも飲みやすいのが特徴である。黒ビールの「Stout（スタウト）」やアルコール度数の低い「Cafri（カプリ）」などの商品もあり、近年はカロリーオフや原料にこだわったものなど定番商品をアレンジした姉妹品も人気である。

②マッコリ

　もち米・うるち米・麦・小麦粉などを蒸し、麹と水を混ぜて発酵させたのがマッコリである。透明ではなく濁っているので「濁酒(タックチュ)」ともいい、韓国の伝統酒の中で最も歴史の長い酒。　アルコール度数6〜8％で、栄養たっぷりの健康飲料でもある。タンパク質と10種類の必須アミノ酸をはじめ、ビタミンBとC、食物繊維、乳酸菌、酵母などが豊富に含まれている。100ml 当たり 46kcal と、カロリーも低い方で、また、高血圧、心臓

病のリスクを減らし、癌細胞の成長を抑制するという研究結果もあるという。

マッコリはどのような米を使うかによって味が異なり、また地域の気候、麹、製造方法にも影響を受ける。つくられた地方によっても味が少しずつ異なり、ウコン、ツルニンジン、松の実、梨、黒豆、ブドウ、覆盆子、おこげなど、様々な材料の味を生かして製造されるマッコリが誕生している。

マッコリは、1970年代まで最も大衆的で庶民的な酒であったが、今は、ヘルシー酒として韓国の若者に人気があり、世界中の人々を惹きつけている。各種国際行事で晩餐酒として紹介され、「マッコリバー」ではイチゴ、キウイ、桃、ブドウなどのフレッシュフルーツのほか、米、大豆、麦、高麗人参など、多種多様な材料を混ぜたマッコリカクテルを楽しむこともできる。特に日本では、度数が低くまろやかで、肌の美容やダイエットにも良いヘルシー酒として知られ、女性達の人気を集めている。

マッコリを沈殿させて、上の透き通った酒と下にたまったどろっとした酒を別々に飲めば、二種類の酒を楽しむこともできる。混ぜて飲む時には、まず蓋を開けてから、マッコリがこぼれないよう再び閉めてよく振ってから飲むといい。世界いろいろな国で手作り自家製マッコリ講習会も開かれている。

③その他の伝統酒

焼酎の2倍以上の価格で、高麗人参や五味子(オミジャ)など数種の韓方がブレンドされた「百歳酒(ペッセジュ)」も風味が良く、健康も考えた飲みやすい伝統酒ということで人気のお酒である。梅酒やトックリイチゴの果実酒・覆盆子酒(ポップンジャジュ：12〜15度)、山査子(さんざし)を生米で醸造したサンサチュン(14度)などは、甘い口当たりで女性にも人気である。たんぽぽが原料のミンドゥルレデポは、ほのかな苦味が特徴。チョンハ（清河）は、すっきりとした口当たりと透明な色が特徴で、もっとも日本酒に近いお酒と言える。最近の韓国は、雰囲気のよいお店でカクテルやワインを楽しむ人が増えている。変わったカクテルや、おしゃれなカクテル、また、変わったいろいろな味のカクテルやお酒に出会える店も増えている。

④焼酎

韓国人が最も好む酒は焼酎であるが、値段が安くてアルコール度数が高めで手軽に楽しめる庶民の酒である。年間の酒消費量を測定する時に代表的な酒として扱われるほど、大衆に人気を得ているが、近年は徐々にアルコール度数が低くなる傾向にある。アルコール度数25％から下がりはじめ、最近では16％のマイルドな焼酎が登場し、マイルドなお酒を

好む人々を引き付けている。韓国の焼酎は、ストレートかオンザロックで飲むのが特徴である。日本では原料の味が強く様々なアレンジが利く「蒸留式焼酎」がメジャーであるが、韓国の焼酎は99％が既に水で稀釈してある「稀釈式焼酎」で、澄んだ味とやわらかい後味が特徴である。甘みが強いが、冷えたものをストレートで飲むのが一番おいしい飲み方とされており、50ccの小さなグラスに注いで飲む。

　また、韓国の焼酎は、地方の特色をいかして地方別に出ている。ソウルは「チャミイスル」で、韓国での販売量が一番高い。江原道「チョウムチョロム」、釜山「シウォンソジュ(C1ソジュ)」、済州島「ハルラサンムルスナンソジュ(漢拏山ムルスナン焼酎)」、忠清南道「シウォン」、忠清北道「O2リン」、全羅南道「イプセジュ」、全羅北道「ホァイテゥ」、慶尚南道「ホァイテゥソジュ」、慶尚北道「チャムソジュ」などである。

⑤お酒のマナー

　韓国では、人と接する時にはまだ儒教の教えに従う風習が今も残る。酒を飲む席でも例外ではない。いろいろな人と飲むことがある酒の席は、酒を飲む上でのマナーがある。まず、韓国人は片手で酒を受けたり注いだりしないことである。注ぐ時はビンを右手で持って、左手をビンや右ひじに添えたり胸に軽く当てたりする。また目上の人からお酒を受ける時は、グラスに手を添えて必ず両手で受け取る。友人同士など気の置けない関係なら、片手で注いだり受けたりしても構わない。これは、お酒のやり取りだけではなく、韓国では物の受け渡しの時も同様である。目上の人に渡す時と受け取る時は、必ず両手を使わないと失礼に当たる。これらは、日常の習慣になっている。

　次に、お酒は目上の人から注ぐ。それから、相手が年配の人なら、顔をそむけて酒を飲むことが、目上の人に対する礼儀である。年配の人に対し正面を向いて飲むのは失礼にあたるためである。食事と違い年配の前で酒を飲むのは、昔はあまり望ましくなかった行為だったので、進められて飲むときは体や顔を少し横に向け、左手でそっとグラスを隠して飲むことが、今も残っている。親の前でも当然同じである。お酒には目上の人から先に口をつけるということも知っておくといいだろう。

　日本では上司や先輩のグラスが半分ほど空くと、すかさずお酌をする習慣があるが、韓国ではお酒の注ぎ足しは失礼にあたる。これは、亡くなった人に対する儀式の際に、お酒を注ぎ足す行為があるため、相手のグラスがすべて空いてから注ぐのがマナーである。一方、グラスにお酒が残っている状態で注ごうとする人がいる。これは「私が新たにお注ぎしますよ」という意思表示で、そんな場面では快くグラスを空けると喜ばれる。飲んでも

らいたい人がいる時は、自分のグラスを空けた後、その空いたグラスを相手に渡してお酒を注ぐ。お酒を酌み交わすことは、情を酌み交わすことという意識が強い韓国では、友好の印とも言えるので、お酒の席において日常に行われる行為である。これが、なかなか断りにくいので、飲み過ぎの原因になることが多い。一人酒を好む人や宴会でもマイペースに手酌で飲む人が少なくない日本と、お酒は皆で楽しく飲むもの、という意識が強い韓国では、注ぎつつ注がれつつの関係が重要視される。中には手酌をした人の前に座っている人に不吉なことが起こると信じている人もいる。

⑥お酒を使った様々なゲーム

　大勢で酒を楽しむのが好きな韓国の人たちが、酒の席でのいろいろな罰ゲームも作り上げたのである。勿論、初めは密室で内輪で楽しんでいたいくつのゲームが、何故か今は全国的になってしったものがある。飲み会の参加者全員で罰ゲームを用意したりすることで、場の雰囲気が高まるのはもちろん、お互いの距離が近くなる効果もある。

　一番有名な罰ゲームが、爆弾酒(ポッタンジュ)である。いろいろなお酒の種類を混ぜることで、どの酒の種類とどのぐらいの比率で混ぜるかで名前が変わる。原子爆弾酒、水素爆弾酒、タイタニックなどである。また、爆弾酒パフォーマンスなどもやって場を盛り上げているが、これが世界的に話題となっている。

⑦新入生歓迎会

　日本の大学では、何でもサークル中心に行事などが行われる。学部や学科でやるものはあまりない。ところが、韓国はサークルよりも学科などで行われる行事が多い。まず、新歓と言われる新入生歓迎会がある。新入生歓迎会は韓国の大学生活の関門であり、大事である。韓国で新学期になると、新入生歓迎会のことで様々な問題も起こり話題になることもしばしばある。

　新入生歓迎会の知らせは、掲示板に張り出される。張り紙には「体一つで来い！」、「お腹だけ空かして来て！」などといった、日本では考えられないフレーズがいっぱいある。先輩や社会人OBを呼んだりして金を払わされたりするからである。一次会は食事と酎を飲みながら、自己紹介などをすることが多い。二次会からは飲むのがメインで、本格的に飲まなければならない。韓国は二次会で終らない。三次会、四次会など、朝までなることが多い。

　韓国では、満19歳からお酒は飲める。大学生からは飲んでもいいという認識になっている。新入生歓迎会でのきつい飲み会のことは、韓国の社会でもよく話題になるが、2017年

初めも、韓国社会に衝撃を与える話題が一つあった。「トボク」という「服」の話題であった。これは、吐く時のための服らしい。新入生歓迎会の時に、過多の飲酒で吐くことが決まっているのか、服を汚さないために上に着る服のことらしい。団体で用意させる学科もあって、悪習が今も伝統的に伝わっているらしいと報道され、問題になった大学は社会から大変批判を受けた。「死ぬ物狂い」で勉強して入るのが韓国の大学と言われている。せっかく大学に入っても、待ち受けているのは楽しいキャンパスライフではなく、命をかけた飲み会からスタートしなければならない韓国の大学生活である。しかし、メディアを通して問題になったこれらの「新歓」は、これからは少し変わることを期待したい。

⑧韓国の二日酔い解消法「ヘジャンクッ」

　爆弾酒(ポッタンジュ)や「トボク」まで用意して飲む韓国の酒文化。「フィルムが切れる（ピルムクンキョタ、意識を失うまで飲むこと）」まで飲む韓国の人たちは、二日酔いから立ち直るための食べ物として、「ヘジャンクッ」と呼ばれるスープがある。伝統的韓国料理と言えるが、しかし、飲まない人たちには一生味わうことがない不思議な食べ物である。牛肉や豆もやし入り、魚入りなど様々な種類があり、熱い味わい深いスープが疲れた胃腸を整えてくれる。牛の血を固めたソンジ入りヘジャンクッ、青唐辛子を追加して目が覚めるコンナムル(豆もやし)クッパ、あっさりとしてやさしい味のプゴクッ、濃厚なスープが胃に染みるカムジャタンなど、種類も豊富だが、家庭でも二日酔いの朝は、豆もやしスープかプゴクッは定番である。

2）金英蘭（キムヨンラン）法

　2016年夏、韓国社会を揺るがした法律が施行された。この法律の施行で多くの食堂などが打撃を受けて閉店になったと言われている。2016年9月28日から施行された法律で、通称「金英蘭（キムヨンラン）法」である。「不正請託や金品などの授受の禁止に関する法律」（不正請託禁止法）である。この法は、2011年、公務員の不正な金品授受を防ぐ目的で金英蘭元国民権益委員長が提案し推進したことから、その名で呼ばれるようになった。2013年7月に国会に提出され、2015年3月、国会本会議を通過し、同月末には朴槿恵大統領により裁可された。

　規制対象者は中央・地方すべての公職者と公企業、国公立の教職員、記者などマスコミに携わる従事者、私立学校教員、その配偶者などであるが、但し、国会議員は対象から除外された。

公職者などが1回100万ウォン、年間合計300万ウォンを超える金品や接待を受けた場合、職務との関連性と代価を問わない場合でも刑事処罰の対象になるのである。会食費3万ウォン（約3,000円）、贈り物5万ウォン（約5,000円）、慶弔費など10万ウォン（約10,000円）と金額の上限などを施行令に一任しており、これが違憲ではないかとの指摘もある。違反した場合は、3年以下の懲役か3,000万ウォン以下の罰金が科せられる。

金英蘭法違反者を申告すると最大20億ウォンの報償金と2億ウォンの褒賞金が与えられる規程もあるため、「パパラッチ塾」に大勢が集まった話も出ている。

2015年版の腐敗認識指数の中で167カ国の内、韓国は37位だった。上位3位は、デンマーク、フィンランド、スウェーデンの北欧が占め、日本は18位、中国は83位、最下位は北朝鮮とソマリアだった(国際NGO「トランスペアレンシー・インターナショナル」発表)。韓国の不正腐敗は、中々禁絶できず政治的・社会的に悩みの種であるが、この金英蘭法の施行ではたして効果はあるのか、その経過を見届けたいものである。

3）儒教から見える韓国社会

韓国の儒教は、中国から伝来されたものであるが、韓国に伝わった後、韓国の古代思想が加わり、また長い年月を経て、韓国特有の韓国儒教になったと言える。現在も韓国の生活や習慣に深く残っている。

まず、韓国では年を基準にする考えが多い。例えば、敬語の使い分けも年で区別する。自分より一歳でも上だと必ず敬語を使う。また、身内関係なく年よりや年配には尊敬語を使う。それから、社会全体に年寄りを大事にすることがまだ深く残っている。電車の中やバスの中で年寄りに席を譲ることや、年寄りにあまり逆らってはいけない等、社会常識としてまだ受け継がれていると言える。

次に、親を大事にすることである。親の前では煙草を吸わない、お酒を飲むときもまっすぐに向き合わない。これは、親の前だけではなく、上司や年長者の前では同じことである。それから、何でも自分の親を基準にする。親と同じ年齢の人から年寄りとして礼儀正しく接しなければならない。

先祖を大事にすること。これは、韓国の人なら誰でもが自然に身についている思想だと言える。まだ、埋葬が許される韓国では、お墓が日本のように共同墓になっていない。個別の墓であるために、広大に墓が広がる共同墓地が存在する。先祖代々の墓もどの家系でも存在し、その維持も大変である。まず、毎年墓の草刈を行い、4代まで毎年祭祀をやる。

ところが、近年はこの風習が変わりつつある。埋葬よりも、火葬してお墓をつくらない。納骨堂(ナップコルタン)の利用者も増えている。また、4代までの祭祀も共同で行うか、2代までやるか、それぞれの家系の事情に合わせて行われているようである。早いスピードで変わっている風習のひとつであろう。

4）巫俗（ムソック・ムダン、Korean shamanism）

　韓国には、ムダン（巫堂）というシャーマン（職業的宗教者）が存在する。司祭・呪醫・占いなどをやり、神からお告げを受けた存在と言われている。ムダンはグッという神を憑依（ノリ）させる歌舞をやりながら、お告げを行う祭儀を行う。朝鮮の土着の信仰として、古代から現代に至るまで続いている。ムダンの男女比には地域性があり、男性が主流の地域もあれば、女性が多い地域もある。植民地時代には、古い迷信として弾圧を受け衰退したが、近年は、韓国の土俗信仰として保存され、研究されている。

　韓国文化情報院のサイトの説明を借りてまとめてみる。巫堂儀式の音楽であるグッ音楽には、巫堂が行う儀式（グッ）で行われる巫歌と、伴奏音楽の巫楽が含まれる。グッ音楽では神（霊魂）に向って捧げられる巫堂の歌が重要視され、これを巫歌（ムガ）と呼ぶ。巫歌は神を儀式の場に招く請陪巫歌や、神に願い事を祈る祝願巫歌、神を楽しませるためのオシン巫歌、神を送り返すための送神巫歌に分類することができる。巫堂の歌声に合わせ巫楽を演奏する者達はほとんどが男性楽士で、彼らはおもに演奏を職業とし世襲を続けている。また楽士は巫堂の夫である場合が多い。

　儀式の音楽は、ピリ、テグム、ヘグム、チャング、チンの「三絃六角」の編成が基本である。このほかにジェグム（提金）、テピョンソ、パンウル（鈴）などが使用される。しかしほとんどの場合、経済的な理由から主旋律を担当するピリだけを使い演奏することが多い。全羅道ではアジェンが多く使用され、反対にヘグムが使用されることは少ない。済州島では巫堂儀式に使われる楽器をヨンムル（演物）と呼び、デヤン、チン（銅鑼）、クドクブク（太鼓）、コジャン（チャング）から構成される、ということである。

　韓国のムダンやグッについては、日本でも多数の研究資料があるが、李善姫（東北大学国際高等研究教育機構）の「韓国のシャーマニズムと儀礼（クッ）の意味 ー全南珍島の事例を中心に」のグッの語源の部分だけを引用してみる。

韓国の「クッ」は、漢字で巫儀、賽神、神事などと表記。ウラルアルタイア語ではトゥーングス語で kutu、モンゴル語で qutug、トルコ語には qut という言葉があり、その意味

は幸福ないし幸運を意味する。そしてヤクト語には kut という言葉があり、それは霊魂を意味するという。語源からすれば「クッ」は幸福をもたらすための霊魂と関連する宗教儀礼になる(＜趙興胤、1990：232＞ ＊「クッ」は巫の一番盛大な儀礼)。巫の世界で問題解決に対する最終的な処方でもある。　問題発生→ タンゴル巫に相談→ 卜占で原因を解明→ 符籍（護符）や致誠（神仏に誠を捧げること）を処方する→ それでも解決しないとクッを進める。中部以北地方のムダンはこの過程を自分で全部行う。南部地方の場合は占って原因の解明をし、クッを進めるのはソンムダンと呼ばれる巫者で、彼らに吉日を決めてもらい、タンゴル巫にクッを委ねる、とある。

　李善姫「韓国のシャーマニズムと儀礼（クッ）の意味 ―全南珍島の事例を中心に」の引用の内容で、「問題発生→ タンゴル巫に相談→ 卜占で原因を解明→ 符籍（護符）や致誠（神仏に誠を捧げること）を処方する→ それでも解決しないとクッを進める」とあるが、ムダンに頼んでから、その後の進む手順であるが、正に現在も、多くの韓国の人が、ムダンに頼っている手順と同じである。韓国の人々は、個人の幸福を祈ったり、病気の治療、死者の供養、村の神様を祀るなど、様々な種類のグッをやるが、まず、問題が発生するとムダンを訪ねたり、試験の前や大事なことの前にムダンを訪ねる人は後を絶たない。

＜参考文献など＞
韓国観光公社　ホームページ
コネスト
『東洋経済』2016 年 08 月 05 日
李善姫「韓国のシャーマニズムと儀礼（クッ）の意味 ―全南珍島の事例を中心に」
(2009.12.17)
ウィキペディア(2016.3.1 基準)

１５．韓国の財閥とロッテ財閥について

１）韓国の財閥

　2016年12月6日の韓国の国会聴聞会に、韓国のトップ財閥の総帥(そうすい)が勢ぞろいした。その光景を韓国国民は冷ややかな目で眺めた。その場面が韓国の人々が韓国財閥に対するイメージであり、韓国財閥をそのくらいしか見ていないことでもある。企業の倫理感が喪失した韓国財閥のイメージは、戦後「ハンガン(漢江)の奇跡」と呼ばれる韓国の経済発展の立役者の裏にあるもう一つの産物としてみている傾向もあると言える。

　しかし、韓国の人々は、金持ちの傲慢さや、不正のイメージの財閥家に対して、羨む気持ちも持っている。韓国の財閥家は私生活がないと言っていいだろう。家族や家計の私生活がほとんど公になっている。中でも特に、財閥家の教育には大変関心が高い。幼稚園から大学まで、メディアに公表されるのは勿論のこと、財閥家の子息たちが通う・通った幼稚園や小学校・中学校・高校は人気が高い。教育平均化制度での韓国社会では、唯一、幼稚園から高校までは、財閥に近づけることができることと、もう一つ、財閥こそ最高の教育をさせるだろうという推測からである。財閥が選んだ学校であれば検証がいらないという、最高の地位に登りたい韓国の人々の小さい希望とでもいうだろうか。

　財閥家に生まれただけで、億万長者になる。そこから、韓国では面白い言葉が生まれた。クムスジョとフックスジョという言葉である。クムスジョは、金のスプーンのことで、生まれながら裕福な家庭で生まれた人を、クムスジョをくわえて生まれたと言う。フックスジョは、土のスプーンのことで、貧しい家に生まれた人のことを、フックスジョをくわえて生まれたと言う。金、銀、銅など、いろいろと細かく区別をする言葉もあるが、大きくはクムスジョとフックスジョで分離する。財閥家に生まれたら、生まれながら株などが譲与されるという話もあり、クムスジョとフックスジョ論争とも言っているが、今は韓国社会では一般的に使われてしまう言葉である。結局、資本主義社会が新たに作り上げた階級制度の仕組みになっていることではないだろうか。

　財閥の力を利用した経済発展が、果たして現在の韓国の経済発展にどのくらい役に立ったのかは、ここで評価できないが、韓国の人々の財閥に対する強い不信感や批判が、いくいくは財閥の解体まで繋がるだろうか。実際、サムスン電子の副会長が、2017年2月17日前朴槿恵大統領とチェスンシルに対するワイロ容疑などで拘束された。今まで様々な不正の噂や疑惑などがあっても、サムソン財閥のトップを拘束することはできなかった。こ

の機会に、政治と共に、財閥にもメスが入って、財閥の解体まで繋がることを、多くの韓国国民は期待をして見守っていた。財閥解体は、韓国の経済と直結するために、簡単ではない問題だろう。2018年2月5日、サムスン財閥のトップ李在鎔(イジェヨン)副会長は、懲役2年6か月、執行猶予4年の判決で、356日ぶりに釈放された。

①2016年韓国の財閥ランキング　　　　　　　　　　　(http://defensehn.tistory.com/6)

順位	グループ名	総資産	年間売上額	系列社
1位	三星	348兆ウォン	300兆ウォン	59
2位	現代自動車	145兆ウォン	209兆ウォン	51
3位	SK	130兆ウォン	160兆ウォン	86
4位	LG	101兆ウォン	105兆ウォン	67
5位	ロッテ	83兆ウォン	103兆ウォン	93
6位	ポスコ(POSKO)	58兆ウォン	80兆ウォン	45
7位	GS	12兆ウォン	60兆ウォン	69
8位	ハンファ	52兆ウォン	54兆ウォン	57
9位	現代重工業	31兆ウォン	53兆ウォン	26
10位	韓進	23兆ウォン	37兆ウォン	38

②韓国の資産家ランキング　　　　　　　　　　　　　　　　　　(FORBES)

順位	名前	役職	総資産
1位	イコンヒ	三星電子会長	$126億
2位	ソキョンベ	アモレパシフィック会長	$84億
3位	イジェヨン	三星電子副会長	$62億
4位	コンヒョクビン	スマイルゲイトゥホルディンス代表	$49億
5位	チョンモング	現代自動車会長	$48億
6位	キムチョンス	NXC代表	$41億
7位	イムソンギ	ハンミ薬品会長	$39億
8位	チェテウォン	SKグループ会長	$34億
9位	チョンイソン	現代自動車副会長	$28億
10位	キムジェチョル	トンウォングループ会長	$25億

2）サムスン電子(三星・サムソン)

　サムスン電子は、サムスングループの代表企業で、携帯、情報通信機器、半導体、TV などを生産販売している製造企業である。1969 年 1 月に三星電子工業からスタートし、1984 年 2 月に現在のサムスン電子の名前に変更した。

　サムスン電子は、製品の特性によって CE(Consumer Electronics)事業部門、IM(Informationtechnology & Mobile communication) 事業部門、DS(Device Solutions)事業部門など、三つの事業部門にそれぞれ分かれて独立経営をしている。CE 事業部門は、TV、エアコン、冷蔵庫、洗濯機など。IM 事業部門は、携帯電話と PC、カメラなど。DS 事業部門は、DRAM、ナンドフラッシュ、モバイル AP、半導体、ディスプレイ事業などで構成されている。

　2016 年末のサムスン電子は、三星グループの中にあり、三星グループは韓国国内で 58 の系列社を保有している。この内、15 社が上場企業であり 43 社が非上場企業である。

①サムスン電子の実績　　　　　　　　　　　　　　　　　　　　　　　(NAVER 金融)

年.月	2014.12	2015.12	2016.12
売上高	2,062,060 億ウォン	2,006,535 億ウォン	2,018,667 億ウォン
営業利益	250,251 億ウォン	264,134 億ウォン	292,407 億ウォン

　2014 年でのサムスン電子の売上高は 206 兆 2060 億ウォンで、韓国の国内総生産（GDP）の 14％に当たる。韓国の GDP において三星財閥に依存する割合は、現在韓国の GDP（国内総生産）の 18％、輸出の 21％も占めている。サムスン電子の 2015 年 12 月の売上高は約 200 兆ウォンであり、同社が生み出した付加価値は 77 兆ウォンに達すると言われている。同年の韓国における GDP は 1559 兆ウォンなので、サムスン 1 社で全 GDP の 5％を生み出している計算になる。この韓国の巨大財閥サムスンは、韓国を代表する企業として、世界 109 位の小さい韓国を韓流と共に世界に韓国の存在を広めたことも事実である。特に、サムスンのスマートフォンは、韓国を世界の人々の手に運んだと言えよう。

　ちなみに日本は、トヨタが 1 年に生み出した付加価値は約 5 兆円であり、日本の GDP は約 500 兆円なのでトヨタの占める割合は 1％である。

　2017 年 3 月 7 日の時点で、サムスン電子の時価総額は 2 千 410 億ドルに達し、世界ランキングの 16 位という。世界時価総額 1 位は、7 千 334 億ドルを記録したアップル社である。

3）ロッテ（LOTTE Co.Ltd.）

①株式会社ロッテ（LOTTE Co.Ltd.）

東京都新宿区に本社を置く菓子メーカーである。1948年（昭和23年）に重光武雄が創業した。創業以来、世界各地にグループを展開しており、特に創業者の出身地である韓国においては積極的な投資を行い大規模な事業展開を行っている。

プロ野球チームとして、日本では千葉ロッテマリーンズ、韓国ではロッテ・ジャイアンツを持つ。非上場企業でみどり会の会員企業であり三和グループに属している。

②重光 武雄（しげみつ たけお）

株式会社ロッテや韓国ロッテグループなど、ロッテの創立者である。1921年11月3日に 韓国慶尚南道蔚山郡（現・蔚山広域市）に生まれた在日韓国人一世である。本名は辛格浩（シン・キョクホ）で、元ロッテグループ会長であり、日本の実業家でもある。詳しい履歴は次の通りである。

・1947年 – 進駐軍のチューインガムを見て、ガム製造に乗り出す。
・1948年 – 6月株式会社ロッテ設立。代表取締役社長に就任。
・1967年 – 4月韓国ロッテ設立。
・1969年 – 岸信介の仲介で東京オリオンズ（現・千葉ロッテマリーンズ）のスポンサーとなり、球団名をロッテオリオンズとする。
・1979年 –ソウルに ロッテホテル開業。
　　　　　ソウルオリンピックの際には同ホテルに五輪組織委員会本部が置かれた。
・2009年– 7月1日、創業以来務めてきたロッテグループ社長を退き、会長に就任。
・2015年 – 7月、代表権のない名誉会長に退いた(総括会長)。

③韓国ロッテグループ

「ロッテ財閥」を形成している。現在、百貨店業界では世界5位、製菓業界ではアジア1位、ホテル業界ではアジア3位、ホームショッピングでアジア1位、石油化学業界で世界10位 と、世界的に成長した、韓国では5番目の財閥を成している。

ただの菓子メーカーにすぎない日本では、想像がつかないほどの巨大財閥となった韓国ロッテは、もはや日本のロッテと切り離して考えるのが妥当であるとの見方もある。韓国のロッテグループ自体が、日本のロッテホールディングスの傘下に置かれている。創業家が率いるロッテホールディングスが日本ロッテグループと韓国ロッテグループの多くの企業を統括しており、ロッテグループ全体は創業家を中心とした多国籍企業となっている。

④重光 宏之（しげみつ ひろゆき）

韓国名は辛東主(シンドンジュ)。2011年に重光昭夫(しげみつ あきお)が会長に昇進し、

2代目経営体制に移行した。日本ロッテグループは創業者の長男である辛東主が会長として統括していたが、2015年1月ロッテホールディングス取締役副会長職を解任され、事実上経営陣から放逐された。会長重光武雄の長男。

⑤重光　昭夫(しげみつ　あきお)

　在日韓国人二世で、韓国名は辛東彬（シンドンビン）。ロッテホールディングス会長重光武雄の次男。通称重光ジュニア。1996年に正式に日本国籍を放棄し韓国籍となった。2011年2月、韓国ロッテグループ副会長から会長に昇進した。妻は大成建設の副会長を務めた淡河義正の次女である淡河真奈美。1男2女が居る。2015年11月28日、長男の結婚式が行われ、日本の安倍晋三首相も出席した。

　2016年には裏金疑惑が浮上し、韓国の検察庁が捜査を初めた(200億円代の特定経済犯罪加重処罰法上背任横領の疑い)。

　長男重光宏之（辛東主）元日本ロッテグループ副会長は、韓国ロッテ系列社から、給与40億円以上を貰ってきた疑いで検察調査を受けた。ロッテ裏金疑惑は、2016年8月、同社の李仁源副会長が自殺することで捜査が難航していたが、結局、2017年2月に辛東彬（重光昭夫）会長が拘束された。2018年9月の段階で拘束裁判中である。この影響でロッテグループは、全体的経営不振など、不安定な状況が続いている。

⑥日本・韓国以外の法人（2010年現在）　　　　　　　　　　（ウィキペディア 2016.9.1 基準）

国名	現地法人名	設立
アメリカ合衆国	ロッテ U.S.A	1978年9月
中国	楽天食品（ロッテ食品）	1994年8月
中国	楽天投資（ロッテキャピタル）	2007年3月
台湾	台湾楽天製菓（台湾ロッテ製菓）	2005年5月
タイ	タイロッテ	1989年1月
ベトナム	ロッテベトナム	1996年3月
マレーシア	ロッテマレーシア	2008年10月
インドネシア	ロッテインドネシア	1993年6月
インドネシア	ロッテトレードアンドディストリビューション	2008年12月
フィリピン	ロッテコンフェクショナリー フィリピーナス	2009年1月

⑦韓国ロッテグループとその仕組み

・韓国ロッテグループ(2015年6月末基準)

系列会社	80社
業種	食品、流通、化学、金融など
主力企業	ロッテ製菓(株)、ロッテチルソン飲料(株)、ロッテショッピング(株)、(株)ホテルロッテ、ロッテケミカル(株)、ロッテ損害保険(株)など
上場企業(8社)	ロッテ製菓(株)、ロッテチルソン飲料(株)、ロッテショッピング(株)、ロッテケミカル(株)、ロッテ損害保険(株)、(株)ロッテプード(旧、ロッテサムガン)、ロッテハイマート(株)、現代情報技術(株)
非上場社	72社

・ロッテグループの仕組みであるが、ロッテグループは、「日本光潤社→日本ロッテホールディングス→日・韓ロッテ系列社」へ、というような支配構造になっている。

　日本光潤社は、支配構造上、日本と韓国ロッテグループ系列社を支配する頂点に位置する。日本光潤社は、日本ロッテホールディングスの持分28.1%を保有している。

　それでは、韓国のロッテグループや全世界のロッテを支配している日本光潤社は、どのような会社でどのようになっているのかをみてみよう。(2015年8月基準)

　重光武雄(辛格浩)総括会長(0.8%)、妻重光初子(10%)、長男重光宏之（辛東主）元日本ロッテグループ副会長(50%)、次男重光昭夫(辛東彬)会長(38.8%)、家族4人での持分99.6%を保有している。まさに、ロッテはこの家族4人が支配していることになり、持ち株50%を保有する長男の重光宏之がロッテの会長に赴任しようとしたが、兄弟の乱と言われる争いで敗れて、弟の重光昭夫が会長になっている。

⑧日本ロッテホールディングスは、韓国ロッテの母体となる韓国ホテルロッテの持ち分19%保有している。日本のL投資会社の持分を入れた、日本株主全体の韓国ホテルロッテの持分は、99%である。

⑨高々度ミサイル防衛システム（THAAD・サード）報復の中国

　2016年7月8日韓国政府は、高々度ミサイル防衛システム（THAAD・サード）の配置を正式に発表したことで、中国の「THAAD報復」が始まった。初めは韓流で報復してきた。「韓国製品の放送を減らし、放送に韓国人モデルを使ってはならない。韓国で製作された資料映像も放送するな」という指示で、「韓流スターや韓国製品の規制」が下されていたことが確認された。K-POPのコンサートなどが全面禁止になり、中国で流れる韓流スターの顔などに

モザイクがかかったり、放送なども禁止された。芸能部門で始まった韓流規制が、THAAD 用地を提供したロッテグループに対する全方位的な税務調査をはじめ、あからさまに韓国企業の活動を縮小させる方向へ進んで行った。今は、もっと激しくなりつつある。マルチビザの発給を禁止したり、韓国から化粧品・ファッション・食品などの輸入の通関が不可になるだけに終わらなかった。2017年3月からは韓国の一番の輸出品目のゲームの輸入禁止を発表した。 3月3日には、韓国への中国人の観光を全面禁止させた。

　ロッテに対する報復も激しくなっていた。中国の「ロッテ叩き」が広範囲に拡大していたが、3月2日には、一日の売上が40億ウォンに達するロッテ免税店のホームページがハッキング攻撃で麻痺した。韓国語と中国語のホームページをはじめとするすべての言語のロッテ免税店のホームページが正常に作動しなかったのである。ロッテ流通の系列社は現在、中国内で約120店舗（デパート5店、マート99店、スーパー16店）を運営している。この内、3月6日現在、営業停止処分を受けたロッテマート支店数は、23か所という。ロッテを始め、韓国に対する中国の「THAAD 報復」がどこまで拡大し続くか、韓国の経済が大変揺れ動いていることは間違いない事実である。

＜参考文献など＞
［NAVER 知識百科］ ［Samsung Electronics Co.Ltd. 三星電子］
［NAVER 知識百科］ ［Lotte Group］
［Maeil Business Newspaper & mk.co.kr, All rights reserved］2017-03-02
ウィキペディア(2016.9.1 基準)

第二章　現在の日韓問題とその他

1．日本の中の渡来人と現在―「日本の中の韓国文化」から

　日本の中には、渡来人または歴史上韓国と関連する施設や場所やものは多い。また、その資料も多い。ここでは、韓国文化院が出した「日本の中の韓国文化」の中の DVD の内容を中心に取り上げることにする。

１）王仁（わに）の墓
①王仁博士は、四世紀末、日本の応神天皇の要請を受けて百済王第１７代阿シン王の時に渡来した。この時、『論語』１０巻と『千字文』１冊を携えて日本に儒学を伝えたとされる。また、陶工や瓦工など数多くの技術者を連れていって文化を伝えたことから、飛鳥文化の始祖とも言われる。渡来後、日本の皇太子の師匠としても活動した人物とされている。『日本書紀』では王仁、『古事記』では和邇吉師（わにきし）と表記されているが、現在、日本の中で王仁の墓とされるのが、大阪府枚方市の「伝王仁墓」と大阪市北区の八坂神社にある「王仁大明神」である。
②伝王仁墓
　大阪府枚方市藤阪東町二丁目に、「伝王仁墓」がある。４世紀末に朝鮮半島から日本に漢字と儒教を伝えたという王仁（わに）の墓とされている。禁野村和田寺の僧・道俊が『王仁墳廟来朝記』の中で、藤坂村の鬼墓は王仁墓のなまったものと主張し、京都の儒者・並河誠所がこの書物をもとに王仁博士の墓として崇拝するよう地元の領主に進言し、1731 年に「博士王仁之墓」と刻んだ墓石を建てたことが始まりで、1938 年に大阪府の史跡に指定された。
　枚方市は、王仁博士の生誕地とされる韓国霊岩郡と 20 年以上にわたって市民レベルで交流している。地元の市民グループが中心となって王仁塚周辺の清掃やお祭りの開催、交流に力を入れてきたほか、地元の菅原東小学校では霊岩郡の初等学校と壁新聞の交換を行ってきた。こうした取り組みが実を結び、2008 年には市と霊岩郡との友好都市提携が実現。歴史文化を中心に交流を深めている。現在、韓国からは修学旅行生が訪れるなど、伝王仁墓は日韓交流の拠点の一つとして位置付けられている。毎年８月下旬に「むくげ祭り」と、また毎年 11 月 3 日に「博士王仁まつり」を開催している。（枚方市ホームページ）
③上野恩賜公園内の清水観音堂の裏側にある王仁博士碑
　王仁博士碑の由来とは 5 世紀初め頃に、日本に論語や千字文を伝えたとされる百済人を記念して建てられた王仁博士記念碑とされるもの。1936 年に趙洛奎は、王仁をたたえる碑を建てたいとして四宮憲章にお願いし、四宮は後援会を組織し、中山久四郎や井上哲次郎を

主唱者に立てて寄付金を募り、この結果、たくさんの協賛者が集まり、昌徳宮から下賜金も交付される。その後、王仁博士碑は、上野公園の桜ヶ丘に建てられることが決まり、1940年4月に無事に除幕式が行われ、現在の地に建てられた。

④王仁の遺跡の百済門

　佐賀県神埼市が韓国全羅南道霊岩郡（チョルラナムド・ヨンアムグン）に王仁公園の造成に向けて協力を求めた。王仁は韓国全羅南道霊岩から出発して神埼に到着したことが分かった。このような縁で神埼は王仁を賛える碑石と神社をつくった。また、2008年から市関係者が毎年霊岩郡を訪問するなど交流してきた。そんな中、敷地1万3000平方メートルに達する規模の王仁博士記念公園をつくることになり、王仁の生家など遺跡のある霊岩郡に協力を要請。松本茂幸・神埼市長が自らチョン・ドンピョン霊岩郡守に「霊岩遺跡にある百済門と同一の門を公園門としてつくってほしい」と要請した。霊岩郡はこの要請を受けて、百済門の設計と施工をすべて引き受けることにした。伝統の瓦や木柱など必要な資材を韓国が用意し、2017年に資材とともに技術者を現地に派遣して百済門をつくる。これにかかる経費2億ウォンも霊岩郡がすべて負担する。

⑤大阪市北区の八坂神社にも王仁の墓と言われる「王仁大明神」がある。他にも、日本には、王仁のゆかりや関連施設がいろいろとある。

⑥薛聰(ソルチョン)

　新羅時代、655(太宗武烈王)~？　新羅中代の大学者。父親は元曉大師(617～686)、母親は瑤石公主。吏讀(イデゥ)を集大成する。

2）飛鳥戸神社（あすかべじんじゃ）

①大阪府羽曳野市にある神社である。名神大社で、旧社格は村社。現在は素盞嗚命が祭神となっているが、これは江戸時代に牛頭天王が祭神となっていたため、神仏分離の際に素盞嗚命に改めたものである。

　当地は、5世紀に渡来した百済王族・昆伎王の子孫である飛鳥戸造（あすかべのみやつこ）氏族の居住地であり、本来は飛鳥戸造の祖神として昆伎王が祀られていたものと考えられている。『三国史記』の百済本紀には昆伎王は熊津時代の始めに百済で没したとあり、昆伎自身は帰国したとしても、その子孫が日本に残留したものと考えられる。なお、付近にある新宮古墳群（横穴式石室）は飛鳥造氏族の墓域とされる。

　『河内国式神私考』では「安宿王」、『河内国式内社目録稿本』では「百濟氏祖神　俗称少名

彦命」、『神社要録』では「百済氏祖神 名詳ならず」と記している。

②昆支王（こんきおう、ゴンジワン、？－477年7月）

　昆支王は、百済の王族。『三国史記』によれば、第21代蓋鹵王の子で22代文周王の弟であり、24代東城王の父。『日本書紀』では、蓋鹵王の弟で、東城王と武寧王の父である。昆伎王、昆枝、崑枝、崑支、軍君（こにきし）。『日本書紀』の雄略紀、および雄略紀に引用された百済の史書『百済新撰』には、昆支王が渡来した経緯が記されている。

　461年に筑紫から倭国へ向かい、その年の7月京に入って天皇に仕えたとある。昆支王は5人の子供を伴って渡来し、大和朝廷からは後に「飛鳥戸郡」と呼ばれるようになる土地を与えられ、昆支王とその一族郎党はそこに土着した。その子孫には百済宿禰や御春朝臣、飛鳥造、飛鳥戸宿禰、物部飛鳥氏などがある。

3）飛鳥寺

①596年（推古4）に蘇我馬子によって建てられた本格的な伽藍配置の日本で最初の大寺院とされる。588年に百済から仏舎利（遺骨）が献じられたことにより、蘇我馬子が寺院建立を発願し創建された本格的な寺院である。完成までの経緯が残っている。
・588年（崇峻1年）　造営開始（百済から技術者が派遣される）
・592年（崇峻5年）　仏堂・歩廊の起工
・593年（推古1年）　塔心礎に仏舎利を納めて心柱を建立
・596年（推古4年）　主要伽藍が完成
・法興寺・元興寺ともよばれた。現在は安居院（あんごいん）と呼ばれている。百済から多くの技術者がよばれ、瓦の製作をはじめ仏堂や塔の建設に関わった。瓦を製作した集団は、この後豊浦寺や斑鳩寺の造営にも関わっていく。さらに、これらの技術を身につけた人たちやその弟子たちが全国に広がり、各地の寺院造営に関わるようになる。

②本尊飛鳥大仏（釈迦如来像）

　年代のわかる現存の仏像では日本最古のものと言われている。金銅仏の釈迦如来像（飛鳥大仏）は、推古天皇が止利仏師（とりぶっしー鞍作鳥・鞍作止利くらつくりのとりともよばれる。もともとは馬具製作に携わっていた百済からの渡来系氏族の一人）に造らせた丈六尺（約4.85m）仏。605年に造り始め、606年に完成した。

③惠慈（ヘジャ）は、高句麗の僧侶。日本に帰化し、聖徳太子の師匠になる。
・その他の高句麗の僧侶—惠便(ヘピョン)、惠慈(ヘジャ)、僧隆(スンリュン)、曇徴(ダム

ジン）、慧灌（ヘクワン）、道登（トデウン）、道顯（ドヒョン）

・百済は、588年に佛舎利と僧侶、寺工、怜工、瓦匠などを日本へ送る。

4）大枝陵

　高野新笠の御陵のこと。高野新笠の父は百済の武寧王の後裔と伝えられる和乙継、母は土師真妹。高野新笠は光仁天皇夫人で、桓武天皇や早良親王の母である。789年没。790年に皇太后、806年に太皇太后を追贈された（山川出版社「日本史広辞典」より）。

①高野 新笠（たかの の にいがさ）

　790年1月21日誕生。光仁天皇の宮人、後に夫人。桓武天皇・早良親王・能登内親王の生母。桓武天皇の即位後、皇太夫人になる。薨去後に贈皇太后、贈太皇太后。諡号は天高知日之姫尊。

　父は和乙継、母は土師真妹。父方の和氏は百済武寧王の子孫を称する渡来系氏族で、もとの氏姓は和史（やまとのふひと）。高野朝臣（たかののあそみ）という氏姓は、光仁天皇の即位後に賜姓されたもの。

②武寧王（ぶねいおう、ムヨルワン 462年 – 523年）は、百済の第25代の王（在位：502年 – 523年）。『三国史記』百済本紀・武寧王紀によれば先代の牟大王（東城王）の第2子であり、諱を斯摩、分注では隆。

③蘇我氏（そがうじ）

　「蘇我」を氏の名とする氏族。姓は臣（おみ）。古墳時代から飛鳥時代（6世紀 – 7世紀前半）にかけて勢力を持ち、代々大臣（おおおみ）を出していた有力豪族である。渡来系の氏族と深い関係にあったと見られる。王権の職業奴属民としての役割を担っていた渡来人の品部の集団などが持つ当時の先進技術が蘇我氏の台頭の一助になったと考えられている。また、仏教が伝来した際にそれをいち早く取り入れたのも蘇我氏であったとされる。これは、朝廷の祭祀を任されていた連姓の物部氏と、中臣氏を牽制する為の目的もあったと推察される。

　6世紀後半には、今の奈良県高市郡近辺を勢力下においていたと思われている。蘇我氏が政治の実権を掌握した時代以後、その地域に集中的に天皇の宮がおかれるようになった。

5）推古天皇（すいこてんのう）

　日本初の女帝であり、東アジア初の女性君主である。諱は額田部（ぬかたべのひめみこ）。

和風諡号は豊御食炊屋姫尊（とよみけかしきやひめのみこと、『日本書紀』による。『古事記』では豊御食炊屋比売命という）。炊屋姫尊とも称される。『古事記』ではこの天皇までを記している。第29代欽明天皇の皇女で、母は大臣蘇我稲目の女堅塩媛。第31代用明天皇は同母兄、第32代崇峻天皇は異母弟。蘇我馬子は母方の叔父。

6）豊浦宮（とゆらのみや）・豊浦寺（とゆらのてら）跡

明日香村大字豊浦に「太子山向原寺」という浄土真宗の寺がある。この寺を中心とした一帯の地下には、豊浦宮跡や豊浦寺跡が埋まっていた。『日本書紀』には552年（欽明天皇13年）、百済の聖明王が金銅の釈迦如来像や経典、仏具などを献上して仏法のかぎりなき功徳を説き、その弘通を勧めたと記される。だが、多くの群臣たちは、異国の神を祀れば国神の怒りを買う恐れがあると反対した。それで、天皇は蘇我稲目（そがのいなめ）に仏像を与え、試みに個人的に崇拝させたとある。

7）向原寺（こうげんじ）

①奈良県高市郡明日香村にある浄土真宗本願寺派の寺院。別名広厳寺。本尊は阿弥陀如来。境内地は百済から日本へ献上された仏像を蘇我稲目が祀った「向原（むくはら）の家」の故地とされ、7世紀には推古天皇の豊浦宮や日本最古の尼寺である豊浦寺が営まれた。

『日本書紀』552年10月条の仏教初伝の記事によれば、この年、百済の聖王（聖明王）から献上された仏像を、蘇我稲目が小墾田の家に安置し、その後向原の家を浄（きよ）め捨（から）ひて寺とした。

②伎楽（ぎがく）

伎楽は、大きな仮面をつけて演じられる台詞のない無言劇である。滑稽・野卑な無言仮面劇のようなもので、聖徳太子の時代に、仏教の教えを深く理解させ仏法を広めることを目的として盛んに行われていた。その後、徐々に雅楽へと移行。鎌倉時代には衰退してほぼ伝承が途絶えている。現在は、限られた団体により楽曲の一部のみが復活されている。「舞」に関しては全く途絶えて失われており単純な所作のみが行われている。

伎楽の伝来について、『日本書紀』によれば612年（推古20年）に百済の味摩之（みまし）が伝えたとされる。味摩之は日本に帰化して奈良・桜井に住み、若者を集めて伎楽を習わせたという。

戦後、桜井市出身の評論家保田與重郎は、味摩之が伎楽を教習させた場所を考証し桜井小

学校の校庭の南側にある土舞台が伎楽教習所だったとし、1972年に「土舞台」と刻した標石を建てた。これ以来伎楽伝来の地は土舞台であるとされてきた。ところが、韓国の世宗大学の李応寿教授は、聖徳太子が築いたとされる日本初の伎楽教習所は現在の明日香村豊浦であるとする新説を発表。2010年に「伎楽伝来の地」の碑を向原寺の境内に建てた。この新しい「伝来の地」説には賛否両論がある。

8）桂川（かつらがわ）

　京都府を流れる淀川水系の一級水系。『山城国風土記』（逸文）や『日本後紀』によると、京都盆地流入以南の桂川は、古くは「葛野川（かどのがわ、葛野河）」と称されていた。古代は氾濫も多く、5世紀以降に嵯峨や松尾などの桂川流域に入植した秦氏によって治水が図られていた。「秦氏本系帳」によると、秦氏は桂川に「葛野大堰（かどののおおい）」を築いて流域を開発したといい、「大堰川」の川名もこの堰に由来すると推測される。

　『雑令』集解古記にも「葛野川堰」と見えることから、この大堰は実在したものと考えられている。また下嵯峨から松尾にかけての桂川東岸の罧原堤（ふしはらづつみ）も、その際に築造されたといわれる。これら秦氏による当地方の開発は、流域の古墳の分布から5世紀後半頃と見られ、現在も一帯には秦氏に関連する多くの寺社が残っている。

9）広隆寺　（こうりゅうじ）

①京都市右京区太秦にある寺。宗派は真言宗系単立。山号を蜂岡山と称する。蜂岡寺（はちおかでら）、秦公寺（はたのきみでら）、太秦寺などの別称があり、地名を冠して太秦広隆寺とも呼ばれる。渡来人系の氏族である秦氏の氏寺であり、平安京遷都以前から存在した、京都最古の寺院である。国宝の弥勒菩薩半跏像を蔵することで知られ、聖徳太子信仰の寺でもある。毎年10月12日に行われる牛祭は、京都三大奇祭として知られるが、近年は不定期開催となっている。

　7世紀前半に今の京都市北区平野神社付近に創建され、平安遷都前後に現在地に移転したという説が有力である。創建当初は弥勒菩薩を本尊としていたが、平安遷都前後からは薬師如来を本尊とする寺院となり、薬師信仰とともに聖徳太子信仰を中心とする寺院となった。現在の広隆寺の本堂に当たる上宮王院の本尊は聖徳太子像である。『上宮聖徳法王帝説』は蜂岡寺（広隆寺）を「太子建立七大寺」の一つとして挙げている。

　『日本書紀』等に広隆寺草創に関わる記述があり、秦氏の氏寺であることは確かだが、818

年の火災で古記録を失った。

　秦氏は渡来人であるが、葛野郡（現・京都市右京区南部・西京区あたり）を本拠とし、養蚕、機織、酒造、治水などの技術をもった一族であった。広隆寺の近くにある木嶋坐天照御魂神社（蚕の社）や、右京区梅津の梅宮大社、西京区嵐山の松尾大社（ともに酒造の神）も秦氏関係の神社といわれている。なお、広隆寺近隣には大酒神社があるが、神仏分離政策に伴って、広隆寺境内から現社地へ遷座したものである。

②弥勒菩薩半跏思惟像（みろくぼさつはんかし（ゆ）いぞう）の由来

　広隆寺には「宝冠弥勒」「宝髻（ほうけい）弥勒」と通称する2体の弥勒菩薩半跏像があり、ともに国宝に指定されている。宝冠弥勒像は日本の古代の仏像としては他に例のないアカマツ材で、作風には朝鮮半島の新羅風が強いものが感じられる。一方の宝髻弥勒像は飛鳥時代の木彫像で一般に使われるクスノキ材である。603年、秦河勝が聖徳太子から仏像を賜ったことが記されている。

　『広隆寺来由記』（明応8年・1499年成立）には616年（推古天皇24年）、坐高二尺の金銅救世観音像が新羅からもたらされ、当寺に納められたという記録がある。また、『書紀』には、623年新羅と任那の使いが来日し、将来した仏像を葛野秦寺（かどののはたでら）に安置したという記事があり、これらの仏像が上記2体の木造弥勒菩薩半跏像のいずれかに該当するとする説がある。なお、広隆寺の本尊は平安遷都前後を境に弥勒菩薩から薬師如来に代わっており、縁起によれば、797年山城国乙訓郡（おとくにのこおり）から向日明神（むこうみょうじん）由来の「霊験薬師仏壇像」を迎えて本尊としたという。

　現在、寺にある薬師如来立像（重要文化財、秘仏）は、818年の火災後の再興像と推定される。通常の薬師如来像とは異なり、吉祥天の姿に表された異形像である。

③弥勒菩薩半跏思惟像（みろくぼさつはんかし（ゆ）いぞう）は、仏像の一形式で、台座に腰掛けて左足を下げ、右足先を左大腿部にのせて足を組み（半跏）、折り曲げた右膝頭の上に右肘をつき、右手の指先を軽く右頬にふれて思索する（思惟）姿の弥勒菩薩像である。日本には大陸より6世紀から7世紀の弥勒信仰の流入と共に伝えられ、飛鳥、奈良時代の作品が多く残されている。

④韓国の金銅彌勒菩薩半跏思惟像は、韓国国立中央博物館蔵で、大韓民国指定国宝第83号と、韓国国立中央博物館蔵、大韓民国指定国宝第78号がある。

⑤秦河勝（はた の かわかつ、生没年不詳）は、飛鳥時代の人物。姓は造。秦丹照または秦国勝の子とする系図がある。冠位は大花上。秦氏は6世紀頃に朝鮮半島を経由して日本列島

の倭国へ渡来した渡来人集団で、そのルーツは秦の始皇帝ともいう。河勝は秦氏の族長的人物であったとされる。

１０）百済寺（ひゃくさいじ）

　滋賀県東近江市にある天台宗の寺院。山号を釈迦山と称する。本尊は十一面観音、建立者は聖徳太子とされる。金剛輪寺、西明寺とともに「湖東三山」の１つとして知られる。境内は国の史跡に指定されている。

　寺伝によれば、606年に聖徳太子が建立したという。聖徳太子は当時来朝していた高句麗の僧・恵慈とともにこの地に至った時、山中に不思議な光を見た。その光の元を訪ねて行くと、それは霊木の杉であった。太子は、その杉を根が付いた立ち木のまま刻んで十一面観音の像を作り、像を囲むように堂を建てた。これが百済寺の始まりであるといい、百済の龍雲寺にならって寺を建てたので百済寺と号したという。

　十一面観音（じゅういちめんかんのん）は、仏教の信仰対象である菩薩の一尊。梵名は文字通り「11の顔」の意である。観音菩薩の変化身（へんげしん）の１つであり、六観音の１つでもある。玄奘訳の「十一面神咒心経」にその像容が明らかにされている通り、本体の顔以外に10または11の顔を持つ菩薩である。

１１）百済寺（くだらじ）

　奈良県北葛城郡広陵町にある高野山真言宗の寺院。山号はなし。本尊は十一面観音。

　百済寺の創建の時期、経緯等は明らかでない。寺は三重塔と小さな本堂を残すのみで、隣接する春日若宮神社によって管理されている。伝承によれば、この寺は聖徳太子建立の熊凝精舎を引き継いだ百済大寺の故地であるという。百済大寺とは、7世紀前半に創建された官寺で、再度の移転・改称の後、平城京に移転して南都七大寺の１つ大安寺となった。『日本書紀』639年（舒明天皇11年）7月条に舒明天皇が「今年、大宮及び大寺を造作（つく）らしむ」と命じた旨の記事があり、大宮と大寺は「百済川の側（ほとり）」に造られたという。この百済大宮と百済大寺の所在地を広陵町百済に比定する説は古くからあり、江戸時代の1681年成立の地誌『和州旧跡幽考』も当地を百済大寺の旧地としている。

１２）法隆寺（ほうりゅうじ）

①奈良県生駒郡斑鳩町にある寺院。聖徳宗の総本山である。別名は斑鳩寺（いかるがでら、

鵤寺とも）、法隆学問寺など。

　法隆寺は7世紀に創建され、古代寺院の姿を現在に伝える仏教施設であり、聖徳太子ゆかりの寺院である。創建は、金堂薬師如来像光背銘『上宮聖徳法王帝説』から推古15年（607年）とされる。金堂、五重塔を中心とする西院伽藍と、夢殿を中心とした東院伽藍に分けられる。境内の広さは約18万7千平方メートルで、西院伽藍は現存する世界最古の木造建築物群である。

②法隆寺の建築物群は法起寺と共に、1993年に「法隆寺地域の仏教建造物」としてユネスコの世界遺産（文化遺産）に登録された。建造物以外にも、飛鳥・奈良時代の仏像、仏教工芸品など多数の文化財を有する。

③曇徴（どんちょう・ダムジン　生没年不詳）は、7世紀に高句麗から渡来した僧である。
「十八年春三月、高麗王貢上僧曇徴・法定。曇徴知五經。且能作彩色及紙墨、幷造碾磑。蓋造碾磑、始于是時歟。」
(現代語訳：　610年（推古天皇18年）春三月に、高麗王は僧の曇徴と法定（ほうじょう・ほうてい）を貢いだ。曇徴は五経に通じていた。絵の具や紙墨をよく作り、さらには碾磑も作った。思うに、碾磑を作ることは、この時より始まったのだろうか。)（『日本書紀』巻第二十二　推古紀）

④百済観音（くだらかんのん）は、奈良県斑鳩町の法隆寺が所蔵する飛鳥時代（7世紀前半－中葉）作の仏像（木造観音菩薩像）である。日本の国宝に指定されている（指定名称は「木造観音菩薩立像（百済観音）1躯」）。日本における木造仏像彫刻の古例として貴重であるとともに、大正時代以降、和辻哲郎の『古寺巡礼』、亀井勝一郎の『大和古寺風物誌』などの書物で紹介され著名になった。

１３）石舞台（いしぶたい）

　石舞台古墳（いしぶたいこふん）は、奈良県明日香村にある古墳時代後期の古墳。国の特別史跡に指定されている。元は土を盛りあげて作った墳丘で覆われていたが、その土が失われ、巨大な石を用いた横穴式石室が露出している。埋葬者としては蘇我馬子が有力視されている。

１４）八坂神社（やさかじんじゃ）

①京都府京都市東山区祇園町にある神社。二十二社（下八社）の一社。旧社格は官幣大社で、

現在は神社本庁の別表神社。

　全国にある八坂神社や素戔嗚尊を祭神とする関連神社（約 2,300 社）の総本社である。通称として祇園さんとも呼ばれる。7月の祇園祭（祇園会）で知られる。

　社伝によれば、656 年(斉明天皇 2 年)、高句麗から来日した調進副使・伊利之使主（いりしおみ）の創建とされる。牛頭天王は釈迦の生誕地に因む祇園精舎の守護神とされ、名は新羅の牛頭山に由来するのだという。そして山城国愛宕郡八坂郷に祀り、「八坂造」の姓を賜ったのに始まる。

・876 年(貞観 18 年)、僧・円如が播磨国広峯の牛頭天王の分霊を遷し、その後、藤原基経が精舎を建立して観慶寺（別名 祇園寺）と称した。
・926 年に ある修行僧が祇園天神堂を建てる。
・934 年に 祇園感神院を建てる。

②祇園祭（ぎおんまつり）は、京都市東山区の八坂神社（祇園社）の祭礼で、明治までは「祇園御霊会（御霊会）」と呼ばれた。貞観年間（9 世紀）より続く。祇園祭という名称は、八坂神社が神仏習合の時代に、比叡山に属して祇園社と呼ばれていたことに由来する。祇園社の祭神の牛頭天王が仏教の聖地である祇園精舎の守護神であるとされていたので、祇園神とも呼ばれ、神社名や周辺の地名も祇園となり、祭礼の名も祇園御霊会となったのである。

１５）高麗神社 （こまじんじゃ）

①高麗神社は、埼玉県日高市に鎮座する神社。旧社格は県社。現在の埼玉県日高市の一部および飯能市の一部にあたる高麗郷および上総郷は 716 年武蔵国高麗郡が設置された地である。中世以降、郡域が拡大し、日高市・鶴ヶ島市のそれぞれ全域と、飯能市・川越市・入間市・狭山市のそれぞれ一部が高麗郡の範囲となった。

　668 年に唐・新羅に滅ぼされ亡命して日本に居住していた高句麗からの帰化人を朝廷はこの地に移住させた。703 年には高麗若光が朝廷から王姓が下賜されたという話が伝わっている。高麗若光が「玄武若光」と同一人物ならば、高句麗王族の一人として王姓を認められたということになる。この高麗若光も朝廷の命により高麗郡の設置にあたって他の高句麗人とともに高麗郡の地に移ってきたものと推定されている（新編『埼玉県史』）。

　高麗神社はこの高麗若光を祭っている。神仏習合の時代には高麗家は修験者として別当を勤めていた。また、高麗大宮大明神、大宮大明神、白髭大明神と称されていた社号は、明治以降は高麗神社と称されるようになった。境内隣接地には江戸時代に建てられた高麗家

住宅がある。

②高麗郡建郡と高麗神社

　若光は、716年（元正天皇霊亀2年）武蔵国に新設された高麗郡の首長として当地に赴任してきた。当時の高麗郡は未開の原野であったといわれ、若光は、駿河（静岡）甲斐（山梨）相模（神奈川）上総・下総（千葉）常陸（茨城）下野（栃木）の各地から移り住んだ高麗人（高句麗人）1799人とともに当地の開拓に当たった。
若光が当地で没した後、高麗郡民はその徳を偲び、御霊を「高麗明神」として祀った。これが高麗神社創建の経緯である。

　高麗神社は、若光の子孫が代々宮司を務め、現宮司は60代目にあたる。高麗郡は1896年入間郡に合併されたが、その後も広く崇敬を受けてきたとある。特に浜口雄幸、若槻禮次郎、斉藤実、小磯国昭、幣原喜重郎、鳩山一郎らが当社参拝後相次いで総理大臣となったことから「出世明神」と広く知られるようにもなった。現在は年間約40万人の参拝がある。（「高麗神社」ホームページ）

１６）東大寺（とうだいじ）

①奈良県奈良市雑司町にある華厳宗大本山の寺院。金光明四天王護国之寺（きんこうみょうしてんのうごこくのてら）ともいい、奈良時代（8世紀）に聖武天皇が国力を尽くして建立した寺である。「奈良の大仏」として知られる盧舎那仏（るしゃなぶつ）を本尊とし、初代別当は良弁である。

　奈良時代には中心堂宇の大仏殿（金堂）のほか、東西2つの七重塔（推定高さ約70メートル以上）を含む大伽藍が整備されたが、中世以降、2度の兵火で多くの建物を焼失した。現存する大仏は、台座（蓮華座）などの一部に当初の部分を残すのみであり、現存する大仏殿は江戸時代の18世紀初頭（元禄時代）の再建で、創建当時の堂に比べ、間口が3分の2に縮小されている。「大仏さん」の寺として、古代から現代に至るまで広い信仰を集め、日本の文化に多大な影響を与えてきた寺院であり、聖武天皇が当時の日本の60余か国に建立させた国分寺の中心をなす「総国分寺」と位置付けられた。

　東大寺は1998年に古都奈良の文化財の一部として、ユネスコより世界遺産に登録されている。

②大仏造立

　大仏造立発願の詔は、743年（天平15年）10月15日、紫香楽宮から発せられた。紫香楽宮

での大仏造立計画は途中中止となり、745年(天平17年)、聖武天皇は恭仁京からの遷都を発表。都を平城京へ復することとなった。そして、大仏は、平城京東方に当たる東大寺に造られることとなった。

長門国長登銅山の銅、陸奥国を国司として治めていた百済王敬福から贈られた鍍金用の金を材料にして、金光明寺造物所は大仏を鋳造した。大仏の開眼供養会は、752年(天平勝宝4年)4月9日に催された。このとき開眼の筆をとって導師をつとめたのが菩提僊那であり、この筆は正倉院に保存され、後に大破した大仏が復興された際の開眼供養にも使用されることになる。

１７）李 参平（りさんぺい）

①李参平(生年不詳 － 1655年9月10日)は、朝鮮出身の陶工で、有田焼（伊万里焼）の生みの親として知られている。日本名は金ヶ江三兵衛（かながえ さんべえ）。現在も直系の子孫が作陶活動などを行い、14代まで続いている。

朝鮮忠清道金江（現・韓国忠清南道公州市反浦面）出身。1592年（文禄元年）から1598年（慶長3年）の文禄・慶長の役(朝鮮侵略)で、有田を含む肥前国の実質的な領主であった鍋島直茂（佐賀藩祖）が引き上げの際に日本に連れて来た陶工たちの一人で、日本で初めて白い肌の陶磁器「白磁」を作ったとされる。後に金ヶ江三兵衛の名を与えられた。

はじめ鍋島直茂の重臣多久安順に預けられ、小城郡多久に住んだ。一般に知られている説話によると、李参平は磁器生産に適した白磁石を求めて鍋島領内各地を転々とし、有田西部地区にて築窯。その後、1616年に有田東部の泉山にて良質で大量の白磁石を発見し、天狗谷窯（白川）の地で日本初の白磁器を産業として創業した。これが有田焼の起こりである、という。

有田の龍泉寺の過去帳には、1655年9月10日（明暦元年8月11日)没、戒名・月窓浄心居士と記されている。李参平の墓所は長らく忘れ去られていたが、1959年に天狗谷窯付近で戒名を刻んだ墓石が上半分を欠いた形で発見された。現在、墓石は白川墓地に移され、「李参平の墓」として有田町指定史跡となっている。

②李参平は、有田の「陶祖」と称される。

有田の総鎮守とされる陶山神社では、応神天皇・「藩祖」鍋島直茂とともに「陶祖」李参平を祭神とする。1917年には有田焼創業300年を記念し、陶山神社に「陶祖李参平碑」が建立された。陶器市開催に合わせ、毎年5月4日には「陶祖祭」が行われ、一般席も一部用

意されている。

　2005年7月、李参平の碑文に書かれている「1592年豊臣秀吉の文禄の役当時、李参平は日本に協力的だった」という文句について韓国政府が抗議し、「李参平は1592年、豊臣秀吉が朝鮮に出兵した時、鍋島軍に捕らえられ、道案内などの協力を命令されたと推定される」に修正された。

③1592年～1598年、豊臣秀吉によって行われた「文禄・慶長の朝鮮出兵（壬申・丁酉の倭乱）」は、日本陶磁史にとっては、大きな発達のきっかけとなった。朝鮮出兵の引き上げと同時に何百人という職人・陶工を日本へ連れ帰り、各領土内で技術発達などのために情報を提供させていたと伝わっている。

　西日本を中心に定着した窯業関係の朝鮮陶工といえば、有田焼の李参平（佐賀県）、薩摩焼の沈当吉（鹿児島県）、上野焼（高田焼）の上野尊楷（福岡県）、高取焼の高取八山（福岡県）、萩焼の李敬（山口県）などが挙げられる。その中でも焼物の神様として尊ばれ、今でも親しまれているのは有田焼の「李参平」である。

④李参平の子孫である金ヶ江家が保管する「古文書」によると、李参平は初め鍋島直茂公の佐賀城下で過ごした。後に多久長門守に預けられ領内で築窯したが、思い通りの焼物が出来なかった。それから良い陶土を探し求めて佐賀領内を巡り有田西部へたどり着いた。そこで何度も試作を繰り返した後に有田東部に泉山磁石鉱を発見、1616年日本で初めての「磁器」が誕生した。大量の磁石鉱の確保と燃料の木材調達、水の利便性から上白川地区に天狗谷窯を築き、現在の窯業のシステムに近い「分業化」を確立していった。それから次第に「有田焼」は日本全国へ供給・世界への輸出と、その名を知られるようになった。

　李参平はその功績を称えられ出身の錦江島の名をとり、日本名を「金ヶ江三兵衛（かながえさんべえ）」と名乗る事を許された。（「陶祖　李参平窯」のホームページ）

１８）沈壽官（ちんじゅかん）窯　十五代沈壽官

①1598年、豊臣秀吉の二度目の朝鮮出征（朝鮮侵略）の帰国の際に連行された多くの朝鮮人技術者の中に、初代沈当吉はいた。沈家は、慶尚北道青松に本貫を置き、その一族は李朝四代世宗大王の昭憲王后を始め、領議政（国務総理）九人、左議政、右議政（副総理）、四人等を出した名門である。

②薩摩の勇将島津義弘によって連行された朝鮮人技術者達（製陶、樟脳製造、養蜂、土木測量、医学、刺繍、瓦製造、木綿栽培等）は、見知らぬ薩摩（現在の鹿児島）の地で、祖国を

偲びながら、その技術を活きる糧として生きていかねばならなかった。陶工達は、陶器の原料を薩摩の山野に求め、やがて薩摩の国名を冠した美しい焼物「薩摩焼」を造り出したのである。それらの焼物は、薩摩産出の土を用い、薩摩土着の人々の暮らしのために作られた地産地消のものであり、それらを「国焼」（くにやき）と呼ぶ。

③江戸時代、薩摩藩主であった島津家は朝鮮人技術者達を手厚くもてなし、士分を与え、門を構え、塀をめぐらす事を許すかわりに、その姓を変えることを禁じ、また言葉や習俗も朝鮮のそれを維持する様に命じる独特の統治システムを創った。

④沈家は代々、薩摩藩焼物製造細工人としての家系をたどり、三代 陶一は藩主より陶一の名を賜わり、幕末期には天才十二代壽官を輩出した。

　幕末期の藩営焼物工場の工長であった十二代壽官は、薩摩藩財政改革の中で薩摩焼の振興に多大なる貢献を果たした。更に明治六年（1873年）、日本を代表してオーストリアのウィーン万博に六フィート（約180cm）の大花瓶一対を含む幾多の作品群を発表し、絶賛を浴びた。以来、「サツマ」は日本陶器の代名詞になっていくのである。十二代 沈壽官は透し彫り（すかしぼり）、浮き彫り（うきぼり）の技術で明治十八年（1885年）農商務卿 西郷従道より功労賞を受けた。1893年には、アメリカ合衆国シカゴ・コロンブス万博において、銅賞を獲得。

　1900年にはパリ万博にて銅賞。1901年には産業発展の功労者として緑綬褒賞を賜った。さらに、1903年にはハノイ東洋諸国博覧会において金賞、続く1904年セントルイス万博にても銀賞を受賞した。1906年7月9日、この世を去ったが、最後まで、精力的に薩摩陶業に邁進した。

　日本陶器の代名詞とまで言われた薩摩焼の総帥でありながら、十二代沈壽官は海外の嗜好に決して迎合せず、日本人の美意識を貫き、最後まで自らを「平民」と称し続けた。

⑤十二代沈壽官の死を受け、長男の正彦は尊敬する父の名を襲名する事とし、1906年十三代沈壽官を名乗る。しかし1910年に韓国併合が行われ、朝鮮人陶工を始祖にもつ苗代川陶工達にとって厳しい時代背景の中、偏見と差別の中で誇り高く、そして誠実に父祖の業と伝来の作品群を守り抜いた。

　1922年より1962年まで四十年間に渡り、苗代川陶器組合長として薩摩陶業の発展に尽くした。その孤高の生き様は、現在の沈壽官工房の礎となっている。

　1963年に産業発展の功により県民表彰を受賞。翌年1964年没。

⑥十三代沈壽官の長男恵吉も、1964年「壽官」を襲名。十四代沈壽官を名乗る。

・1968 年 10 月、作家司馬遼太郎の小説『故郷忘れじ難く候』の主人公としても登場。
・1970 年、大阪で開かれた万国博覧会に白薩摩浮彫大花瓶を出品し、好評を博す。
・1989 年には、明仁天皇より、日本人初の大韓民国名誉総領事就任を承認された。
・1998 年に行われた国際的イベント「薩摩焼 400 年祭」の成功により、金大中大韓民国大統領より民間人としては最高位にあたる大韓民国銀冠文化勲章を受章した。薩摩焼の名を再び全国へ認知させた功績は実に多大なものがある。
⑦1999 年 1 月 15 日、十四代沈壽官存命中のまま、長男一輝が十五代を襲名し、「壽官」を名乗る。
・十五代沈壽官は、1983 年早稲田大学を卒業、1988 年イタリア国立美術陶芸学校を修了。
・1990 年大韓民国京畿道金一萬土器工場（現五父子甕器）にてキムチ甕製作修業。
・韓国大統領盧武鉉ご夫妻の他、多くの著名人が訪問。（「薩摩沈壽官窯」ホームページ）

１９）清見寺（せいけんじ）
　清見寺は、江戸時代に朝鮮通信史を接待していた場所として知られる。静岡市清水区にある臨済宗妙心寺派の寺院である。広島県福山市鞆町にある福禅寺、岡山県瀬戸内市牛窓町にある本蓮寺と共に朝鮮通信使遺跡として国の史跡に指定されている。
　山号は巨鼇山（こごうさん）、正式には「巨鼇山 清見興国禅寺」（こごうさん　せいけんこうこくぜんじ）と称する。

<参考文献など>
「日本の中の韓国文化」駐日韓国文化院
ウィキペディア(2016.4.1 基準)
find-travel.jp
「陶祖 李参平窯」ホームページ
「薩摩沈壽官窯」ホームページ

２．現在の日・韓問題―目録と教科書問題など

１）日韓における全体問題の目録
①日本海・東海呼称問題
②排他的経済水域と大陸棚沖の問題
③日韓漁業協定問題
④歴史教科書問題
⑤韓国併合「合・不法」論争
⑥日帝徴用裁判問題
⑦朝鮮半島から流出した文化財の譲渡要求問題
⑧植民地統治期賠償問題
⑨靖国神社問題
⑩領土問題
⑪従軍慰安婦問題
⑫その他

１）「日本海」・「東海」呼称問題
　日本で「日本海」として使っているのは、実は、韓国と呼称の問題が起こっている呼び方である。韓国は古くから「東海」と呼んでいた。日韓の両国の間に渡っている海の名前にそれぞれの呼び方があり、世界的に統一する必要がある。しかし、殆どの国際基準・機関などは、韓国が日本の植民地支配期にできて定められていたために、多くの主張ができなかった。この呼称も同様で、日本は1929年、国際水路機関(IHO)で「日本海」と表示しており、韓国が解放された戦後も朝鮮戦争などでその主張の機会を失い、その後は中々世界に受け入れてもらえなかった。植民地以前は、世界地図は「東海」の表記が多かったという。いずれにせよ、韓国も戦後、一つずつ世界的に韓国の権利を主張しているが、受け入れてもらえるのは簡単ではない。「東海」の呼称も、世界に「日本海」として表記されている呼称を「東海」として、または韓国は「日本海」と共同表記を提案しているが、日本は受け入れてくれないという問題である。

2）排他的経済水域と大陸棚沖の問題

(1)排他的経済水域(EEZ)

　『世界大百科事典』では、排他的経済水域について次のように解説している。「領海(幅12カイリ)の外側にあって、沿岸国がその水域のすべての資源(生物、非生物を問わず)の探査、開発、保存、管理および同水域のその他の経済的活動について排他的な管轄権をもつ水域。国連海洋法条約(1982採択)上の正式名称は上記のとおりであるが、経済水域、EEZとも略称される。領海と公海の中間に位置する第3の新しい水域である。すなわち、資源利用その他の経済活動の面では領海に同じく、航行、上空飛行その他の国際コミュニケーションの面では公海に同じという性格をもつ。」

　日本の領土面積は約38万km^2で世界第60位に位置するが、領海およびEEZの総面積は世界6位となる。水域面積は広大で、領海（含：内水）とEEZを合わせて約447万km^2世界第9位になっている。2012年3月、首相官邸総合海洋政策本部において、日本の排他的経済水域の外縁を根拠づける離島39島の、地図および海図に記載される名称が決定された。

　隣接する国家間の排他的経済水域(EEZ)問題は、世界的にもいろいろと持ち上がっている。日本も韓国だけではなく、中国、ロシア、台湾などとの問題が発生している。ここでは、韓国との問題だけ簡単に取り上げてみる。

①竹島・独島(ドット)周辺

　韓国鬱陵島の東方、日本の隠岐諸島の北方に位置する竹島・独島は韓国が「占有」している。1998年に締結された漁業に関する日本国と大韓民国との間の協定(日韓漁業協定の新協定)竹島・独島を除く両国領土の基点が重複するEEZを共同規制水域として双方が利用することが定められた。

②九州西方

　韓国は自国の領土から延伸している大陸棚について大陸棚自然延長論に基づき排他的な権利を主張している。

・1972年に日韓中間線を超えて南側の東シナ海の大陸棚及び沖縄舟状海盆の一部に鉱区を設定した。

・1974年に署名された日韓大陸棚協定では、日韓中間線から沖縄トラフに至る九州西方の海域について共同開発区域を設定した。

・1978年に同法案が成立、協定も批准、発効された。協定期間は発効から50年である。日本政府は実際の共同開発について消極的であり、天然ガス、石油資源の探査自体も進んでい

ない。
③沖縄西方

中国も韓国と同様に大陸棚自然延長論に基づき、沖縄諸島西の沖縄トラフまでが自国のEEZに含まれると主張している。これに対して日本政府は自国の領海基線から200海里までのEEZの権利を有すると主張している。

④沖ノ鳥島周辺

九州・パラオ海嶺に位置する沖ノ鳥島は周辺に他の島嶼が存在しないため、日本はほぼ円形の広大なEEZが設定されている。ところが、中国は島ではなく、岩礁に過ぎないから、周辺のEEZは無効と主張。日本は、2008年11月、国連の大陸棚限界委員会に新たな日本の大陸棚の勧告を申請し、2012年4月27日にある程度認められたが、沖ノ鳥島南方の九州・パラオ海嶺南部海域の25万平方キロメートルの大陸棚の帰属については勧告には含まれなかった。よって、中国と韓国は、沖ノ鳥島が島として認定されなかったことを日本は認めるべきだと主張している。

(2)大陸棚沖(たいりくだなおき)の問題
①日韓大陸棚協定について
・日韓大陸棚協定は、「日本国と大韓民国との間の両国に隣接する大陸棚の北部の境界画定に関する協定」(北部協定)と、「日本国と大韓民国との間の両国に隣接する大陸棚の南部の共同開発に関する協定」(南部協定)があるが、これらを合わせて日韓大陸棚協定と通称している。

両協定は、1974年1月30日ソウルで署名され、1978年6月22日発効した。ただし、南部協定は、境界画定を棚上げして石油・天然ガス資源の共同開発についてのみ細目にわたり協定したという点が本質的に北部協定とは異なっている。また50年の最低効力期間を設けた点も北部協定と異なる。

1985年末現在、共同開発区域の第5、第7、および第8小区域でそれぞれ2坑、3坑、および1坑、計6坑の試掘が終了している。最大掘削深度は第7小区における4,486mである。

韓中両国の主張の基盤を成す大陸棚自然延長論との衝突問題などがある。
『石油・天然ガス用語辞典』(独立行政法人石油天然ガス・金属鉱物資源機構)

3）日韓漁業協定問題

　日韓漁業協定は、1965 年に日韓国交樹立と同時に両国の漁業発展のために締結された。しかし、協定締結後、操業に関するトラブルが続き、今日まで問題は解決していない。日韓漁業協定の中でも竹島・独島の領土問題が起こったために、新協定が結ばれた。

　1996 年国連海洋条約の趣旨を踏まえて、EEZ 設定。自国の EEZ 内でそれぞれ操業することが主な内容である。1998 年に両国が署名し、1999 年 1 月 22 日に新協定が発効された。新協定を韓国側は、屈辱的協定とし一部では金大中ラインと言われる。竹島・独島を中間水域に含んでしまったことからである。ところが、日本側からも不平等条約であるとする批判がある。

　両国の操業に関する協議は、続けて行われているが、円滑だと言えない。最近は、2016 年 6 月 22 日東京にて 2016 年度の操業に関する協議が開始されたが、両国間で漁獲量や漁獲ルールづくりにおいて意見の相違があり物別れに終わった。両国内の EEZ への入漁ができなくなったことで、韓国では、太刀魚(たちうお)の品薄感が高まる現象も見られた。
このように、日韓漁業協定問題は、両国の国家間だけの問題ではなく、私たちの日常の生活に大きく影響する問題でもあるということである。2018 年度も相互入漁の漁獲割り当てなどを決める交渉が妥結されていない。3 年も協定締結なしである。韓国釜山地域などの水産業が危機の立場に処されている。

4）歴史教科書問題

　日本では、「日韓教科書問題」として知られ、韓国では、「日本歴史教科書問題」として知られている。日韓の「教科書問題」の項目は大変多く、複雑であるがここでは下記の項目だけ簡単に取り上げる。

(1)歴史教科書問題として項目
　①「任那(みまな、イムナ)」問題
　②蒙古襲来の解釈問題
　③壬辰倭乱(文禄・慶長の役)
　④日韓併合条約
　⑤創始改名、慰安婦、皇民化教育
　⑥韓国併合(植民地支配による解釈)

⑦日韓国交正常化問題
⑧竹島・独島領有権問題
⑨その他

(2)歴史教科書問題の解釈・認識差
①「任那(みまな、イムナ)」問題
　日本では、任那日本府(みまなにほんふ)の問題で、韓国では任那(イムナ)問題である。4世紀後半、日本が韓国の南部地域に進出し、任那日本府をおいて、韓国を支配していたという日本の主張である。『日本書紀』と「広開土王碑」にその根拠を置く。
　720年に書かれたと言われる『日本書紀』に、任那日本府(みまなにほんふ)が書いてあるが、直接的内容は、「広開土王碑」に書かれた内容を元に主張している。
　「広開土王碑」に「倭以辛卯年來渡海破百殘 ○○○羅 以爲臣民・」と書かれた文章があり、日本はこれを「倭が辛卯年に海を渡っていって、百済と新羅を撃破し日本の臣民とした」と解釈している。
　韓国は、「倭ではなく、高句麗を主語にして、高句麗が辛卯年に倭を撃破した」と解釈している。
　任那というのは、伽耶国のことを指していることは確認された。ただし、伽耶もいくつの国があったことと、その歴史も複雑である。また、日本への渡来人を記した多くの書物からみても、日本が新羅と百済と伽耶全てを支配したという説は、どうしても説明がつかない。しかし、日本と交流があったことは確かである。それがどのような形なのかが論争の焦点である。日本は、韓国を植民地するのにこの「任那」説を根拠に侵略を正当化した。
　2010年3月「日韓歴史共同研究委員会」で、この歴史は事実でないし、用語事態も廃棄されることを合意したとある。([任那日本府説]『時事常識辞典』、パッムンカック)
②蒙古襲来の解釈問題
・日本では、元の侵攻を「高麗の武力侵攻」と記述。
・韓国では、元・高麗の日本遠征と、「征伐」と記述していること。
③壬辰倭乱(文禄・慶長の役)
・日本では、「文禄・慶長の役」「朝鮮に出兵」と、記述。
・韓国では、日本の「文禄・慶長の役」「朝鮮出兵」の記述に対して、日本の侵略性を意図的に隠蔽しようとしていると、主張。

④日韓併合条約
・日本は、多少の威圧はあったが合法的だと主張。また、韓国の外務大臣が署名したと主張している。
・韓国は、軍事的威圧によるもので、皇帝の署名・国璽(こくじ)がない。よって「無効」と主張している。
　→この問題は、5）韓国併合「合・不法」論争を参考
⑤皇民化教育、創始改名、慰安婦
・皇民化政策
　植民地時代に、日本は満州事変以降、「朝鮮人と日本人は一緒である」という「内鮮一体」を打ち出し、皇民化政策を実施し始めたと言われている。「内鮮一体」は、植民者の都合に合わせて「朝鮮人」は日本人と一緒であるということであって、日本人と同じ扱いを受けることではなかった。例えば、日本人と同じ天皇に忠誠を誓うことなどである。そのために韓国人に強要したのが、創始改名、民族抹殺(例えば、民族を象徴しているということで、白い服の不着用を強制、韓国歴史抹殺など)、朝鮮語抹殺、日本語教育、国家神道強要(各家庭に神棚を置かせた)、天皇崇拝、神社参拝(韓国全国に1141の神社建設)、宮城遥拝、供出(韓国の食器やはし・スプーンなどは殆ど真鍮製なので、軍の武器のために供出で持っていかれたために、生活に困難が生じた。穀物供出)、挺身隊、徴兵制などが挙げられる。

・皇民化教育
　韓国人の皇民化のために、皇民化教育も徹底していた。小学校に皇国臣民の誓詞塔が建ち、鳥居が建ち、小さな神社が建ち、日本の小学校に見られる薪を背負って本を片手にしたチョンマゲ姿のニノミヤ・キンジロウの銅像なども建てられた。また、教育勅語(きょういくちょくご)・皇国臣民の誓詞(こうこくしんみんのせいし)の暗唱、宮城遥拝、君が代斉唱、日の丸掲揚、日本歴史教育、神社参拝、軍事訓練、詔書奉読(しょうしょほうどく)、時局の強化、武道、皇国臣民体操、学校での日本語の日常化などが強要された。1940年には朝鮮語媒体の『朝鮮日報』『東亜日報』が廃刊された。韓国から朝鮮語が消える。植民地の始まりからの総督府機関紙の『毎日新報』だけが唯一残った。
　これらは、韓国人も日本のために侵略戦争で命をかけて戦わせるための教育とされたが、結局、植民地韓国でも徴兵制度が実施され、多くの人が犠牲になった。
→日本の教科書には、皇民化政策や、皇民化教育についてあまり書かれていない。

・創始改名

ⓐ皇民化政策の流れで実施された創始改名は、儒教思想が徹底していた韓国社会では想像以上の意味を持つ。日本人は、韓国の創始改名政策を単に名前を変えられただけだと、認識している人も多い。ところが、韓国ではそれだけではない。戸籍代わりに使っていたのが姓名であった。戸籍制度の代わりに、祖先から代々伝わる氏族を中心とする族譜を持ち、族譜に名前が載るか載らないかは、現在の戸籍に名前が載るか載らないかと変わらない認識であった。姓名を変えることは、何千年と伝わる伝統を打ち切ることでもあり、名字だけではなく、名前からも族譜の上下関係を表す意味を持つので、創始改名を日本人感覚で見るべきではないと、言いたい。

ⓑ創始改名には、1939年11、12月に改正朝鮮民事令および関係法令が公布され、翌40年2月11日に施行された。その内容は(1)2月11日から6ヶ月以内に氏を設定し届け出ることを義務とする。(2)届出がない場合は、戸主の姓を氏とする。(3)名を日本人風に変える場合は、裁判所の許可を受けた後、届出をして戸籍上の名を改める。

(http://www.y-history.net/appendix/wh1505-067.html「世界史の窓」)

ⓒ創始改名と共に戸籍制度も導入された。創始改名を拒否したものは、不逞鮮人にされる一方、子供の入学を禁止した。警察署・地方行政機関の督励(とくれい)・監視下で強行された。結果80%を達成したという。

ⓓ創始改名に関しては、よく言われるのは、「強制はなかった。その証拠に韓国人の名前のままに活動している人がいた」というものである。しかし、植民地韓国においては皇民化政策で創始改名しないといろいろな不利益が及ぼされた。ところが、日本にいる韓国人は別だったのである。よく引用されるのが、日本で韓国人として初めて国会議員もやった朴春琴(ぼくしゅんきん、韓国語の読みはパクチュングム)である。日本にいる韓国人に対しては、創始改名をあまり強制されなかったのである。だから、日本で活躍していた韓国人は殆ど韓国名で活動している。その理由は、日本にいる韓国人の人権を守るという次元とかではなく、日本人の名前にすることで韓国人と区別ができないという、日本人側の都合によるものであり、韓国人だという差別をするために韓国語の名前をそのまま名乗らせたとのことである。日本における創始改名は半分くらいしか進まなかったという。

ⓔ創始改名の目的は「朝鮮的な家族制度、特に父系血統にもとづく宗族集団の力を弱め、日本的なイエ制度を導入して天皇への忠誠心を植え付けることである。・・・朝鮮人を「血族中心主義」から脱却させて「天皇を中心とする国体」の観念、「皇室中心主義」を植え付けること——これが創氏の真のねらいだったのである。」としている。

(水野直樹『創氏改名—日本の朝鮮支配のなかで』2008、岩波新書)(「世界史の窓」)

・慰安婦

　太平洋戦争と共に、日本は、「危険な任務を遂行するため率先して身を捧げる部隊」の意味の「挺身隊」を、韓国の男女全てを対象に戦地人力動員のために組織させた。農村挺身隊・報道挺身隊・医療挺身隊・勤労挺身隊などである。この内、女性だけで構成されたのが女性挺身隊である。ところが、女性挺身隊の一部が日本軍慰安所につれて行かれたことから、韓国では戦後も「従軍慰安婦」のことを「挺身隊」と呼んでいた。

　今は「日本軍慰安婦」が正しい名称と言われている。最近、国連人権委員会では、「日本軍性奴隷」と表現している。

→日本の教科書から、「日本軍・従軍慰安婦」の言葉が消えている。

→もっと詳しい説明は、6、7「日本軍・従軍慰安婦問題」を参考。

⑥韓国併合の結果(植民地支配による解釈)

・日本→植民地により朝鮮半島の近代化と文化振興が促進されたと主張。

・韓国→韓民族が今まで築いてきた経済・文化を奪い、民族の繁栄を奪った。また、日本の主張する「近代化」貢献などの主張は、誰の・何の為のものかを問うべきであると韓国側は主張している。日本の侵略戦争のために韓国を兵站基地として利用するために工場などが作られたものであり、韓国人と韓国の発展のために作られたものはないとしている。

⑦日韓国交正常化問題

　韓国→植民地化が正当化され、謝罪と賠償の問題が存在するなど、不備が残る不平等条約と主張。

⑧竹島・独島領有権問題　　→4、5「日韓領土問題」参考。

⑨その他の日・韓問題

　江華道事件、東学農民運動、日清戦争、日露戦争、関東大震災と朝鮮人、朝鮮通信使、三国時代の三国関係など、その他。

5)韓国併合「合・不法」論争

・日本は強制でないと主張

・韓国は武力による調印として、無効と主張

〈植民地の流れ〉

・1894年(明治27年)日清戦争が勃発

・1895年（明治28年）下関条約、「閔妃暗殺」（乙未事変、日本人が宮廷に乱入し、王妃を殺害した事件）
・1897年（明治30年）10月に、国号を朝鮮国（李氏朝鮮は通称）から大韓帝国と改める。
・1904年（明治37年）、日露戦争の開戦
・1904年（明治37年）2月23日、日韓議定書を締結
　　　　　　　　　8月、第一次日韓協約を締結
・1905年7月29日、アメリカ合衆国のウィリアム・タフト陸軍長官が来日し、内閣総理大臣兼臨時外務大臣であった桂太郎と、アメリカは韓国における日本の支配権を承認し、日本はアメリカのフィリピン支配権を承認する内容の桂・タフト協定を交わす。
・1905年（明治38年）11月、第二次日韓協約（大韓帝国では乙巳保護条約）を大韓帝国と締結。この協約によって大韓帝国の外交権は日本に接収され、日本の保護国となる。
　　　　　　　　　12月には、統監府が設置された。高宗は「条約締結は強制であり無効である」と抗議した。
・1907年（明治40年）、高宗は第2回万国平和会議に密使を派遣した（ハーグ密使事件）。高宗はハーグ密使事件により、同年7月20日に退位させられた。同年7月24日、第三次日韓協約を結んで日本は内政権を掌握し、同年8月1日、大韓帝国の軍隊を解散させる。
・1908年（明治41年）11月30日、高平・ルート協定が結ばれる。
・1909年（明治42年）7月6日、閣議で「適当の時期に韓国併合を断行する方針および対韓施設大綱」を決定
・1910年（明治43年）6月3日、「併合後の韓国に対する施政方針」が閣議決定
・日韓併合―統監府による新聞報道規制、集会・演説禁止、注意人物の事前検束が行われた上、一個連隊相当の兵力が警備するという厳戒態勢の中、1910年（明治43年）8月22日に韓国併合条約は漢城（現：ソウル）で寺内正毅統監と李完用首相により調印され、29日に裁可公布により発効し、日本帝国は大韓帝国を併合した。

〈参考文献など〉
ウィキペディア(2016.5.1基準)
[NAVER　知識百科]「我々が日本人だって?」（ジャンコン先生の韓国史カフェ2, 2011. 9）
[NAVER　知識百科]　[創氏改名]（韓国近現代史辞典、2005. 9. 10）
[NAVER　知識百科]　[日本軍慰安婦]（韓国民俗文化大百科、韓国学中央研究院）

3．現在の日・韓問題―徴用から靖国神社問題まで

6）日帝徴用裁判問題

①植民地の清算は、まだある人にとっては痛みとして残っている問題で、国家間に限定される問題ではなく、個人の問題でもあるため、現在まで解決されてない重く難しい問題である。そのために、国が解決してくれない問題を、個人が司法の力を借りて訴え続けている人が現在までも後を絶たないのが事実である。

②太平洋戦争での韓国人死者　　224万人　　　（GHQ SCAPIN #2177号）
　強制徴用・徴兵韓国人数　　　5百万人
　韓国国内徴用者　　　　　　　4百15万人
　日本その他の国外徴用者　　　72万人

(http://www.jiwon.go.kr/TJRS_SVR/etc2sInc/project.do;jsessionid=ckHtQWqAWYmu4w0)
(tgInzlhKy.node02)
(http://www.jiwon.go.kr/TJRS_SVR/jiwon/index.do)

〈強制徴用裁判のきっかけ〉

・1990.10.29日、強制徴用犠牲者及び遺族22名が、日本政府を相手に、日本の公式謝罪と賠償を要求し日本の裁判所に訴訟を出す。

①日本天皇による直接の謝罪
②犠牲者名簿の公開
③遺骸発掘及び送還
④国際慣例による賠償

〈日帝徴用問題の韓国側の動き〉

・韓国は、2007.12月から太平洋戦争前後国外強制動員犠牲者などの支援に関する法律を制定し、施行している。

・韓国の日帝強制徴用被害者と遺族たちは、2015.4月から二回にわたって日本戦犯企業を相手に1000人以上の原告団を構成し、未支給賃金及び損害賠償責任請求訴訟を提訴し進行中。2016年2月、原告100人追加、継続中。

〈日本の世界遺産と徴用関係〉

・2015年に世界遺産に登録された日本の「明治日本の産業革命遺産　製鉄・製鋼、造船、石炭産業」の中には、多くの韓国人徴用者が連れてこられて犠牲になったところも含まれた

ことから、韓国からその記述を要求された。以下のところである。

・三菱長崎造船所第三船渠、三菱長崎造船所ジャイアント・カンチレバークレーン、三菱長崎造船所旧木型場

・端島炭鉱(三菱鉱業)

・高島炭鉱(三菱)

・八幡製鉄所(新日鉄冶金)(官営八幡製鉄所(八幡製鐵所旧本事務所、八幡製鐵所修繕工場、八幡製鐵所旧鍛冶工場))

・三池炭鉱宮原坑、三池炭鉱万田坑、三池炭鉱専用鉄道敷跡(三井鉱山)

〈植民地清算は終わったのか？〉

①1962年、日韓基本条約協議中に、韓国人軍人・軍属の数は24万2千341人と、日本側からの発表があった。

②2015年12月、大原社会問題研究所の竹内康人氏が13万人の名前が漏れたとの発表があり(「朝鮮人軍人軍属の強制動員数」(『大原社会問題研究所雑誌』2015,12))、日本による韓国人犠牲者に対するずさんな管理体制を非難している。

③植民地清算(韓国人原爆被害者)

・韓国人の広島・長崎原爆被害者の内、現在生存者(2016,5の時点) 2千584人。

・広島・長崎に10万余名の朝鮮人が犠牲になった。日本全体被爆者の10%が韓国人であり、その内、半分の人が被爆で死亡した。

・韓国人原爆被害者の生存者5万人の内、4万3千人は韓国へ帰国。残りは日本滞留。

・1973年に韓国のハプテョンに原爆診療所建設。1986年から大韓赤十字社傘下で診療開始。ハプテョンは韓国の「ヒロシマ」と言われている。

・1990年盧泰愚大統領訪日で40億円の基金。

・2008年、韓国人原爆被害者は日本に在留していないという理由で治療・補償を受けられなかったが、やっと手帳を受けて治療できるようになる。

・2015年9月、長い裁判の末、やっと治療費全額の支払いについて裁判判決を受ける。2世3世の問題はまだまったく解決しないままになっている。

〈国民徴用令〉

①1939年、「国民徴用令」を公布した。日中戦争以前までは、募集の形態で、集められた韓国人は、日本の鉱山、土木工事現場などに連れて行かれた。

その後、徴用制度、徴兵制度、勤労報国隊、勤労動員制度、女子挺身隊制度が作られた。

・1945年8月の終戦まで、146万人の韓国人少年・少女・青年などが、徴用され、無報酬で奴隷労働をさせられた。
・1943年に、「学徒志願兵制度」実施。韓国人専門学校・大学生4500人が志願の形式に戦争に連れて行かれた。
・1944年には、「徴兵制度」を実施。20万人の韓国人青年が侵略戦争に動員された。
・「国民徴用令」は、韓国では普通学校(小学生)生徒が多かったことが特徴である。男女ともに12才からとなっていることであった。日本では、小学生が国民徴用などに動員された例がほとんどないと、高崎宗司の「半島女子勤労挺身隊」について](『「慰安婦」問題 調査報告・1999』財団法人女性のためのアジア平和国民基金刊, 1999年)で、指摘している。高崎宗司は、アジア女性基金運営審議会委員長だった。続けて、高崎宗司は、女子勤労挺身隊でも、日本では小学生の例がほとんどないのに、韓国は普通学校(小学生)生徒が日本などに連れて来られて軍事工場などに徴用されたと言っている。無報酬で働かせることや、中学校・高等学校の学生よりも普通学校生徒が貧困で反発が強くないことを予想してではないかと、推測している。
・普通学校(国民学校)生徒や中学生は、韓国に残った学生も、毎日「勤労報国」や「勤労動員」で、軍事施設の工事などに強制的に動員された。
・1944年8月に公布・施行された「女子挺身勤労令」で、12才〜40才までの未婚の女性が対象だった。韓国・日本・中国・東南アジアなどに連れて行かれた。
・1944年春、忠清南道・全羅南道から、12才〜14才の女子400人ほど名古屋三菱航空機道徳工場に連れて行かれた。勉強もできるし、金も稼げると騙して募集された。ところが無報酬で、朝鮮に戻った後に支払うと言われ、毎日12時間以上労働させられ、酷い環境だったという。戦後、三菱重工業を相手に名古屋高等裁判所に賃金要求の裁判を起こしたが、2005年2月1日の判決で棄却され、2007年5月31日の名古屋高等裁判所でも棄却された。

7) 朝鮮半島から流出した文化財の譲渡要求問題

①19世紀から、韓国から流出された多くの文化財が、日本の博物館や図書館に保管されている。韓国は、長い間返却を要求しており、個人や団体からのものは、高額で買い戻したり、交渉で返還し続けている。
・韓国からの返却要求→宮内庁の朝鮮王室儀軌や東京国立博物館に寄贈された小倉コレクションを返還要求。(日本側は略奪が立証できないと拒否)

- 朝鮮王室儀軌→1866年フランス軍によって略奪。フランス国立図書館に収納。1922年朝鮮総督府から宮内省に渡る。（2007年ユネスコ世界記憶に指定）
- 2014年12月、朝鮮王朝の王が代々身につけたとされる武具の返還を韓国国会で採択。
- 日本には、文禄・慶長の役(任辰倭乱)の時と、植民地の時に略奪された文化財が多いとされる。日本人の個人所有に関しては、巨額で買取っている。
- 150部1205冊。日韓図書協定は2011年6月10日に発効。2011年12月6日に引渡しが完了した(朝鮮王室儀軌)。フランスからも帰還
- 10万7,857点の流出文化財中、6万1,409点が日本へ流出していると主張している。韓国の調査によると、日本の研究機関や寺社なども含め250ヶ所に文化財が所蔵されているという。
- 韓国の国際交流財団は、日本の国立博物館の小倉コレクション1121品、大阪市立東洋陶磁美術館の安宅コレクションの800品、天理大学付属天理図書館の「夢遊桃源図」（新井信一著）などを日本が韓国に返還すべき文化財としている。
- 2013年、東京国立博物館、東京大学、京都大学にある楽浪・新羅・伽耶時代の古墳出土品415点などを把握。
- 2012年3月に、晋州市の市長・市民団体約30人が常宮神社を訪れ、日本の国宝になっている朝鮮鐘の返還を要求した。文禄・慶長の役(任辰倭乱)の時に略奪されたと推定されている。（日本には47口の朝鮮鐘がある）
- 2014年4月、韓国高陽市が山口県岩国市紅葉谷公園に移築されている歴史的建築物「六角亭」の返還を同市に対して要求した。日本にある高麗仏画の多くは倭寇など日本が略奪したものだとしている

②海外所在韓国文化財

国家名	数	所蔵先
日本	67,708点	東京国立博物館
アメリカ	43,601点	メトロポリタン美術館
ドイツ	10,727点	キェールン東アジア博物館
中国	8,278点	北京故宮博物館
ロシア	5,067点	モスクバ国立東洋博物館
英国	7,954点	英国博物館

台湾	2,881 点	国立故宮博物園
フランス	2,896 点	国立キメ東洋博物館
カナダ	2,192 点	ローヤルオンタリオ博物館

(韓国文化財庁(2014 年 6 月基準)、今後の調査結果と返還などによる数字の変更など有り)

8）植民地統治期賠償問題

・植民地統治期賠償問題は、1965 年日韓基本条約の締結で解決済みとなっている。日韓基本条約の締結まで、15 年もかかった。始まりは韓国が賠償を要求したからで、初めは、日韓請求権協定であったが、その後日韓基本条約になった(1951～1965)。

・賠償金額は8億ドルの有償無償金供与。（無償3億ドル、有償2億ドル、民間借款3億ドル）

→10 年間に渡って現金で支給されたのではなく、日本の生産物及び労力、技術が提供された。日本政府が日韓経済協力事業に、直接的・間接的に関与し、韓国の国策事業を日本企業が受け持つ形で支払われた。例えば、三菱グループは京仁線電鉄化、ソウル地下鉄、タンインリ発電所、輸出工業団地調整、浦項製鉄建設などを独占し日本企業が莫大な利益を得た。結局は、日韓基本条約締結で支払われたという植民地期賠償金は、日本企業がそのまま持って帰ったようなものだと、韓国の多くの人は認識している。

9）靖国神社問題

(1)靖国神社は、明治維新直後、1869 年に建立。1879 年、西南戦争 2 年後現在の名前になる。戊辰戦争、西南戦争、日清戦争、日露戦争、満州事変、日中戦争、太平洋戦争などの軍人・軍属を祭った神社である。

・GHQ によって、靖国神社が宗教施設か戦没者施設かの両者選択から、日本は靖国神社が戦没者施設ではなく、宗教施設であると、宗教施設としての靖国神社を選択した。1946 年 9 月 7 日、靖国神社は、東京都知事認証の宗教法人になる。この時に、遊就館も閉鎖されたが、1986 年に再度開館された。

(2)1978 年、東條英機を含む A 級戦犯 14 人を合祀（ごうし）。

(3)戦前に靖国神社に合祀された韓国人は、415 人である。戦後、厚生省の協力の下で合祀したが、現在、韓国人の靖国神社で合祀されたのは 21000 人とわかった。

　靖国神社は、韓国人を合祀した理由について、「戦死した時点では日本人であったので、

死後も当然日本人であるためとしている。続けて、日本の兵士として死んだら当然靖国神社の神として祭られることをわかって、その気持ちで戦って死んだから」と説明している。

(4)公式参拝

・1985年中曽根康弘総理公式参拝
・2001年～2006年小泉純一郎総理公式参拝
・2013年安部総理公式参拝

(5)韓国戦没者に対する日本政府の立場

　日本政府は、地方自治団体などの協力で、祭神名票(1956.4.19-1971.2.9)、戦没者身分等調査票(1971.2.10-1986)を作成し、靖国神社に提供した。靖国神社は、これらを基にして合祀を進行した。

　日本政府は、韓国人犠牲者の資料も靖国神社に提供し、その結果韓国人も合祀された。ところが、日本政府は、韓国人犠牲者に対して、報償関連法からは「国籍条項」により、排除し、遺族に対して死亡通知も送られていない。韓国人の犠牲者に対する正確なデータなどは、いまだに完全に解決されていない。(「韓国東北亜歴史財団」)

〈靖国神社の提訴事件〉

①2001年に小泉純一郎総理の靖国神社公式参拝に対して、日本の市民たち、在日外国人及び韓国人が、東京・千葉・大阪2件と、松山、福岡、那覇それぞれの地方裁判所に、違憲提訴を提起した。2004年7月、福岡地方裁判所は、総理大臣の参拝は「違憲」と判決した。

②安倍総理靖国神社参拝は違憲であるとして、2014年4月11日に大阪で、2014年4月21日に東京、両地方裁判所に提訴された。

③韓国人遺族が、2001年6月29日、2007年2月26日、それぞれ東京地方裁判所に、「植民地時代に強制連行され、犠牲になった被害者たちの魂は、当事者の宗教や遺族の意思とは無関係に、侵略戦争の神として合祀されたまま半世紀も辱められている」とし、韓国人靖国神社合祀に関する日本政府の責任を問い、韓国人合祀撤廃を要求して提訴した。

→2001年の提訴は、地方裁判所(2006.5)、高等裁判所(2009.10)、最高裁判所(2011.11)で、全て棄却された。

・2007年の提訴でも、地方裁判所(2011.7)、高等裁判所(2013.10.23)で棄却された。

・2013年10月22日、遺族27人がまた提訴した。

(6)靖国神社の問題点

・日本の植民地支配・太平洋戦争に関する被害国と日本の歴史認識の差の問題。

・靖国神社に合祀(ごうし)されているA級戦犯14人に関する問題。

・韓国人が合祀されている問題。強制的に徴兵・志願兵として死亡した遺族の意思に反し、日本のために命を捧げた神として祀られたことへの問題点。

・一定の宗教施設に、日本の総理と閣僚や政治家が公式参拝することの問題点と、A級戦犯14人が合祀されているところへの日本の総理・閣僚・政治家が公式参拝する問題点。

・2001年、246万余名の戦没者が安置されていることがわかった。

１０）領土問題　―４、５「日韓領土問題」で説明している。

１１）従軍慰安婦問題―６、７「日本軍・従軍慰安婦問題」で説明している。

１２）その他

　ここで挙げられなかった解決されてない日韓問題は、まだある。

〈参考文献など〉

「韓国東北亜歴史財団」

ウィキペディア(2016.6.1基準)

4．日本軍・従軍慰安婦問題―始まりと展開

1）慰安婦の始まり
・慰安所が初めてできたのは、1932年1月上海事変の時からと言われている。日本軍による中国女性に対する被害が深刻化し、派遣軍参謀長岡村念寧次中将が、長崎県知事に慰安婦の募集を依頼したことからである。この頃は、大阪出身などの職業女性たちが多かったようだ。
・1932年、長崎県の女性を騙して上海の慰安所に連れて行った日本人斡旋業者が、婦女誘拐海外移送罪で逮捕され、有罪判決を受けている。
・1937年7月の南京事件などを経るなか、中国人女性への強姦問題がより深刻化すると、慰安婦制度が本格化した。1938年以降になると、日本軍司令府など慰安婦に対する軍の資料がいくつか見つかっている。
・1938年、『中央公論』3月号に石川達三が「生きている兵隊」を発表しているが、第9章に「日本軍人の為に南京市内二個所に慰安所が開かれた」と記載される。第10章にも「大阪神戸附近から八十六人の商売女を駆り集め」と書いてある。

2）日本軍・従軍慰安婦問題
①日本軍慰安婦問題とは、旧日本軍の慰安所たる慰安婦実態にかかわる問題である。通常、日華事変から大東亜戦争に至る期間の、韓国地域から動員された慰安婦に対する待遇が主に議論の対象となっている。

　具体的には、軍の慰安婦として動員されるときに、明確に日本軍慰安婦として動員されるという趣旨の知らせがないまま連れていかれたことである。挺身隊として連れていかれたり、強制的に連れていかれた場合が多かった。

　また、日本軍が設置した慰安所で、ほとんど日本軍の施設と設備を使い、移動の際も日本軍と移動し、日本軍と同じ戦場の危険な場所で、自由がなく、強制的に性奴隷をされていたことなどが問題になっている。組織的に行われていて、他の戦争での性暴力問題とは別に議論されている。

②慰安所の設置
・1941年7月、陸軍省内の会議で蘭印調査から帰ってきた深田軍医少佐は「村長に割当て厳重なる検梅の下に慰安所を設くる要あり」と報告した。1941年12月8日、真珠湾攻撃、太平洋戦争が勃発。開戦すると日本軍は占領した各地に慰安所を造っていく。

慰安婦の需要はますます増大し、その移送は軍需輸送の一環に組み込まれ、陸軍では人事局恩賞課が窓口となった。
・1942年1月、東郷茂徳外務大臣は慰安婦の渡航を旅券ではなく軍の証明書で行うよう指示した。
・今まで確認できた慰安所だけで400か所ある。慰安所が置かれたのは、北は千島列島から南はインドネシアまで西はビルマから東はニューブリテン島まで「戦争のために日本軍が派遣されたところには、慰安所が設置された」とも言われている。日本の国内にも長野県や沖縄など何か所か確認されている。
・1942年9月3日陸軍省恩賞課長の金原節三「陸軍省業務日誌摘録」では、映画館、バー、レストラン、ホテル、慰安所などの慰安施設を「北支100、中支140、南支40、南方100、南海10、樺太10、計400ヶ所」作ったと報告している。

3）「女子挺身勤労令」

　「女子挺身勤労令」は、1944年8月22日に勅令第519号で公布され、即日施行された。「女子挺身勤労令」で興味深い事実がある。実は、「女子挺身勤労令」は、日本と植民地韓国と台湾で公布され、施行された。ところが、何故か日本の歴史家や研究者たちは、日本だけ公布・施行されたと語っている。その理由はなぜなのか。

　ウィキペディアの「慰安婦」(2017.3.1基準)には、「太平洋戦争末期の1944年8月、日本内地において12歳から40歳までの未婚女子の日本人女性を工場などへ動員する女子挺身勤労令が出された。朝鮮半島の女子については徴用令も女子挺身勤労令も発令されなかったが、官斡旋の女子挺身隊が内地に向かった」と、書いてある。

　ウィキペディアの「女子挺身隊」(2017.3.1基準)でも同様に、「1944年8月の女子挺身勤労令によって14歳〜40歳の内地(日本)の女性が動員された。日本統治下の朝鮮の女性への適用は検討されたが、適用されることはなかった」と書いてある。

　ウィキペディアの「慰安婦」と「女子挺身隊」には、引用先が同様である。それは、秦郁彦の『慰安婦と戦場の性』(新潮社〈新潮選書〉、1999.6)を引用している。ウィキペディアの「女子挺身隊」では、「歴史学者秦郁彦は1999年6月に刊行した『慰安婦と戦場の性』(新潮社)で、朝鮮人女子に対しては徴用令も女子挺身勤労令も発動されなかったが、官斡旋や自由募集で挺身隊に参加した女子もいたため、朝鮮では「挺身隊に動員されると慰安婦にされる」というデマが流布したとした。このデマの存在は高崎宗司も事実と述べている。」と

ある。

　秦郁彦以外にここで挙げられている高崎宗司については、「半島女子勤労挺身隊」について」(『「慰安婦」問題 調査報告・1999』財団法人女性のためのアジア平和国民基金刊,1999年)を引用している。高崎宗司は、歴史学者であり、アジア女性基金運営審議会委員長だった人である。

　不思議にも秦郁彦と高崎宗司二人は、1944年8月22日に勅令第519号で公布され、即日施行された「女子挺身勤労令」の第21条の中に、「日本は厚生大臣、朝鮮は朝鮮総督、台湾は台湾総督」と書いてある(『日本官報』5283号1944,8,23)のを何で読まなかったのか。それとも、事実を知っていても隠ぺいしているだろうか。韓国では、1992年にこの資料が発見されて、メディアで大々的に報道された。1992年2月8日の『東亜日報』『ハンギョレ新聞』『京郷新聞』などである。

　また、大変不思議にも、二人は韓国の『毎日新報』の1944年の記事を多く引用しながら、何故かこの事実が掲載されている1944年8月23日の記事は引用していない。無視しているのか、意図的なのかよくわからない。その上で、韓国の挺身隊と日本軍慰安婦の結び付きを強く非難している。日本の多くの資料は、この二人の資料を引用している。

　韓国では、1944年8月22日の「女子挺身勤労令」が公布・施行されなかった時から、「女子挺身隊」は結成され、多くの少女たちが日本や中国などへ連れて行かれた。「女子挺身勤労令」として公布・施行されたことで、違反した場合、国家総動員法第六条において、「1年以下の懲役または1千ウォン以下の罰金刑」に処されることになったのであり、その意味は大きい。

　ここで強い疑問点がある。なぜ12才～40才の未婚でなければならなかったのかである。日本では小学生の女子勤労挺身隊はほとんどいなかったと、高崎宗司の「半島女子勤労挺身隊」について」でも書かれている。韓国では、ほとんどが12才からの国民学生(小学生)が多かった。「女子挺身勤労令」は、結局、植民地の女性を意識して公布されたのではないかと推測される。

　韓国人は、「女子挺身勤労令」の下で多くの少女たちが募集され、韓国以外の国へ連れて行かれたが、中には、日本軍慰安婦として連れて行かれたと、多くの証言が出ている。日本人研究家や批評家の多くは、韓国人が挺身隊と日本軍慰安婦を混同していると、いつも強く非難するが、そうではない。韓国では、当時12才～40才までの未婚の女性という勅令にあるように、挺身隊に行くことは、即ち「処女供出」と言われていたのである。この時代、穀

物や金属・食器などと共に労働力の人間も供出させられていた。韓国人は奴隷と変わらない扱いを受けていた時代であったのだ。未婚の女性は「処女供出」させられ、確実に工場だけではなく、日本軍慰安婦として連れて行かれたり、また、工場や戦場の看護挺身隊として連れて行かれても、夜は日本軍慰安婦にされていたとの証言がある。

多くの挺身隊として供出させられた韓国人女性たちが、戦後、挺身隊としての経験を隠して生活しなければならなかったのも、韓国人挺身隊が、日本国内で認識している挺身隊の目的と違い、日本軍慰安婦にもされていたことから、名乗れなかったのである。よって、韓国では、戦後もずっと日本軍慰安婦＝挺身隊として認識され、そのようにしか思っていなかったのである。

4）「従軍慰安婦」「日本軍慰安婦」の呼称

・日本軍慰安婦については「慰安婦」よりも「性奴隷」と表現する方が適切であると民間人・民間団体が1990年代より主唱しはじめる。

・1992年に、当時日本軍に暴行されたと名乗り出たオランダ人女性ジャン・ラフ・オハーンは「慰安婦」という言葉は侮蔑であり、自身を「戦時強姦の被害者であり、日本帝国軍の奴隷として強制徴集（conscripted）された」と訴えた。

・1993年、国連人権委員会の差別防止・少数者保護小委員会「武力紛争下の強姦、性奴隷制および類似慣行に関する特別報告者」の報告者であったリンダ・チャベスは準備文書で「性奴隷制度」であると明記した。

・1996年2月に、国連人権委に報告されたクマラスワミ報告では、日本軍慰安婦制度（公娼制度）を「Military Sexual Slavery（軍性奴隷制）」また「性奴隷制」と明記した。

・1997年には日本で証言集『私は「慰安婦」ではない 日本の侵略と性奴隷』が出版された。

・慰安婦ハルモニ（韓国では、日本軍慰安婦証言者たちを慰安婦ハルモニと呼ぶ。ハルモニは、おばあちゃんの韓国語）が、「太平洋戦争時、日帝によって戦場に連れて行かれて、数えきれないほどの性暴力を受けながら生きてきた私たちを、慰安婦と呼んでいるが、私たちは、慰安婦じゃない！ 強制労働被害者だ」と、発言した。

①「慰安婦(comfort womem)」なのか、「性奴隷(sex slave)」なのか。

・2017年2月6日、韓国挺身隊問題対策協議会などは、「慰安婦」と「性奴隷」と、呼称問題で、被害者を含めて志願団体は論議中であることを明らかにした。「慰安婦」の呼称は、旧日本軍の文書に実在したために使ってきたとのことだった。

・1996年2月に、国連人権委に報告されたクマラスワミ報告書から、「強制的性奴隷(enforced sex slave)」と表現している。

・日本政府は、最近、釜山日本領事館前の「平和の少女像」設置に関して、「慰安婦少女像」という呼称の代わりに「慰安婦像」と統一するとの立場を示した。菅義偉官房長官は、「慰安婦の少女像」と呼んでいることについて「政府が問題視しているのは慰安婦像だ。そういう意味で、慰安婦像というほうが非常に分かりやすい」と述べた。菅氏はこれまで記者会見で「慰安婦の少女像」と「慰安婦像」を混在して使っていたが、「慰安婦像」に統一する理由については、「そのものずばりだからではないか」と述べた。

　この日本政府の主張を受けて、韓国側も真剣にこれからの呼称問題を協議すると明かした。(『キョンヒャン新聞&キョンヒャンダッコム』2017.2.6)(『産経新聞』2017.2.3)

〈参考文献など〉

[NAVER　知識百科］［日本軍慰安婦］(韓国民俗文化大百科、韓国学中央研究院)

[NAVER　知識百科］［挺身隊］(韓国近現代史辞典、2005.9.10.ガラム企画)

日本軍性奴隷(従軍慰安婦)「問題の起源と論乱」(1)

5．日本軍・従軍慰安婦問題―「慰安婦少女像」など

1）日本政府の今までの立場
・日本政府の立場は、日本軍・従軍慰安婦被害者問題は、日・韓基本条約の締結により解決済みとの見解であった。
・1992年1月11日、夜のテレビ番組で外相・渡辺美智雄が「なんらかの関与があったということは認めざるをえない」と、韓国の日本軍慰安婦の日本政府の関与についての発言である。

　これを受けて、ジャパン・タイムズは「日本の政府責任者が戦時中に日本軍が hundreds of thousands（何十万人）ものアジア人慰安婦への強制売春（forced prostitution）を初めて認めた」との記事を掲載した。
・1992年1月13日、加藤紘一官房長官が「お詫びと反省」の談話を発表。
・同年1月14日、首相・宮澤喜一は「軍の関与を認め、おわびしたい」と述べる。
・1992年7月6日、加藤紘一内閣官房長官が「朝鮮半島出身者のいわゆる従軍慰安婦問題に関する加藤内閣官房長官発表」を行い、慰安所の設置などに関して当時「政府の関与があったことが認められた」と発表。
・1993年、韓国政府は日本政府に日本の教科書に慰安婦について記述するよう要求した。

①河野談話（こうのだんわ）
・1993年（平成5年）8月4日、河野洋平内閣官房長官が発表した談話である。
　ⓐ慰安所の設置は日本軍が要請し、直接・間接に関与した。
　ⓑ慰安婦の募集については軍の要請を受けた業者（日本人・朝鮮人）が主としてこれに当たったが、その場合も甘言、強圧があった。
　ⓒ本人たちの意思に反して集められた事例が数多くあった。
　ⓓ官憲等が直接これに加担したこともあった。
　ⓔ慰安所の生活は強制的な状況の下で痛ましいものであった。

②アジア女性基金を設立
・1995年、日本政府は元慰安婦に対する償い事業のために女性のためのアジア平和国民基金（アジア女性基金）を設立した。
・1996年には橋本龍太郎総理が、元慰安婦に対しておわびの手紙を出す。同時に、サンフランシスコ講和条約、二国間の平和条約及び諸条約（日韓基本条約など）で法的に解決済み

であることを明らかにし、また河野・村山いずれの談話も慰安婦という職業の存在を認め名誉を傷つけたとはしているが、強制連行などをしたとの見解は表明していないともコメントしている。
・道義的責任の観点から（前述の条約の規定上、法的責任を負うことはできないため）、基金の事業への協力、日本人女性を除く元慰安婦に対する医療・福祉支援事業に対し資金拠出。
・1997年1月より基金は償い金の給付と医療福祉援助を行い、韓国人、台湾人、オランダ人、フィリピン人女性など計285名の元慰安婦に対し、一人当たり200万円の「償い金」を受給した。
・1997年に韓国では11名が償い金を受領したが、半数以上は受け取りを拒否。
・1998年に韓国政府は基金の償い金の受け取りは認めない方針を示した。
・韓国政府認定日本軍慰安婦207人のうち、基金を受給した元慰安婦や既に亡くなった人を除く142人に生活支援金の支給を実施した。
・2001年には小泉純一郎首相がおわびの手紙を各慰安婦に送った。
・この基金に反対している被害者ハルモにたち及び関連団体・支援者などは、基金設立自体が日本政府の法的責任の逃れであり、日本政府が被害者たちに対する賠償でなく、人道的慈善事業の認識でしかないと、強く非難。
③2012年、民主党政府が、「ささえ案」非公式提案。
④日本の教科書から「従軍慰安婦」を消した。
・教科書を「自虐史観」と批判して、慰安婦問題は歴史教科書問題にもなっていった。
・1999年には中学歴史教科書からは「従軍慰安婦」という用語が消えた。

2）日本軍・従軍慰安婦問題を世界の舞台へ
①日本で、10年近く日本政府や日本国民に従軍慰安婦・日本軍慰安婦問題を訴えてきた、韓国の韓国挺身隊問題対策協議会などは解決できないと考え、この問題を世界に訴えることを決めた。
②2000年代以降、韓国挺身隊問題対策協議会や韓国政府主催の世界韓民族女性ネットワークは、日本軍慰安婦への謝罪と賠償を求める活動を世界各地でおこなっている。日本からは民主党の岡崎トミ子議員が韓国での慰安婦デモに合流した。
③女性国際戦犯法廷
　2000年12月、女性国際戦犯法廷を開催した。女性国際戦犯法廷に起訴された日本の博仁

天皇と旧日本軍幹部たちは、人道に対する罪を違反したという判決を受けた。

　1000万人が傍聴した。

④アメリカでは

・2007年1月末に民主党のマイク・ホンダ下院議員らが慰安婦問題に関する日本への謝罪要求決議案を提出した。過去にも同種の決議案は提出されていたが、いずれも廃案になっていた。

・2月15日の下院公聴会で、李容洙、金君子、ジャン・ラフ・オハーンの3人の元慰安婦が証言する。

3）日本軍・従軍慰安婦少女(平和)像

①2011年12月、韓国挺身隊問題対策協議会が、日本に慰安婦への謝罪を要求する日本軍『慰安婦』問題解決全国行動(通称「水曜デモ」)において、水曜集会1000回を記念して、募金により、初めて日本大使館前に「慰安婦少女像」が設置された。その後、拡散して設置された。韓国に74箇所(2017.3現在)。募金で建てられている。

②アメリカの「慰安婦の碑」と「平和少女像」

2010.10：ニュージャージー州パリセイズ・パーク － 公立図書館脇　慰安婦碑

2012.6：ニューヨーク州　アイゼンハワー公園内の退役軍人記念園　慰安婦碑

2012.12：カリフォルニア州　ガーデングローブ － ショッピングモール前　慰安婦碑

2013.3：ニュージャージー州ハッケンサック － 裁判所脇　慰安婦碑

2013.7：ロサンゼルス郡　グレンデール － 公園　「平和少女像と碑文」

2014.1：ニューヨーク州アイゼンハワー公園内の退役軍人記念園　慰安婦碑　＜2012年に建てた慰安婦碑の左右2カ所に追加＞

2014.5：バージニア州　フェアファックス郡 － 郡庁敷地内　慰安婦碑

2014.8：ニュージャージー州ユニオンシティ － リバティプラザ市立公園　慰安婦碑

2014.8：ミシガン州　デトロイト市 － 韓国人文化会館前庭　「平和少女像」

③日本に建てられた慰安婦碑

　1973年10月、千葉県鴨川市花房の慈恩寺に、元日本軍兵士によって、慰安婦を慰霊する「名もなき女の碑」が建てられた。

　元慰安婦の城田すず子が晩年に住んだ千葉県館山市の婦人保護長期収容施設「かにた婦人の村」に、1985年に「噫従軍慰安婦」と刻まれた石碑が立てられた。

2008年9月、沖縄県宮古島上野野原地区に、「宮古島に日本軍『慰安婦』の祈念碑を建てる会」が、日本軍慰安婦だった朝鮮人女性らを記憶するための石碑を建立。
(http://headlines.yahoo.co.jp/videonews/fnn?a=20160609-00000213-fnn-int)
④2015.11.18 カナダトロント韓人会館内「平和少女像」
⑤2016.8.6 オーストラリアシドニーのエシフィルド教会内「平和少女像」
⑥2016.10.22 中国上海師範大学内「平和少女像」と慰安婦博物館も同時に開館。
⑦2017.3.8 ドイツ南部バイエルン州公園、「平和少女像」

〈「小さな平和の少女像」〉
　梨花女子高等学校の歴史サークル「ジュモクドキ」は、500人が1000ウォンずつ集めて建てられる、50万ウォン相当の「小さな平和の少女像」を100か所の高等学校へ建つ「100か所の高等学校に100個の小さな少女像建立」プロジェクトを広げている。
　現在、38か所の高等学校に建てられた。(2017.2)

4）「慰安婦問題日韓合意」

①1991年8月14日、金(キムハクスン)TVのインタビューを通して、初めて名乗り出る。
・1992年1月8日、日本大使館の前で初水曜集会を持つ、今まで、約1271回(2017,2)、今も続いている。
②2015年12月28日、慰安婦問題日韓合意日韓外相会談による口頭合意で、日本から10億円支給することで、「最終かつ不可逆的に解決する」とのことであった。
・韓国政府は、ソウル特別市の在大韓民国日本国大使館前にある慰安婦像について「日本政府が、大使館の安寧・威厳の維持の観点から懸念していることを認知し、韓国政府としても、可能な対応方向について関連団体との協議を行うなどして、適切に解決されるよう努力する」と尹炳世外交部長が発言。
・日本の岸田文雄外務大臣は会談後、記者団にソウル日本大使館前の慰安婦少女像の扱いについて「適切に移転がなされるものだと認識している」とし、慰安婦問題に「終止符を打った」と述べたが、前述のように韓国政府は慰安婦少女像については「可能な対応方向について関連団体との協議を行う等を通じて、適切に解決されるよう努力する」と述べたのみであった。慰安婦少女像の移転は合意履行（合意内容の詳細は下部リンク先「外務省 日韓両外相共同記者発表」を参照）の前提ではないとして慰安婦少女像の移設は履行されていない。

・国連の女性差別撤廃委員会は、2016年3月に公表された対日審査会合に関する最終見解で、旧日本軍の従軍・日本軍慰安婦問題について、日本政府の取組みはなお不十分と指摘し、日韓合意を実行に移す際には元慰安婦の意見に十分配慮するよう日本政府に勧告した。

前回2009年の会合で日本政府に勧告していた元慰安婦らへの賠償や加害者の訴追などを含む慰安婦問題の「持続的な解決」を探る努力を、依然実行していないとして「遺憾の意」を示し、日韓合意について「元慰安婦らを中心としたアプローチを完全には取っていない」と指摘、元慰安婦らの「真実、正義、償いを求める権利」を保証し彼女らの立場に寄り添った解決を目指すよう求めた。(『日本経済新聞』2016/3/7)

2015年12月28日の日韓合意により、「和解・癒やし財団」が設立された。この財団についてハルモにたちや関連団体、支援者らが解体を求めて抗議が続いている。

・現在、2017年1月の時点で名乗り出た239人の日本軍慰安婦の内、生存者は39人のみになっている。2018年8月14日の時点では生存者は27人である。

5）ハルモニ(おばあさん)たちの7つの要求

①戦争犯罪を認めること

②真相究明

③公式謝罪

④法的賠償

⑤戦犯者処罰

⑥歴史教科書に記録

⑦追慕碑と資料館建立

〈参考文献など〉

https://storyfunding.daum.net/episode/18868

ウィキペディア(2017.3.1基準)

[NAVER　知識百科]　[日本軍慰安婦]（韓国民俗文化大百科、韓国学中央研究院）?

6. 日韓領土問題―歴史からみる領土問題

1）歴史からわかる領土問題
(1)韓国の歴史からみる竹島・独島
①独島（ドット）は512年に、于山国が朝鮮の新羅に服属されることで、韓国の領土である（『三国史記』）。次は、韓国歴史記録にみる独島の主な記述から、特に日本関連内容を挙げておいた。

・新羅・何瑟羅州(現在の江陵地域) の軍主異斯夫が于山国を征伐。「三国史記」には、于山(ウサン)国は溟州正東の海島で、鬱陵島とも呼ばれたと記録されており、「三国遺事」には同紀事に亐陵島(今作羽陵)と記録されている。（「三国史記」巻4 新羅本紀 4 智証麻立干 13年条、巻44 列伝 4 異斯夫伝、「三国遺事」巻 1 紀異 智哲老王条）

②韓国の高麗時代には、于山国(鬱陵島)と、活発な交流があったことが、『高麗史』などからわかる。以下は、『東北亜歴史財団』の独島研究所の独島歴史から引用する。

・930(太宗 13)8月、1018(顕宗 9)11月、1019(顕宗 10)7月、1022(顕宗 13)7月、1032(徳宗元年)11月、1141(仁宗 19)7月、1157(毅宗 11)5月。

・1243(高宗 30)年には、モンゴルの侵略で、崔怡によって蔚陵島に住民を移住させていたことが、書かれている。後に溺死者が多く出たため、移住政策は中止させた、とある。

・1246(高宗 33)5月、1273(元宗 14)、1346(忠穆王 2)

・1379(禑王 5)7月、倭が武陵島に入り、15日間の滞在の後、出て行った、という記録もある。1403(太宗 3)8月

・1407(太宗 7)3月、対馬島守護宗貞茂が捕えていた朝鮮の人々を送還し、土産物を献上して武陵島に移住することを願い出たが、拒絶された。「太宗実録」巻13

・1416(太宗 16)9月、三陟人前萬戸・金麟雨を武陵等処の安撫使に任命し、住民を刷還させる。「太宗実録」巻32

1417(太宗 17)2月、金麟雨が于山島から土産物とともに住民3人を連れて帰り、島には15戸86人が住んでいると報告する。于山・武陵島に住民の居住を禁じ、住民を刷出させることが最終決定したため、捜討政策が確立される。

・1417年8月、倭が于山・武陵で略奪を行う。「太宗実録」巻33、34

・1425(世宗 7)10月、于山武陵等処按撫使の金麟雨が男女20人を連れてきて忠清道の深い山奥の山村に住まわせ、3年間税金を免除することを決定する。「世宗実録」 巻30

・1429（世宗 11）12 月、蓼島について調査させる「世宗実録」巻 46。1430（世宗 12）1 月調査から戻ってくる。地形と住民の生活について調査させる。1430 年 4 月、「世宗実録」巻 47、48。

・1432（世宗 14）「新撰八道地理志」が編纂され、「江原道三陟都護府蔚珍県条」に「于山、武陵、2 島の真東側の海にあるが、2 島は距離がさほど離れていないため、天気が良ければ眺めることができる」と記録される。この内容は 1454 年（端宗 2）に編纂された「世宗実録地理志」にそのまま記録されている。「世宗実録」巻 153「地理志」江原道 三陟都護府 蔚珍県条

・1436（世宗 18）閏 6 月、1438（世宗 20）4 月、1438（世宗 20）7 月、1445（世宗 27）8 月。

・1451（文宗元年）この年に「高麗史」が編纂され、「地理志」東界蔚珍県条に「鬱陵島は県の真東側の海の真ん中にある。…一説には、于山、武陵は、元は 2 つの島で距離が遠くないため、天気が良ければ眺めることができたという」と記録された。「高麗史」巻 58 地理 3 東界 蔚珍県条

・1472（成宗 3）− 2 月、4 月、6 月、5 月 28 日、6 月 6 日、5 月 29 日に 6 月 6 日。

・1473（成宗 4）1 月、10 月、1479（成宗 10）閏 10 月、1480（成宗 11）2 月。

・1481（成宗 12）「東国輿地勝覧」が編纂され、「江原道蔚珍県山川条」に「于山島、鬱陵島 − または武陵、羽陵 − 2 島は県の真東側の海にあるが、天気が良ければ木等を見ることができ、風が穏やかなら 2 日で到着できる。一説によると、于山と鬱陵は、元はひとつの島だとも言う。…」と記された。この内容は、1530 年（中宗（チュンジョン）25）に完成された「新増東国輿地勝覧」にそのまま転載された。「新増東国輿地勝覧」巻 45 江原道 蔚珍県 山川条

・1614（朝鮮・光海君 6）− 6 月、対馬島主が鬱陵島を磯竹島と称して、島の地形を調査するための道案内を求めてきたが、これを拒絶。

・同年 9 月、対馬島主が鬱陵島に居住したいと求めたため、再び不許可であることを知らせる。光海君日記 巻 82、邊例集要 巻 17 雑条 附 鬱陵島

・1693（粛宗 19）− 安龍福の 1 回目の渡日。3 月に東萊と蔚山の漁師 40 余人が鬱陵島で日本の漁師と衝突したが、日本人が安龍福と朴於屯を騙し、隠岐島に拉致する。安龍福は、隠岐島主に自分たちを拉致した理由を問い質して、再び伯耆州（対馬）太守に会い、鬱陵島は朝鮮の領土であるから日本人の鬱陵島往来を禁止して欲しいと要求した。伯耆州太守は幕府に報告し、これを遵守するという書契を安龍福に渡した。

・同年 11月、対馬島主が安龍福と朴於屯に、日本領土に進入したという罪を着せて朝鮮に送還する。対馬島主は鬱陵島を竹島と呼び、竹島は日本の領土であるから朝鮮人の出入りを禁止して欲しいという書契を同時に送付する。

・同年 12月、接慰官洪重夏が東莱の倭館を訪れ、倭使である橘真重と面会する。 粛宗実録 巻26、邊例集要 巻17 雑条 附 鬱陵島、五洲衍文長箋散稿 巻35「陵島事実弁証説」、旅菴全書 巻7 疆界考

・1694(粛宗 20)8月、対馬の倭使橘真重が2月に受け取った回答書契を持参し、鬱陵島に関する文言の削除を再び要求した。朝廷では日本の奸計に積極的に対処することにした。まず、すでに送った回書の内容を修正することにし、兪集一を接慰官に任命して東莱の倭館に派遣する一方で、張漢相を三陟僉使に任命し、鬱陵島に派遣して様子を探ることを命じる。兪集一は安龍福から実情を聞いて倭使を叱り、「鬱陵島と竹島は1つの島につけられた2つの名前であり、鬱陵島は朝鮮の領土」であるという内容の2次回書を渡した。張漢相は9月19日に出発して10月6日に三陟に帰還したが、水路が不便なため、住民の居住よりは定期的に捜討官を派遣することにした。一方、張漢相は肉眼で鬱陵島の東南にある独島を観望した。粛宗実録 巻27、邊例集要 巻17 雑条 附 鬱陵島、蔚陵島事蹟

・1696(粛宗 22)－ 1月、徳川幕府、日本人の鬱陵島渡航禁止を決定する。

・同年8月、安龍福の2回目の渡日。再度日本へ渡り鬱陵島問題について直談判して江原道襄陽県に帰還した安龍福を捕らえ、投獄した。安龍福は平山浦出身の李仁成等と共に鬱陵島と独島(子山島－于山島)を経て日本の伯耆州に入り、鬱陵子山両島監税を名乗り、先の約束を守らなかったことで太守を責めた。伯耆州太守は鬱陵島・独島地域を侵犯した日本人を処罰し、安龍福に「2島はすでに朝鮮に属しており、再び侵犯する者がいたり、対馬島主がむやみに侵犯する場合、厳罰に処する」と約束した。安龍福は幕府に対する上訴を取り下げ、江原道に帰還した。 粛宗実録 巻30

・1697(粛宗 23)－ 1月、対馬島から倭使が訪れ、幕府の関白の命により竹島を朝鮮の領土として認め、日本人の出入りを禁止したことを伝える。

・同年3月、安龍福の功績を認め、死刑に処さず、流罪とする。

・同年4月、3年に1度、鬱陵島に捜討官を派遣することを決定する。 粛宗実録 巻31、承政院日記 粛宗23年4月13日条、邊例集要 巻17 雑条 附 鬱陵島

・1699(粛宗 25)7月、1702(粛宗 28)5月、1705(粛宗 31)6月、1708(粛宗 34)2月、1717(粛宗 43)3月、1726(英祖 2)10月、1735(英祖 11)1月、1769(英祖 45)10月。

・1775(英祖 51)日本で初めて経緯度線を書き入れた長久保赤水の日本輿地路程全図に、鬱陵島と独島が「竹島または磯竹島(竹島一云磯竹島)」、「松島」と書かれる。鬱陵島の右側に「(この島から)高麗を見るのは、出雲から隠岐島を見るようだ(見高麗猶雲州望隠州)」と付記し、2島を朝鮮の領土として区分している。 日本輿地路程全図

・1785(正祖 9)、日本の林子平が著述した三国通覧図説の付図「三国接壌地図」と「朝鮮八道地図」に鬱陵島と独島が朝鮮の領土として表記される。 三国通覧図説

・1787(正祖 11)7月、1794(正祖 18)6月、4月 21日、5月 8日、4月 26日。

・1848年(憲宗 14年) 4月 17日、アメリカの捕鯨船チェロキー号が独島を発見。(北緯 37度 25分、東経 132度 00分)。

・1849年(憲宗 15年) - 1月 27日、フランス捕鯨船リアンクール号が独島を発見(北緯 37度 2分、東経 131度 46分)し、独島を「リアンクール岩礁」と命名。独島はフランス海軍航路図と、航海図に表記され、西洋に知られることとなった。

・同年 3月 18日アメリカの捕鯨船、ウィリアムトンプソン号が独島を発見。(北緯 37度 19分、東経 133度 9分)、「3つの岩を見た(3 rocks)」と記録する。これは、朝鮮時代の成宗朝の三峯島を連想させる。

・1854年(哲宗 5年) 4月 6日(ロシア旧暦)プチャーチン提督が指揮するロシア極東遠征隊の 4隻のうちの一つ、オリヴツァ号がマニラからタタール(間宮)海峡へと向かう途中、独島を発見。西島は、島を発見した艦艇の名前を取って「オリヴツァ」、東島はオリヴツァ号の最初の艦艇名だった「メネライ」と名付けられる。二つの島は、朝鮮の領土として認識される。独島に関するオリヴツァ号の探査内容は、バストック号の鬱陵島の観測内容及びパルラダ号の朝鮮東海岸の測量内容と共にロシア海軍誌の 1855年 1月号に掲載され、1857年、ロシア海軍が作成した「朝鮮東海岸図」の基礎資料となった。「オリヴツァ航海日誌」(1854)、「ロシア海軍誌」(1855)、日本海軍省水路局の「朝鮮東海岸図」(1876)

・1855年(哲宗 6年)4月 25日、英国の艦隊が独島を発見。発見した艦艇の名前を取って「ホーネット」と命名。イギリスの水路雑誌(Nautical Magazine)(1856)、フランス海軍省の水路誌(1856年版、第 11巻)。

・1870年(高宗 7年)1869年 12月、日本の外務省から派遣された官吏が朝鮮を内密に探査した後、1870年に帰国して復命書である「朝鮮国交際始末内探書」を提出。この復命書には、「竹島(鬱陵島)と松島(独島)が朝鮮の領土となった経緯」に関する調査内容が記載されている。「朝鮮国交際始末内探書」

・1875 年(高宗 12 年)11 月、日本陸軍参謀局が「朝鮮全図」を作成。この地図には、独島が「松島」と表記されており、当時、独島は竹島(鬱陵島)と共に朝鮮の領土と見られていたことが分かる。日本陸軍参謀国の「朝鮮全図」

・1876 年(高宗 13 年)- 日本海軍が「朝鮮東海岸図」を作成。この地図は 1857 年ロシア海軍が製作した地図を底本として再発行された作戦地図であるが、その中で独島を鬱陵島と共に朝鮮の付属諸島として表記。

・同年 10 月 16 日、日本は国土の地籍を調査して軍事地図を作る過程で、島根県は竹島(鬱陵島)と松島(独島)を島根県地図に入れるかどうかを内務省に質疑。内務省はこれに対し、島根県から送られてきた付属文書と元禄年間の安龍福事件をきっかけに朝鮮と交渉した関係文書を約 5 ヵ月間に渡って全て調査した後、独島と松島は朝鮮の領土であり、日本とは関係がないという決定を下す。武藤平学が「松島開拓之議」を日本外務省に提出、海軍省が 1878 年 4 月と 9 月に軍艦天城丸を派遣して松島の実態ついて調査した結果、松島は朝鮮の鬱陵島と判明し、武藤平学の「松島開拓之議」は却下される。「朝鮮東海岸図」(日本海軍省水路局、1876)

・1877 年(高宗 14 年)- 3 月 17 日、日本内務省において、竹島(鬱陵島)他 1 島(松島:独島)は日本とは関係がないが、「版図の取捨は重大な事件」であるという理由で、国家最高機関である太政官に、質稟書を付属文書と共に送り、最終決定をすることにした。

・同年 3 月 20 日、日本国家最高機関である太政官は、「質稟書の中で竹島他 1 島の問題に関し、該当の島は日本とは関係がない」という指令文を作成。3 月 29 日、内務省に指令文を送付。

・同年 4 月 9 日、日本内務省は、太政官の指令文を島根県に送付。「公文録 内務省之部 1」

・1881 年(高宗 18 年)、鬱陵島に日本人 7 人が潜り込み、木材を伐採していたことを捜討官に発見された事件を受け、江原道の観察使が上書を送り、対策を講じることを求める。

・5 月 22 日、統理機務衙門の助言により、関連書契を日本外務省に送らせることで副護軍・李奎遠を鬱陵島の検察使に任命する。承政院日記 高宗 18 年 5 月 22 日条、日省録 高宗 18 年 5 月 22 日条、高宗実録 巻 18

・1881 年(高宗 18 年)7 月、日本人の北澤正誠が「竹島考証」を作成し、これを要約した「竹島版図所属考」を日本外務省に提出する。日本は 1880 年、軍艦天城を鬱陵島に派遣して現地調査をする一方、北澤正誠には鬱陵島、独島の歴史と関連資料を調査させた。この報告書は、現在の松島は元禄 12 年(1699)の竹島、すなわち鬱陵島であって、日本の領土で

はないという結論を出している。そして独島に関連した内容を付け加えているが、「鬱陵島以外に竹島もあるが、極めて小さい小島に過ぎない」としている。「竹島考証」(上中下)、「竹島版図所属考」

・1882年(高宗19年)4月7日、高宗が鬱陵島検察使・李奎遠に、鬱陵島付近にあるという芋山島と松島、竹島について特別によく調査し、鬱陵島に村を設置するための地図と報告書(別単)を詳細に作成することを念入りに命じる。「承政院日記」 高宗19年4月7日条、「日省録」 高宗19年4月7日条、「高宗実録」巻19

・1882年(高宗19年)6月5日、鬱陵島検察使・李奎遠が5月2日から10日間、調査する過程において、日本人が木を盗伐し、立札を立てて松島としている事実が摘発されたので、これを日本の公使と外務省に抗議した。「承政院日記」 高宗19年6月5日条、「日省録」 高宗19年6月5日条、「高宗実録」巻19、李奎遠の「鬱陵島検察日記」「啓本草」

・1882年(高宗19年)8月20日、1883年(高宗20年)3月16日。

・1883(高宗 20)4月、日本海軍水路局が「寰瀛水路誌」を発刊。第2巻「朝鮮国一般情勢」で独島(リアンコールト列島)を紹介し、独島が朝鮮の領土であることを自ら明言した。寰瀛水路誌 第2巻(日本 海軍水路局、1883. 4)

・1883(高宗 20年) 4月、鬱陵島に初の移住民16戸54人が入島する。

・同年 7月、朝鮮政府が、鬱陵島に移り住んだ初の移住民の定住状況を調査。光緒9年4月日「鬱陵島開拓時船格糧米雑物容入假量成冊」、「光緒9年7月 江原道鬱陵島新入民戸人口姓」

・1884年(高宗21年) 1月 11日、鬱陵島長の全錫圭が、日本人が鬱陵島の木材を日本に搬出させていると上奏。

・1884年(高宗21年)-3月 15日、 6月30日、1888年(高宗25年)2月6日、1894年(高宗31年)12月27日、1895(高宗32、開国504)1月29日、 8月16日、 9月20日。

・1898(大韓帝国 光武2)12月19日、日本人の盗伐と横暴が続くので、内府大臣李乾夏の上申によって鬱陵島に視察委員を派遣することを決定する。高宗実録 巻39、官報 第1448号 光武3年12月19日

・1899(大韓帝国 光武3)12月19日、日本人の盗伐と横暴が続くので、内府大臣李乾夏の上申によって鬱陵島に視察委員を派遣することを決定する。高宗実録 巻39、官報 第1448号 光武3年12月19日

・1900(大韓帝国 光武4)- 5月31日、鬱陵島視察委員の禹用鼎と釜山駐在日本領事館補

の赤塚正補等、日韓領国の調査団が鬱陵島に到着し、6月5日まで日本人の蛮行と材木盗伐及び税金徴収の有無について調査し、島内の実情と島勢を把握する。

・同年6月15日、禹用鼎が帰還して報告書を提出し、日本人の速やかな撤収と鬱陵島官制の改編を提案する。

・同年10月27日、勅令第41号(10月25日)を公布して鬱陵島を鬱島に改称し、島監を郡守に変更することで江原道の27番目の郡として地方官制に編入。勅令によれば、郡庁の位置は台霞洞とし、鬱島郡守の管轄区域は鬱陵全島と竹島、石島とされた。島監を郡守に改定したため、当時の島監、裵季周が初代郡守となり、鬱陵郡を南面と北面に区分したことにより、独島は鬱陵郡の南面に属することとなった。禹用鼎の鬱島記と報告書、高宗実録 巻40、官報 第1716号 光武4年10月27日

・1904(大韓帝国 光武8)－ 2月10日、日本がロシアに宣戦布告。

・同年2月23日、「第1次韓日議定書」強制調印。これにより、日本は日露戦争のため、韓国領土を任意で占領、使用できるようになった。

・同年8月22日、「第1次韓日協約」強制調印。日本が大韓帝国の政府内に財政顧問と外交顧問を設置。

・同年9月1日、 鬱陵島においてロシア艦隊を監視するための望楼(東南、東北2ヶ所、配置人員(使用人を含む) 各7人)が竣工する。(9月2日に業務開始)

・同年9月24日、独島への望楼設置の可否を調査するため、日本の軍艦新高丸が鬱陵島を出発。「リアンクール岩礁は、韓人はこれを独島と書き、本邦の漁夫らはヤンコ島と呼んで」おり、望楼の設置が可能だという報告書が出された。

・同年9月29日、日本の漁民である中井養三郎が、「独島を日本の領土に編入し、自分に貸して欲しい」という「リャンコ島領土編入並貸下願」を外務省、内務省、農商務省に提出する。

・同年11月20日、独島が韓日間をつなぐ海底電線の中継地として、電信所の設置に適しているか否かを調査するため、日本の軍艦対馬丸が独島に到着。官報 号外 光武8年3月8日、極秘明治三十七八年海戦史、軍艦新高戦時日誌、島根県誌(1923)、隠岐島誌(1933)、軍艦対馬戦時日誌

・1905(大韓帝1900国 光武9)－ 1月28日、日本の閣議で中井養三郎の請願を承認するという形式で「独島は主のない無人島(無主地)で、『竹島』と称し、日本島根県の隠岐島司の管轄下に置く」と一方的に決定。

・同年 2月22日、日本はいわゆる「島根県告示第40号」を捏造し、国際法上の無主地先占において「領土取得の国家意思」という要件を全て満たしたという合法性を装わせようとした。この文書が実際に告示されたという証拠はない。
・同年5月17日、日本が独島を官有地として、島根県土地台帳に記録する。
・同年6月13日、日本の軍艦橋立丸が独島の望楼設置方法について調査を行う。
・同年 7 月 16 日、鬱陵島の北望楼竣工(8 月 16 日から業務開始、配置人員(使用人を含む)11 人)。
・同年8月19日、日本が独島の望楼を竣工させる。(竣工日から業務開始、配置要員4人、使用人2人)
・同年 9 月 5 日、日露講和条約(ポーツマス条約)締結.韓国での日本の特殊権益が列強により承認される。
・同年10月8日、鬱陵島の北望楼と独島の望楼との間に海底電線が敷設される。
・同年11月9日、独島と日本の島根県松江間に海底電線が敷設される。
・同年11月17日、日本が「第2次韓日協約(乙巳勒約)」を強制し、大韓帝国の外交権を完全に剥奪する。秋鹿村役場本「島根県告示第40号」(回覧用)、橋立戦時日誌、極秘明治三十七八年海戦史。
・1906(大韓帝国 光武10)− 2 月 1 日、統監府と統監麾下の理事庁が業務を開始.大韓帝国は日本統監の支配下に置かれる。
・同年 3月28日(陰暦3月4日)、島根県第3部長の神西由太郎と隠岐島司の東文輔等が鬱島を訪問し、鬱島郡守の沈興澤に独島が日本の領土に編入されたので、視察に来たと説明する。これに対し、沈興澤は翌日江原道観察使署理春川郡守の李明来に「本郡所属独島…」で始まる緊急報告書を提出し、李明来は4月29日にこの内容を内府と議政府に報告する。この報告に対し、内府大臣李址鎔は「独島が日本に属する土地だというのは全く埒もない話であり、今この報告内容は非常に唖然とするもの」だとした。また、議政府参政大臣の朴齊純は、「独島が日本の領土だというのは全く根拠のない話であり、独島の状況と日本の動向をもう一度調査してみよ」との指令を下した。
・同年9月24日、鬱島郡を江原道から慶尚南道に移属させる。各観察道案 第1冊、光武10年4月29日条 報告書号外、指令 第3号、旧韓国官報3570号付録(光武10年9月28日金曜日) 勅令第4
(→韓国「東北亜歴史財団」ホームページから引用)

(2) 日本の歴史からみる竹島・独島

〈下記は、日本の外務省ホームページの竹島に関する記述内容である。〉

①1618年、鳥取藩伯耆国米子の町人大谷甚吉、村川市兵衛は、藩主を通じて幕府から鬱陵島（当時の日本名「竹島」）への渡海免許を受けた。これ以降、両家は交替で毎年1回鬱陵島に渡海し、あわびの採取、あしかの捕獲、樹木の伐採等に従事した。

・両家は、将軍家の葵の紋を打ち出した船印をたてて鬱陵島で漁猟に従事し、採取したあわびについては将軍家等に献上するのを常としており、いわば同島の独占的経営を幕府公認で行っていた。

・この間、隠岐から鬱陵島への道筋にある竹島は、航行の目標として、途中の船がかり（停泊地）として、また、あしかやあわびの漁獲の好地として自然に利用されるようになった。

・日本は、遅くとも江戸時代初期にあたる17世紀半ばには、竹島の領有権を確立していた、と主張。

・幕府が鬱陵島や竹島を外国領であると認識していたのであれば、鎖国令を発して日本人の海外への渡航を禁止した1635年には、これらの島に対する渡海を禁じていたはずである。そのような措置はなされてなかった。

・幕府から鬱陵島への渡海を認められた米子の大谷・村川両家は、約70年にわたり、他から妨げられることなく独占的に事業を行っていた。

②1692年、村川家が鬱陵島におもむくと、多数の朝鮮人が鬱陵島において漁採に従事しているのに遭遇する。また、翌年には、今度は大谷家が同じく多数の朝鮮人と遭遇したことから、安龍福（アン・ヨンボク）、朴於屯（パク・オドゥン）の2名を日本に連れ帰ることとした。なお、この頃の朝鮮王朝は、同国民の鬱陵島への渡海を禁じていた。

・状況を承知した幕府の命を受け、対馬藩（江戸時代、対朝鮮外交・貿易の窓口であった。）は、安と朴の両名を朝鮮に送還するとともに、朝鮮に対し、同国漁民の鬱陵島への渡海禁制を要求する交渉を開始した。しかし、この交渉は、鬱陵島の帰属をめぐって意見が対立し合意を得るにいたらなかった。

③対馬藩から交渉決裂の報告を受けた幕府は、1696年1月、「鬱陵島には我が国の人間が定住しているわけでもなく、同島までの距離は朝鮮から近く伯耆からは遠い。無用の小島をめぐって隣国との好を失うのは得策ではない。鬱陵島を日本領にしたわけではないので、ただ渡海を禁じればよい」と朝鮮との友好関係を尊重して、日本人の鬱陵島への渡海を禁止することを決定し鳥取藩に指示するとともに、朝鮮側に伝えるよう対馬藩に命じた。

④この鬱陵島の帰属をめぐる交渉の経緯は、一般に「竹島一件」と称されている。

⑤その一方で、竹島への渡海は禁止されなかった。このことからも、当時から、我が国が竹島を自国の領土だと考えていたことは明らかだ。

⑥安龍福の供述とその疑問点

・幕府が鬱陵島への渡海を禁じる決定をした後、安龍福は再び我が国に渡来した。この後、追放され朝鮮に戻った安龍福は、鬱陵島への渡海の禁制を犯した者として朝鮮の役人に取調べを受けるが、この際の安の供述は、現在の韓国による竹島の領有権の主張の根拠の1つとして引用されることになっている。

・韓国側の文献によれば、安龍福は、1693年に日本に来た際、鬱陵島及び竹島を朝鮮領とする旨の書契を江戸幕府から得たものの、対馬の藩主がその書契を奪い取ったと供述したとされている。しかし、安龍福が1693年に日本に連れ帰られ送還されたことを契機として日本と朝鮮国との間で鬱陵島出漁をめぐる交渉が始まったので、1693年の渡日時に幕府が鬱陵島と竹島を朝鮮領とする旨の書契を与えるわけはなく、実際にそうした事実はない。

・さらに、韓国側の文献によれば、安龍福は、1696年の来日の際に鬱陵島に多数の日本人がいた旨述べたとされている。しかし、この来日は、幕府が鬱陵島への渡海を禁じる決定をした後のことであり、当時、大谷・村川両家はいずれも同島に渡海していなかった。

・安龍福に関する韓国側文献の記述は、同人が1696年に、国禁を犯して国外に渡航し、その帰国後に取調べを受けた際の供述によったものである。その供述には、上記に限らず事実に見合わないものが数多く見られます。韓国側はこうした事実に反する供述を竹島の領有権の根拠の1つとして引用している。

⑦1900年代初期に、竹島において、あしかの捕獲が本格的に行われた。あしか猟は過当競争の状態となったことから、島根県隠岐島民の中井養三郎は、その事業の安定を図るため、1904(明治37)年9月、内務・外務・農商務三大臣に対して「りやんこ島」(注)の領土編入及び10年間の貸し下げを願い出た。

・「りやんこ島」は、竹島の洋名「リアンクール島」の俗称。当時、ヨーロッパの探検家の測量誤りなどにより、鬱陵島が「松島」と呼ばれるようになり、現在の竹島は「りやんこ島」と呼ばれるようになった。

・中井の出願を受けた政府は、島根県の意見を聴取の上、竹島を隠岐島庁の所管として差し支えないこと、「竹島」の名称が適当であることを確認した。これをもって、1905(明治38)年1月、閣議決定によって同島を「隠岐島司ノ所管」と定めるとともに、「竹島」と命

名し、この旨を内務大臣から島根県知事に伝えた。この閣議決定により、我が国は竹島を領有する意思を再確認した。

・島根県知事は、この閣議決定及び内務大臣の訓令に基づき、1905(明治38)年2月、竹島が「竹島」と命名され隠岐島司の所管となった旨を告示するとともに、隠岐島庁に対してもこれを伝えた。なお、このことは当時の新聞にも掲載され広く一般に伝えられた。

〈参考文献など〉
駐大韓民国日本大使館「竹島問題」―日本外務省ホームページ
韓国東北亜歴史財団ホームページ

7. 日韓領土問題―今と未来の領土問題

1）サンフランシスコ平和条約と竹島・独島

①1951(昭和26)年9月に署名されたサンフランシスコ平和条約は、日本による朝鮮の独立承認を規定するとともに、日本が放棄すべき地域として「済州島，巨文島及び鬱陵島を含む朝鮮」と規定している。韓国は、この講和会議に参加出来ると思っていたが参加不可能だった。

②連合国は竹島・独島を韓国領と規定？

・日本の敗戦以後、連合国はSCAPIN-677号を通じて竹島・独島を韓国領と規定した。その後、竹島・独島が日本領となったというサンフランシスコ条約の正式規定はないと韓国が主張。米国などは、竹島・独島が日本領土であると一時ラスク書簡という秘密文書で言及したことはあるが、それは連合国の承認のない米国だけの見解であった。

③駐韓米国大使館韓国領土と声明

・1952年10月、駐韓米国大使館は竹島・独島は、韓国領土であるという声明を行う。これは当時の国際法から見て、竹島・独島が韓国領であり、4月にすでに発効していたサンフランシスコ条約においても竹島・独島は韓国領という解釈に基づいたものだった。

2）米軍爆撃訓練区域としての竹島・独島と、日韓の領土奪い合戦

①マッカーサーライン

・１９４６年６月２２日にSCAPIN１０３３号指令（いわゆるマッカーサーラインの設定）により日本人が漁業をできる範囲を暫定的に制限したが、竹島・独島近海は範囲外とし、日本人の出入と漁業を制限した。

・終戦後、竹島・独島近海は韓国人が出入・漁業していた。

②1948年6月8日、竹島・独島でわかめを取った韓国漁民14人が米軍爆撃機の爆撃で死亡する事件が発生した。

・アメリカ極東航空隊司令部が竹島・独島爆撃が高空爆撃演習台によることであると公式に認めた。

③1951年6月8日、竹島・独島の西島砂利の上に慶尚北道道知事と数多くの鬱陵島民が参加して慰霊碑を立てる。

・間もなく、慰霊碑は、ハンマーで破壊され水の中に投げ入れられていた。

④1951年7月、連合国総司令部は、連合国総司令部覚書(SCAPIN)第2160号をもって、竹島・独島を米軍の爆撃訓練区域として指定した。

⑤李承晩ライン（＝李承晩平和線）

・1952年1月18日、マッカーサーラインの替わりとなる李承晩ライン（＝李承晩平和線）を設定して、韓国側水域に竹島・独島を含ませた。これを国際的に竹島・独島を韓国領だと宣布したとの主張。

・日本政府もアメリカもこれを国際法上不当なものと抗議。

・連合国は李承晩ラインと韓国による竹島・独島領有に対し干渉しなかった。

⑥1952年5月23日、日本衆院外務委員会で山本利寿議員は、「竹島（独島）周辺が（米軍の爆撃）演習地に指定されれば、これを日本の領土として確認受けやすいという発想から外務省で演習地指定を望んだという話があるが、これは事実なのか」と質問した。

　当時、石原幹市郎外務省政務次官は、「概してそんな発想で多様に推進している」と答えたが、日本政府が、竹島・独島爆撃練習場指定のために多様なロビーをしていると解釈できようか。

⑦1952年6月、日本の巡視船2隻が竹島・独島に上陸して、韓国人守備隊員6人を強制的に島から追い出し、『島根縣隠地郡五箇所村竹島』と書いた標識を建てる。

⑧1952年9月米軍機の竹島・独島爆撃事件が再現する。

⑨1952年9月15日午前11時ごろ、竹島・独島爆撃。人名被害なし。

⑩1952年、『毎日新聞』が『大日平和条約』で、「竹島」は韓国の領土と表記。

⑪1952年10月、米国は韓国の要請を受け入れて竹島・独島を爆撃演習区域から除外。

⑫1953年3月、竹島・独島を爆撃訓練区域から削除。

⑬1953年3月5日、参議院で下田武三外務省条約局長は、「日米行政協政によって竹島を爆撃練習場として指定する措置を取れば、竹島が日本の島という事実を法律的に裏付けてくれる」と発言。

⑭1953年10月15日、大韓民国山嶽グループが写真家を伴って竹島・独島に渡る。

　→「독도（ドット・独島）」と書かれた石碑を設置。

⑮1954年、洪淳七隊長が竹島・独島の東島の岩肌へ「韓國領」と彫る。

3）竹島・独島の占領・占有？

・1954年5月〜12月まで、独島義勇守備隊が上陸。

・1955年から独島の警備隊が常駐することとなった。

4）今の竹島・独島
①住所―慶尚北道　鬱陵郡　鬱陵邑　独島里１の96
②住民―2011年9月15日で、2,559人。　40人が居住。
③住民登録数４人
④毎年10万人を越える国内外の観光客。

5）竹島・独島問題で日本政府が日本入国拒否した・している韓国人
①2011　BEAST と CNBLUE（シーエンブル）
　　・８時間空港で拘束後、入国拒否
②2012年、「８．１５記念の独島（トクト）水泳横断行事」に参加したあと、日本外務省次官から「悪いが、ソンイルグクはこれから、日本に来られないだろう。それが日本国民の感情だ」と発言。ソンイルグクが出演した「神と呼ばれた男」の日本での放送もキャンセルとなった。ソンイルグクは、高句麗の建国を描いた「ジュモン」の主人公で、「ジュモン」は、放送された。また、ソンイルグクは、「サムデゥンイ（三つ子ちゃん）のパパ」としても有名。
③2014年、歌手の李承哲（イスンチョル）が９月、日本に住む知人に会うために、夫人と一緒に日本を訪問したが、空港で入国が拒否された。彼は８月に、脱北青年団体の合唱団員らと一緒に、竹島・独島でミニコンサートを開いていた。
④2014年、チョンクワンテも入国拒否された。1982年に「トクトヌンウリタン(独島は我が土)」の歌を歌った歌手である。
⑤その他
⑥韓国政府は、2011年８年２日、竹島近くの韓国・鬱陵（ウルルン）島を視察するため入国した新藤義孝・稲田明美・佐藤正久自民党議員３人を入国拒否した。これは、事前に韓国外交通商省が同年７月２９日に武藤正敏駐韓大使を呼び、新藤氏らの入国を拒否する考えを伝達していたのに、この伝達を無視して入国している。
　韓国側の理由は、「身辺の安全確保が難しく、両国関係に及ぼす否定的影響を勘案し、議員一行の入国を許可できない」とのことだった。

6）ウィリアム・ジョセフ・シーボルド

①ウィリアム・ジョセフ・シーボルドは、アメリカ海軍将校出身で1925～28年に日本で米海軍日本語コースを終えている。彼の日系夫人は、日本人画家の母親とイギリス人法律家の父親を持つ。

・シーボルトは、役人と神戸で法律事務所を運営した。終戦後、別なキャリアがなかった彼は「マッカーサー奨学金」で週間未定打ちムンデリに任命され、外交官のキャリアがなかった彼だったので米国務省だけでなく、ソ連のメディアでも議論を作り出した。

・終戦後の1945年、東京駐在連合国最高司令官政治顧問団特別補佐役を務め、1946年に特別試験で正式に外交官の資格を取得。1947年から1952年まではジョージ・アチソンの後を継いで駐日政治顧問および連合国軍最高司令官総司令部外交局長を務めた。また対日理事会におけるアメリカ代表の役割もジョージ・アチソンから継承し、シーボルドは対日理事会において議長も務めた。シーボルドは連合国軍最高司令官総司令部における国務省代表として機能し、1947年から1951年にかけてはダグラス・マッカーサー元帥の代理人も務めた。

・日韓問題などで、アメリカに働きかけて、日本が有利になるよう努めたことで、日本に対する功績は高い。

7）日本の竹島・独島問題の動き

・2月22日を「竹島の日」とし、毎年催しを開催している。
・2008年文部科学省は中学社会科の学習指導要領解説書に竹島・独島関連内容を記述。
・日本は竹島・独島に対する教育、広報をより一層強めている。

〈参考文献など〉
「日本人が知らない 独島10の真実」（2013.03.05、東北亜歴史財団）
駐大韓民国日本大使館「竹島問題」―日本外務省ホームページ

8．北朝鮮について―脱北者問題の全貌

1）北朝鮮
・朝鮮民主主義人民共和国（ちょうせんみんしゅしゅぎじんみんきょうわこく）
・最高指導者による事実上独裁体制を取る社会主義共和国とし、豆満江を挟んで中華人民共和国およびロシア連邦と、鴨緑江を挟んで中華人民共和国と接している。
・首都は平壌。
・人口は約 2500 万人とされる。
・政治は、朝鮮労働党を支配政党。
・金日成・金正日・金正恩と親から子への移譲が続いている。
・1948 年 9 月 9 日　建国。
・建国から漢字を廃止。漢字表記は外国語の扱い。
・政治体制は、チュチェ思想（主体思想）に基づく社会主義体制。

2）日本との関係
・日本政府は、日韓基本条約（1965 年に朴正熙政権と締結）第 3 条で大韓民国（韓国）を「朝鮮にある唯一の合法的な政府」であると認める。
・朝鮮民主主義人民共和国については条約等に基づく国家承認を行っていない。そのため、日本の行政機関（外務省等）やマスメディアは、朝鮮民主主義人民共和国に対し実効支配地域の名称を用いて北朝鮮（きたちょうせん）と呼んでいる。
・日本における国の名称問題
　朝鮮民主主義人民共和国政府や在日本公民団体の在日本朝鮮人総聯合会（朝鮮総聯）は、自らを朝鮮の正統国家と主張する立場から、「North Korea」または「北朝鮮」と呼ばれることを嫌って、「朝鮮」や「共和国」と表記してくれることを要求。日本の報道機関は受け入れなかった。
→最終的に、記事の最初に正式国名を一度だけ併称することを条件に、「北朝鮮」と呼ばれることを受け入れるという妥協が成立した。

3）韓国では
・北韓（プッカン）という呼称を省略して、単に「北」と呼ばれることもある。

・「朝鮮の唯一合法的な政府」を自任する韓国政府は北朝鮮を国家として承認していない。
・「朝鮮」や「共和国」などの用語は正式な場では用いられない。
・韓国では南北について「南韓・北韓」という呼び方が一般的。

4）脱北者について

・脱北者（だっぽくしゃ、だつほくしゃ、タルブクジャ）とは、朝鮮民主主義人民共和国（北朝鮮）の政治体制や生活環境を苦にして同国を脱出する人のこと。北朝鮮難民。
・韓国における法律上の用語は北韓離脱住民（ほっかんりだつじゅうみん、ブカンイタルジュミン）である。
・1994年頃から北朝鮮国外への脱出者が急増。脱出者が中国等の韓国国外に留まり続ける等、脱出者の行動が亡命以外にも多様化し始めた。
・1994年に「脱北者」、次いで1997年に「北韓離脱住民」という用語が公の場で使われ始めた。
・2005年1月9日に韓国政府は脱北者の呼び名を「セト民」（セトミン）に改めると発表。セト民は韓国語で「新しい土地で人生への希望を抱いて生きる人」の短縮語。しかし反発を受け、12日にはこの改称は撤回。2008年11月21日、韓国統一部はセト民の名称を今後は使用しないと発表。

(1)北朝鮮からの脱北者

　北朝鮮側では韓国への亡命者を「越南逃走者」と呼ばれており、祖国を裏切り自分ひとり生き延びようとした「この世でもっとも汚くて憎むべきくず中のくず」と最大級の反逆者とされている。

①脱北者の流れ
・1990年代から、韓国政府の脱北者に対する措置が寛大化すると、次第に脱北者の韓国亡命が増加。
・1993年に北朝鮮で大水害が発生し、以降水害と旱魃(かんばつ)が毎年のように発生。深刻な食糧難が報じられるようになると、大飢饉(ききん)が報じられ、1995年から徐々に亡命者が増え始め、2002年には遂に1,000人を超えた。それ以降は下記参考。

| 2003年 - 1,285人 | 2009年 - 2,914人 |
| 2004年 - 1,898人 | 2010年 - 2,402人 |

2005年 − 1,384人	2011年 − 2,706人
2006年 − 2,028人	2012年 − 1,502人
2007年 − 2,554人	2013年 − 1,514人
2008年 − 2,803人	2014年 − 1,397人

②韓国における脱北者の定着
・韓国では、1997年7月14日に制定された「北韓離脱住民の保護及び定着支援に関する法律」と言う法律がある。この法律に基づいて脱北者の生活支援を行っている。
・まず韓国に着くと、ハナ院（ハナウォン、北韓離脱住民定着支援事務所）と呼ばれる教育施設に収容される。そこで、資本主義社会の習慣を教授する。数週間から数か月程度で一般市民と変わらない生活に移行する。

③北朝鮮出身者のコミュニティを形成。
・脱北者の中には、新しい亡命者の手助けをしている者もいる。
・韓国社会で目覚しい活躍をする者もいる。
・目標を自ら設定する資本主義社会に馴染めず、暴走族などの非行に走るものもいる。
・北朝鮮で要職、高位にいた脱北者は常に暗殺の危険に晒され、改名や整形手術を余儀なくされる者もいる。
・http://nkd.or.kr/　　脱北者同志会
・http://www.nkpeople.com/?ckattempt=2　　［NK(New Korea)ピプル/ NKピプル(New Korea People)］北韓宣教団
・この他にも脱北者団体は多数存在する。

④韓国で住民登録を行うときは、漢字名も決める必要がある。
・北朝鮮は、建国後、日常生活から漢字の完全な廃止や族譜（ぞくふ）作成の禁止を行った。多くの脱北者は、自分の名前を漢字で正確に表すことができない。自分の祖先が誰であるか、を知ることができない。
・チョン（鄭または丁）やシン（辛または申）などのように、北朝鮮では、漢字廃止の結果、同音異字の姓がいくつか現れた。

⑤脱北者と韓国政府
・韓国政府は2005年より脱北者に入国審査を厳しくする旨を発表。
・年々増える傾向の脱北者支援は既に韓国の財政を圧迫し始めているため、とも言われる。
・社会適応に対する社会的支援は韓国の課題となっている。

⑥韓国の脱北者問題

・韓国に亡命し定住を決めた累計2万5560人の脱北者のうち、「689人は第三国に滞在している」と把握されていると指摘した。経済的困難や韓国生活への不適応で自殺した脱北者も26人に上ると日本の『産経新聞』(2013.10.26)が報じている。

⑦最近の脱北者近況

・韓国の統一部の(2016.11)報道によると、2016年11月11日夕方、第三国を通して脱北者7名が追加入国したとの発表と、現在 脱北者が3万 5名(2016.11.13)であると明かした。1962年最初の帰順者(きじゅんしゃ・投降者)以降、 2006年2月 1万人突破。 2010年11月 2万人に達し、6年後、1万人追加増加し、「脱北者 3万人時代」を迎えることになった。

・2016年1～10月に脱北入国者1,155人で、2015年の18%増加。

⑧脱北動機

・自由に対する憧憬(どうけい)。

・政治体制に対する不満。

・北朝鮮当局の監視と脅威など、非経済的理由。(韓国統一部発表)

⑨ハナウォン修了生対象脱北同期調査

・経済的理由は、 12% ― 2001年は 経済的理由が、66.7%。

・自由への憧憬、 34.8% ― 2001年は、自由憧憬が 9.6%。

・政治体制不満、 17.5% ― 2001年は、政治体制不満が 6.2%。

⑩脱北者有形(ゆうけい)

・韓国入国時、 20～30代が全体の 58%。

・女性が、2002年から男性を超え始めて、2016.10末、全体の 71%が女性。

・脱北青少年中、中国など第三国で出生した子供の割合は、50%を超える。

⑪韓国統一部の政策

「脱北者 3万人時代」で、既存政策を点検し、「社会統合型政策」へと改善する方案を準備中だと発表。 (KBS NEWS 2016.11.13)

⑫脱北者の韓国での活動

・脱北者からなる自由北韓運動連合などの団体を結成。

・2008年11月26日には、第2政党である民主党から自由北韓運動連合の北朝鮮向けビラまきに対して非難される。

⑬脱北者の韓国での生活
・暮らしぶりは厳しい人が多い。
・脱北者は支援金を政府から受け取るが、5人に1人が支援金を狙う詐欺の被害に遭っている。（韓国全体での詐欺に遭う確率は、0.5%）
・定職に就ける者の割合も5人に1人に過ぎない。
・脱北者の子供を巡る環境も厳しい。
・50%近い人が北朝鮮へ送金していると言われる。

⑭韓国政府の脱北者支援金
・韓国政府は、定着準備金や住宅支援金、職業訓練費用といった社会福祉から教育支援まで、脱北者に対し1人当たり2千万～4800万ウォンを支給している。（2013年）

⑮脱北→入国→定着
・北朝鮮離脱後→韓国政府に保護要請→ 関係部署間の協議→海外公館乃至駐在国臨時保護施設に収容→身分確認→駐在国と交渉→国内入国支援
・韓国入国→国情院(公安)、警察庁などの関係機関で合同審問→検証及び調査
・社会適応施設〈ハナウォン〉12週生活→文化的異質間解消、心理的安定、進路相談 就籍→住居斡旋など定着準備終了→全国へ
・社会的安全網に編入→雇用支援金、無料職業訓練、資格認定などの就業支援
特例編入学及び授業料の支援
・保護担当管制→居住地、就業、身分保護担当管制が運営
・定着ドウミ制、定住ドウミ制を通じて民間支援ボランティアとの連携
・北韓離脱住民後援会を通じて支援体系が備えられる。
・進学については、子供の多数が退学しており、高校への進学率は10%と非常に低い割合となっている。
・学校ではいじめにも遭っているという話もある。
・北朝鮮に戻りたいという脱北者も現れるようになった。

⑯脱北青少年
・脱北青少年は、韓国入国後ハナウォン内の臨時学校、ハナデゥル学校で2か月間生活。その後、自由になる。

⑰脱北者の学校
　・8か所の脱北者対案学校

- ハンクム学校(http://blog.naver.com/hope_city/220718090641)2004,4 設立 25 名、全寮制。
- センネッ学校　　http://34school.net/
- キョレオル学校　　2011.9 設立　　http://knsouldream.or.kr/
- ハンギョレ中高等学校 2006 年 3 月 1 日　開校

  中学校 4 クラス、高校 6 クラス、200 余名の学生が寮生活

⑱北朝鮮・脱北者関連 TV 番組

- イゼマンナロカムニダ(日)　　・統一展望台(月)
- 南北ヘチャン(窓)(土)　　・統一ミリボギ(土)
- モランボンクルロップ(土)　　・統一準備 生活百書 ジャルサラボセ
- 愛情統一南男北女シジュン(金)

⑲北朝鮮の脱北者家族

- 脱北者の事実が知れたら、脱北者家族は勿論、親族までも軍服を脱がされている。粛軍される。一か月で 1000 人が軍から追い出されたとのこと。

(2) 日本の脱北者

①日本に直接渡った脱北者は、2013 年 2 月時点で、約 200 人と考えられている。

②日本の脱北者支援団体

　命からがら北朝鮮を脱出し、第 3 国を経由してようやくの思いで日本にたどり着いた元在日北送同胞らの日本定着に向け、人道的な立場から援助するための「脱北者支援民団センター」(代表＝呂健二民団中央本部副団長＝当時)を 2008 年 6 月 3 日で発足させた。

③日本と脱北者との関係

- 北韓・朝鮮総連および日本マスコミなどの「北朝鮮は地上の楽園」の宣伝にのって、日本での民族差別と貧困から自由になろうと、1959 年から 84 年末までに北朝鮮に渡った在日朝鮮人は日本人の配偶者も含めて 9 万 3339 人。
- だが、北朝鮮で待っていたのは「新たな差別と貧困、飢餓」だった。このうち幸いにも、脱北後に日本への入国を果たしたのは、現在のところ約 150 人になる。
  (https://www.mindan.org/dappokusien/)

④2006 年 6 月の日本国会で成立した「北朝鮮人権法」は「政府は、脱北者(北朝鮮を脱出した者であって、人道的見地から保護及び支援が必要であると認められるものをいう)の保護及び支援に関し、施策を講ずるよう努めるものとする」としているが、まだ機能して

いない。
⑤支援関係者らは「日本政府は、人道主義の立場から脱北者を一日も早く『難民』と認定、脱北者らの定着・自立のための支援をすべきだ。また北送事業を推進した当事者として、道義的な意味からも支援をすべき立場にある」と公的支援を強く求めている。
⑥日本における脱北者の生活
・把握している在日脱北者らの現状は、不安定な在留資格や日本語、就職、住宅や社会への適応問題など多くのハンディを背負い厳しい生活を余儀なくされている。
・北韓に残してきた家族の安全を確保するため日本で自己の存在が表ざたになるのを極度に恐れ、自由な活動を自ら制限せざるを得ない状況。

(3) 中国における脱北者問題
①中国に潜伏する脱北者は、30万人～40万人と見積もられている。
・中国は北朝鮮と引き渡し条約を締結しており、脱北者は発見次第北朝鮮に送還する政策。
・脱北者を摘発する北朝鮮の国家安全保衛部（秘密警察）が、自国内で活動することを黙認していると言われている。
・中国で、脱北者は「招かざる客」？
②中国の立場
・「不法越境者だけが存在し、難民は存在しない」「中国と北朝鮮は、国境管理協定に基づき、不法越境者を国境管理協定に従っており、不法越境者を送還する義務がある。従って中・北間に処理しなければならない問題であり、国際団体か第3国が関与する問題ではない」としている。
・「中国は、国際法上難民判定権を持っているが、国連会員国であり国際社会で独立主権国として、内部政治状況が安定している一国（北朝鮮）の国民を難民と判定する、どのような理由も持っていない。彼らが難民協約の規定に符合しないというのが、中国の変わらない方針である」といっている。
・中国に滞留中である女性脱北者たちの人身売買、強制労働などを防ぐ法的制裁を確報する必要がある。脱北者たちの強制送還を中止すべきであり、中国に短期間留まることができる、合法的身分を許可する制度改善を促すことが必要である。
・強制送還された脱北者は、反体制事犯として規定し、政治犯収容所に送られるか銃殺されるということで知られている。これにより、国際社会は脱北者に対する中国の難民地位の認定及び強制送還中止を促している。

③現在の中国
・香港の中国政治専門誌「争鳴」4月号の記事で、「中国政府は、金正恩政権の崩壊、朝鮮半島での戦争勃発による大量の難民発生に備え、吉林省一帯に800から1000の難民収容施設と、20の医療施設を建設する計画を立てた」と報じた。
・中国政府は、何らかの有事の際に発生する難民は、最初の1週間で100万人、1ヶ月で500～700万人に達すると見ており、一部は送還、一部は収容する方針だという。

(4)海外の脱北者も韓国人?
・彼らを2等市民ではない、同質の市民として抱擁するのも重要である。
・脱北者は、北朝鮮を独立国家として承認しない現在の憲法精神に照らしてみた場合、脱北者は確実に「内国人(韓国人)」であるとの考え。

①脱北者たちの海外活動
・脱北難民の集まり、在仏朝鮮難民会(仏朝会)が、フランスパリで2015年1月24日発足。

②アメリカ市民となった例
・北朝鮮の中尉であった徐さんは、1996年北朝鮮で爆発事故にあい、全身火傷。軍除隊後、1997年中国国境を越えて息子(当時3歳)と共に脱北する。
・中国に渡った徐さんは、取り締まりを避けて中国を転々とした後、ベトナムへ渡りハノイ韓国大使館に助けを要請したが拒まれ、カンボジアを経てラオスへ渡る。その後、タイに渡り国連難民高等弁務官室(UNHCR)の仲裁で、1998年8月、韓国に到着。
・しかし、韓国に適応できず、韓国で脱北女性と結婚し、新たに娘が生まれた徐さんは、2003年家族と共にアメリカへ渡る。
・徐さんは、連合ニュースインタビューで、「小学校1年の息子が、教師に暴行されたが、私がその事実を確認しようとすると、その教師は私に'脱北してただの飯を食べてるくせに…'と言った」と言いながら「その瞬間、これ以上韓国に住めないと考えた」と、アメリカ行きへの背景を説明した。
・徐さんは、「私は北朝鮮からそのままアメリカ市民になったと考えている。韓国国民であるかを疑わせた韓国の脱北者差別政策は、必ず是正(ぜせい)しなければならない」と語る。

③アメリカへの脱北者
・政治的亡命を通じてアメリカに定着した脱北者は、2002年から2004年まで9名である。

〈参考文献など〉

［NAVER　知識百科］「脱北者」［North Korean defectors/refugees］（韓国民俗文化大百科、韓国学中央研究院）

jtbc 特集ドキュー「北韓離脱青少年たちの挑戦- ハンギョレ学校」mediamong　jtbc(2015.4.28)

［NAVER　知識百科］脱北者処理に関する中国の立場(時事常識辞典、パッムンカク)

「北韓脱北難民集まり、在仏朝鮮難民会発足」『ウォンドゥコリアン新聞』

ウィキペディア(2016.10.1 基準)

9．北朝鮮について―核実験と日本人拉致問題

1）連合軍軍政期
・1945 年 8 月 15 日 第二次世界大戦で大日本帝国敗北により、北緯 38 度線以北をソビエト連邦軍が、同以南をアメリカ軍が管轄した。
・1948 年 米ソ両国が、南北にそれぞれ自国の傀儡政権?を立てる。8 月 15 日に南側で「大韓民国」（以下、韓国）。9 月 9 日に北側で「朝鮮民主主義人民共和国」（以下、北朝鮮）が樹立宣言する。
・北朝鮮からの避難民
　1945 年の連合軍による分割占領から 1953 年の朝鮮戦争休戦協定締結までの混乱期にはおびただしい数の移動があった。1000 万人とも言われる離散家族が生まれる。

2）北朝鮮と核問題
・北朝鮮の核開発は 1960 年代、核拡散防止条約に加盟するという条件つきでソ連の支援を受けて開始。
・1980 年代、国産原子炉開発計画が開始され、まず寧辺の 5 メガワット黒鉛減速ガス冷却炉（こくえんげんそくがすれいきゃくろ）が完成し、その後も 50 メガワット、200 メガワットの原子炉を建設する計画が立てられた。
・1980 年代後半、北朝鮮が核を軍事目的で利用する懸念が浮上。
北朝鮮核問題は北朝鮮の国際関係を圧迫してくる。
・北朝鮮は 1985 年に核拡散防止条約に署名。その際、国際原子力機関（IAEA）と核の不拡散で合意。
・1991 年 12 月 31 日、非核化に関する共同宣言が交わされる。
・核の実験、製造、授受、保有、配備、使用と核の再処理施設、ウラン濃縮施設の保有が禁止された。
・南北朝鮮による査察団が組織され、南北核統制共同委員会（JNCC）に半島の非核化を確認する権限が与えられた。
・1992 年 1 月 30 日、北朝鮮は再び IAEA と合意。この合意により、1992 年 6 月、IAEA は査察を開始。
・1992 年 3 月、南北非核化共同宣言で南北核統制共同委員会を設立することで一致した

が、その後の会合で両国による査察体制の確立について合意には至らなかった。
・北朝鮮が1993年にIAEAの査察官に対し疑惑の放射性廃棄物最終処分場への立ち入りを禁止。すると状況は急速に悪化。
・1993年、核拡散防止条約からの脱退を表明。
・1994年の米朝枠組み合意を無視し、核の軍事利用計画を継続している証拠があると米国が主張すると、北朝鮮は米軍首脳との私的な懇談においてウラン濃縮計画の存在を認めた。
・1994年、ジミー・カーター元大統領は北朝鮮を訪問して金日成主席と会談し、史上初の南北首脳会談を行うことで合意。
・両国は7月に再び協議を行う予定であったが、金日成の死去により延期された。なお、米朝関係に於いては金日成主席死後、アメリカ合衆国との間で1994年10月21日に米朝枠組み合意が結ばれている。
・朝鮮半島エネルギー開発機構（KEDO）を通じて米国など数ヵ国が核開発計画を放棄する代わりに北朝鮮に2つの軽水炉を建設することを約束したことで、核拡散防止条約から脱退を一時的に解決。
・2002年の暮れ、米国は核拡散防止条約に反して核兵器開発計画を継続しているとして北朝鮮を非難し、枠組み合意による暫定的な北朝鮮への重油の供給を停止。
・2003年1月10日、北朝鮮は核拡散防止条約から脱退。
・2003年8月、韓国、中国、ロシア、日本を加えた六者会合を開催することに合意。
・2006年10月、北朝鮮が核実験を行う。
・2007年2月13日、米朝および日朝関係の正常化を条件に加えた合意が交わされ、北朝鮮は寧辺核施設での核開発を凍結。
・2008年4月24日、米国の議員が北朝鮮が支援していたシリアの核施設は、2007年9月、イスラエル軍により空爆されたと語った。北朝鮮が必要な燃料をシリアに供給した、或いはしようとしていたのかどうかは明らかではない。
・2009年、2013年、2016年1月、2016年9月も核実験を行い、2006年を合わせると5回。2016年1月は水素爆弾(水爆)実験であると主張。
・ミサイル発射実験は、1993年、1998年、2006年、2009年、2012年4月、2012年12月、2013年、2016年である。
※2018年4月27日、韓国の文在寅（ムンジェイン）大統領と北朝鮮の金正恩（キム・ジョンウン）朝鮮労働党委員長によって「朝鮮半島の平和と繁栄、統一のための板門店宣言」

※2018年6月12日、アメリカのトランプ大統領と北朝鮮の金正恩（キム・ジョンウン）朝鮮労働党委員長によって、朝鮮半島の「完全な非核化」を目指すことで合意。アメリカは北朝鮮に「安全保障」を提供することを確約。

3）韓国との関係

①1998年に大統領に就任した金大中政権の「太陽政策」により北朝鮮に対して援助の手を差し伸べた。
・2000年には南北首脳会談が実施され、金大中大統領と金正日国防委員長の間で6.15南北共同宣言が締結された。
・1998年2月25日から2008年2月24日までの間、金大中、盧武鉉の両政権によって実施された「太陽政策」により、韓国は食料や他の援助物資を北朝鮮に送ったが、北朝鮮の核兵器開発計画には融和的態度をとった。
・2008年2月25日に大韓民国大統領に就任した保守派の李明博は、対北朝鮮宥和政策（ゆうわせいさく、Appeasement）であった太陽政策を転換した。
・2008年3月27日、北朝鮮は軍事境界線付近にある開城工業地区に駐在していた韓国の11人の統一部職員の退去を要求し、韓国は彼らを召還した。
・2008年3月17日、韓国の金夏中統一部長官は北朝鮮核問題の進展がない限り工業地区の拡張は難しいと語った。
②宥和政策　（ゆうわせいさく、Appeasement）戦争に対する恐れ、倫理的な信念、あるいは実用主義などに基づいた戦略的な外交スタイルの一つの形式で、敵対国の主張に対して、相手の意図をある程度尊重する事によって問題の解決を図ろうとすること。宥和主義（ゆうわしゅぎ）とも。危機管理においては、抑止の反対概念として理解される。
・2008年10月、北朝鮮は韓国が「中傷キャンペーン」を行っているとして南北対話を徐々にやめていく。

4）北朝鮮と中ソの関係

・1961年、北朝鮮はソ連、中国と公式にソ朝友好協力相互援助条約（ロシアに引き継がれた）、中朝友好協力相互援助条約をそれぞれ締結し、それらの条約は公式にはまだ失効していない。
・冷戦期のほとんどにおいて、北朝鮮はソ連、中国と等しい間隔をとり続け、いずれか一

方に明確に擦り寄ることは避けてきた。
- 1984 年、金日成がモスクワを訪問し、ソ朝関係は劇的に改善した。北朝鮮はソ連の最新の兵器と多くの経済の支援を得ることができた。
- 韓国は 1990 年にソ連と、1992 年には中国とそれぞれ国交を樹立。
- 1989 年の東欧諸国、1991 年のソ連における共産主義の崩壊。同盟国から軍事的、経済的支援を受けられなくなった。
- 北朝鮮は主体思想に基づき、どの国にも依存しない好戦的な態度をとることを宣言。

5）北朝鮮と国際関係
- 1992 年 4 月 20 日に金日成国家主席の 80 歳の誕生日に「平壌宣言」（正式名：社会主義偉業を擁護し前進させよう）が採択される。
- 金日成国家主席の誕生日に出席と祝いに来て集まった世界 70 の政党代表（うち 48 人は党首）が署名した。その中にはソビエト連邦や東欧で新たな社会主義運動を展開している諸政党が含まれていた。

①北朝鮮の多国籍機構に参加
- 1991 年 9 月、北朝鮮は国際連合に加盟。
- 国際連合食糧農業機関、国際民間航空機関、万国郵便連合、国際連合貿易開発会議、国際電気通信連合、国際連合開発計画、国際連合教育科学文化機関、世界保健機関、世界知的所有権機関、世界気象機関、国際海事機関、赤十字国際委員会、非同盟に属している。

②北朝鮮との国交
- 現在 162 カ国との国交がある。
- 31 ヵ国とは国交がない。日本、アメリカ、韓国、フランス、イスラエル、エストニアなど
- 2000 年 7 月、北朝鮮は ASEAN 地域フォーラム（ARF）に参加し、イタリア、オーストラリア、フィリピンと国交を樹立。
- 英国は 2000 年 12 月 13 日、カナダは 2001 年 2 月に国交樹立した。
- ドイツとニュージーランドはそれぞれ 2001 年 3 月 1 日に北朝鮮と国交を樹立した。
- メキシコは北朝鮮との国交を維持している。
- フランスと米国は北朝鮮と国交がなく、パリ近郊に代表団を派遣している。
- 国連代表部があるニューヨークに外交官が駐在している。

6）韓国の離散家族問題

・『2005 人口住宅総調査』(統計庁)によれば、韓国と北朝鮮との間の離散家族は、71万人(総人口対比 1.5%)いるといっている。離散家族とは、朝鮮戦争で生き別れた韓国と北朝鮮との家族のことである。

・離散家族対面再会20回、画像対面は7回。対象離散家族は、13万人。

・1983年6月30日〜11月14日まで453時間45分の間、KBSが生放送で放送された「離散家族探し運動」が、2015年10月関連記録物のユネスコ世界記録遺産に登録された。

・家族に会うために、KBS(韓国の国営放送)がある汝矣島を訪ねた離散家族数は、5万余人に達し、この内、計500人の離散家族が再会を果たした。視聴率も78%を記録した。

7）日本人拉致問題

・1987年11月29日、大韓航空機爆破事件より、日本から拉致された日本人の存在確認。

・1970年代から1980年代にかけて、北朝鮮は日本人と韓国人の拉致事件を起こした。その問題は北朝鮮が拉致を認めることによって、日朝における拉致問題が本格化した。

・2002年平壌で行われた日朝首脳会談で、北朝鮮による日本人拉致問題を認めたことで日本の対北感情は極度に悪化。2002年10月に5人の被害者が帰国した。北朝鮮側は、日本人拉致を公式に13人認めており、8人はすでに死亡していると主張している。

・現在、17名が政府によって拉致被害者として認定されている。

〈拉致事件の原因〉

①拉致事件が起きたのは、1987年11月29日、大韓航空機爆破事件で日本からの拉致された日本人の存在が知られた。1974年の在日韓国人文世光事件で、金正日に「在日韓国人がテロを起こしたらどのようになるか」という考えをもたらし、それが大韓航空機爆破事件で、2人の北朝鮮工作員を日本人化させ、結果として日韓関係を打ち砕こうとする策略のヒントをもたらしたとの意見がある。

　文世光事件で、総連や北朝鮮に対する日本政府の責任追求を曖昧にしてしまった態度による結果としている。結局、日本政府の甘い北朝鮮対策が北朝鮮による日本における対南工作を、韓国人から日本人に切り替える政策転換をしたのではないかと、『統一日報』の姜昌萬が発言している。日本人拉致などの原因として、このような韓国人から日本人へと工作対象を変換関連の指摘は、大変興味深いと言える。

・参考に、日本は、北朝鮮との戦後処理問題がまだ解決していない。

8）韓流に対する北朝鮮

　北朝鮮では、韓流がかなり浸透していると言われている。ドラマやK-POPなど、その影響は、いろいろなところで現れている。例えば、脱北の契機にもなっているという。これからも、韓流が北朝鮮社会の変革をもたらす一つの材料になることを期待してみたいと思う。

9）公開処刑

・北朝鮮は、粛清などの時には、その本人だけではなく、その家の関連した3代までの家族が全部対象になると言われている。

・2013年12月張成沢（チャン・ソンテク）元国防副委員長（北朝鮮ナンバー2）粛清。

　張成沢氏の親族の大半も処刑された。張氏の姉と夫の全英鎮（チョン・ヨンジン）駐キューバ大使、おいの張勇哲（チャン・ヨンチョル）駐マレーシア大使と張大使の20代の息子2人は2015年12月初めに平壌で処刑された。全大使夫妻と張大使夫妻はいずれも銃殺された。このほか、張氏の2人の兄（いずれも故人）の息子や娘、孫に至るまで直系親族は全員処刑された。

・2015年4月に、会議途中居眠りした理由で、金正恩によって粛清された北軍部序列2位の玄永哲（ヒョン・ヨンチョル）が高射銃で処刑。

・2016年4月、中国の北朝鮮レストランの女性従業員ら13人が集団脱北した事件を巡り、北朝鮮当局が責任者6人を公開処刑したとの情報が浮上した。

(https://www.youtube.com/watch?v=mmeTF3LY4LI)

<参考文献など>

[NAVER知識百科]KBS特別生放送「離散家族を探しています」[―離散家族―]『頭山百科』ウィキペディア(2016.10.1基準)

１０．在日韓国・朝鮮人問題―戦前

１）在日韓国・朝鮮人（ざいにちかんこく・ちょうせんじん）について

①日本に在留する国籍が韓国・朝鮮籍の人を指す。

　定義については、日本に在留する韓国・朝鮮籍の者のうち特に特別永住者のみを指したり、韓国・朝鮮系日本人（日本国籍取得者や、先祖が韓国・朝鮮籍であるが日本国籍で生誕）も含めたりと、その範囲が変わることもある。しばしば「在日」と短縮して用いられる。

②戦前は、韓国人全員日本国籍であった。戦後、日本人から韓国側の方は在日韓国人と、北朝鮮側の在日朝鮮人と呼ばれたが、どっちにもつくことができなかった無国籍の人もいた。サンフランシスコ条約発効後は外国人登録の国籍欄に朝鮮と記入。その後日韓基本条約の締結に伴い、韓国籍に切り替えた人が現れ、1970年代後半から1980年代にかけて「在日韓国・朝鮮人」がより広く普及・浸透するようになった。

③国籍によって在日朝鮮人または在日韓国人と区別される。呼称は、国籍と同一に呼ばれる。

④韓国は1970年代から「朝鮮」の排除を進め、これを支持する在日本大韓民国民団（通称：韓国民団ないし民団）は「在日韓国人」と主張。

　北朝鮮とこれを支持する在日朝鮮人組織・在日本朝鮮人総聯合会（通称：朝鮮総連ないし総連）では、「在日朝鮮人」と主張している。

⑤日本の立場は全て韓国籍・韓国人である。

　民団も総連も共に、日本に在住する韓国・朝鮮人全て自分達の団体および自分達が支持する国家に属するべきであり、呼称に関しても自分達が使用しているものを使用すべきであると今なお主張しつづけている。

　日本国としては韓国籍、朝鮮籍どちらであっても、すべて国交がある韓国籍と判断し韓国人として扱うということとなっている。

⑥民族として

　国籍ではなく民族としてのアイデンティティから在日朝鮮人と呼ぶ場合もある。

　民族名（朝鮮民族）については、韓国では「韓民族」などと呼ばれる

⑦呼称問題

・国籍を問わない呼称として在日韓国・朝鮮人の他に在日コリアンという呼称。

・日本に住む朝鮮半島由来の住民（日本国籍を持たない者も含む）の民族としての総称として、「コリアン・ジャパニーズ」。
・「在日」とだけ表現する場合は在日外国人一般ではなく、在日韓国・朝鮮人（それもニューカマーを含まない特別永住者）を指すことが大半である。

⑧韓国での在日僑胞
・韓国外交通商部の2015年在外同胞現況によると、在日僑胞は89万5725人となっている。国籍上は日本人である場合や片親が日本人の日本国籍保持者であっても、一部の民族的なアイデンティティから在日韓国・朝鮮人と呼称することがある。

⑨北朝鮮では
・北朝鮮の民間では、在日朝鮮人・韓国人を「チェポ」という呼び方が一般的。北朝鮮に渡航された元在日朝鮮人・韓国人は、社会階層では「動揺階層」に分類される。

⑩「ニューカマー」
・韓国により留学が自由化された1980年代以降に来日した韓国人を「ニューカマー」。それ以前から在留している在日韓国・朝鮮人やその子孫を「オールドカマー」と呼び、区別することもある。

⑪外国人登録制度が廃止と帰化
・外国人登録制度が廃止された2012年7月以降の日本政府の一般的な外国人数統計では、「中長期在留者」と「特別永住者」を「在留外国人」として計上。
・帰化して日本国籍を取得した者は「韓国・朝鮮系日本人（コリアン・ジャパニーズ）」と呼ばれる。

⑫コリアン・ジャパニーズ
・コリアン・ジャパニーズは、在日の帰化を奨励する流れの中で用いられた。2003年には、「在日コリアンの日本国籍取得権確立協議会」が発足され、2005年には特別永住者の帰化を押し進めている。
・日本総務省も2005年「多文化共生社会の推進に関する研究会」を発足、「多文化共生の推進に関する意見交換会」を設置しこの流れを推進している。

2)「在日」の始まり
(1)韓国人が日本へ渡ってきたのは？
①日本による植民地と共に(植民地初期)

・植民地以前は、留学生や季節労働者として働く韓国人が日本に在留していた。1910年韓国併合以降その数が急増した。
・1910年～1918年にかけて行われた土地調査事業によって植民地地主制が確立（東洋拓殖会社）し、土地を奪われる韓国の人々が増え始める。
・産米増殖計画による米の増産と日本への過剰輸出で土地の収奪（しゅうだつ）・農民の没落が進行した。「日本に行けば仕事がある」と、収奪韓国人農民たちに日本行きを奨励。
・日本の低賃金労働者の供給のため、韓国人が流れてきた。日本人の30～50％の賃金。
・韓国に大学を建てなかったため、日本人との差別的教育制度で（愚民化政策）、高等教育や大学の勉強のため日本へ渡るしかなかった。
・「人狩り」や、韓国農村の若者に働きながら勉強させてやると騙して、連れてくる。

②植民地初期の日本在住韓国人

・日本在留韓国人（在日朝鮮人）の人口推移　　　　　　　　　（内務省警保局統計）

年度	人数	年度	人数
1900年（明治33年）	196人	1919年（大正8年）	26,605人
1905年（明治38年）	303人	1920年（大正8年）	30,189人
1909年（明治42年）	790人	1931年（昭和6年）	311,247人
1910年（明治43年）	1,850人	1937年（昭和12年）	735,689人
1912年（大正元年）	3,171人	1939年（昭和14年）	961,591人
1915年（大正4年）	3,917人	1940年（昭和15年）	1,190,444人
1916年（大正5年）	5,624人	1941年（昭和16年）	1,469,230人
1918年（大正7年）	22,000人	1944年（昭和19年）	1,936,843人

③植民地化までの流れ

年度	植民地政策など
1894年（明治27年）	日清戦争が勃発
1895年（明治28年）	下関条約、閔妃暗殺（乙未事変）
1897年（明治30年）10月	国号を朝鮮国（李氏朝鮮は通称）から大韓帝国と改める。
1904年（明治37年）	日露戦争の開戦
1904年2月23日	日韓議定書を締結
1904年8月	第一次日韓協約を締結

1905年7月29日、	アメリカ合衆国のウィリアム・タフト陸軍長官が来日し、内閣総理大臣兼臨時外務大臣であった桂太郎と、アメリカは韓国における日本の支配権を承認 日本はアメリカのフィリピン支配権を承認する内容の桂・タフト協定を交わす
1905年（明治38年）11月	第二次日韓協約（大韓帝国では乙巳保護条約）を大韓帝国と締結。この協約によって大韓帝国の外交権は日本に接収され、韓国は日本の保護国となる。
1905年12月	統監府が設置 高宗は「条約締結は強制であり無効である」と抗議
1907年（明治40年）	高宗は第2回万国平和会議に密使を派遣した（ハーグ密使事件）
1907年7月20日	高宗はハーグ密使事件により、退位させられる。
1907年7月24日	第三次日韓協約を結んで内政権を掌握
1907年8月1日	大韓帝国の軍隊を解散させられる。
1908年（明治41年）11.30	高平・ルート協定が結ばれる。
1909年（明治42年）7.6	閣議で「適当の時期に韓国併合を断行する方針および対韓施設大綱」を決定
1910年（明治43年）6.3	「併合後の韓国に対する施政方針」が閣議決定
1910年8月22日	日韓併合。統監府による新聞報道規制、集会・演説禁止、注意人物の事前検束が行われた上、一個連隊相当の兵力が警備するという厳戒態勢の中、韓国併合条約は漢城（現：ソウル特別市）で寺内正毅統監と李完用首相により調印される。
1910年8月29日	裁可公布により発効し、大日本帝国は大韓帝国を併合した。 植民地統治始まる。

・植民地統治区分

統治期間	内容

1910～1919年 武断統治期	植民地が始まってから三・一独立運動までを武断統治期
	併合当初は憲兵警察制度（併合年で7,712人、朝鮮人は4,440人）
	言論・結社の自由がない。禁止。
	1910年～1918年にかけて行われた土地調査事業によって植民地地主制が確立（東洋拓殖会社）。
	産米増殖計画による米の増産と日本への過剰輸出
1919～日中戦争 文化統治期	1919.3.1に起きた、「3・1独立万歳事件」より、言論や結社の自由がある程度認められ、韓国語媒体の『朝鮮日報』『東亜日報』が発刊された。
	大学も1か所建てられた。
日中戦争、太平洋戦争（大東亜戦争）～終戦	戦時体制期

2）朝鮮神宮について

・1919年（大正8年）7月18日、天照大神と明治天皇を祭神とする「朝鮮神社」を創立し、官幣大社に列する旨が仰出された。

・1920年（大正9年）、ソウル南山の頂の御用地20万坪、境内7000坪の地を卜し、総工費150万円で殿舎の造営に着手、6箇年で竣成した。

・1925年（大正14年）6月27日、「朝鮮神社」が「朝鮮神宮」に改称され、同年9月14日には鎮座祭の期日（同年10月15日）と例祭日（毎年10月17日）が定められた。

・朝鮮神宮の建立以降、朝鮮総督府は皇民化政策の一環として神社参拝を奨励。各家庭での神棚設置と礼拝を奨励した。

・日中戦争がはじまった1937年以降になると、神社参拝を強要した。

〈神社参拝拒否〉

・1939年、長老派教会が警察官立ち会いのもとで神社参拝を決議した。これに反対した約2000人の牧師・教徒が検挙・投獄された（神社参拝拒否運動）。

　この時、日本基督教団は神社参拝に反対する韓国の教会に赴き「国家の祭祀を要求することは改宗を迫るものではない」という趣旨で反対派牧師たちを説得している。

・投獄されていた2000人の内、50人が獄死した。

・神社参拝拒否運動の結果、200 あまりの教会が閉鎖され、50 人あまりが獄死になった。
・日本でも、1937 年に協和会が組織されると、在留韓国人(在日朝鮮人)の神社参拝が義務化された。1943 年以降は、牧師のほとんどが投獄され、教会は閉鎖された。

3）関東大震災朝鮮人虐殺事件

①1923 年の関東大地震の混乱の中で、「朝鮮人が井戸に毒を流した」「集団で暴動を起こして襲撃する」「放火して回っている」などの流言が発生する。日本人は、自警団を作り、「襲撃するだろう」「井戸に毒を流すだろう」と思われる韓国人を捕えて、殺戮を行った事件である。軍隊や警察、自警団によって罪もない韓国人 6000 人以上、中国人 700 人以上が虐殺された。日本人 58 人。(この数字は、資料によってそれぞれ異なる)

②自警団を中心に一般の日本人も含めて、韓国人老若男女を分け隔てなく、竹槍などで無差別に殺害し、密葬した。その残虐行為は多くの経験談に残されている。虐殺が最高潮に達した時には、東京の隅田川と荒川が死体によって赤く染まったとある。

③日本政府は最終的にデマを公式的に確認したが、被害者の数を縮小したり、一部の自警団員に証拠不十分で無罪を宣告した。このデマによる虐殺事件で司法的な責任、または道義的な責任などを負った人や機構は全くなかった。

④著名なアナキスト、大杉栄と彼の妻伊藤野枝、そして彼らの 6 歳の甥橘宗一が、甘粕正彦が指揮した憲兵に連れ去られ、その日のうちに憲兵隊構内で扼殺されて死亡(甘粕事件)、野枝の遺体は、畳表で巻かれ、古井戸に投げ捨てられた事件が起こった。

　この事件で関東大地震の後の社会的なパニック状態を全国に知られるようになり、「朝鮮人虐殺事件」もこの事件を通じて知られた。

⑤「朝鮮人虐殺事件」の原因として、日本社会で迫害や差別をうけていた韓国人が反乱を起こすという話をあまり疑わなかったというのと、日本政府が戒厳令と共に、「朝鮮人注意すべし」と流したことが、一番大きかったのではないかと思う。戒厳令だけでも不安になるのに、「朝鮮人注意すべし」と、流したことで、韓国人に対する流言があたかも真実のように認識させたのではないかと思われる。

⑥関東大震災の韓国人関連文学作品の一部。壺井繁治「十五円五十銭」(『戦旗』1928.9)、折口信夫「砂けぶり」(『日光』1924.6)、越中谷利一「戒厳令と兵卒」(『戦旗』1928.9)、佐野袈裟美「混乱の巷」(『文芸戦線』1924.9)、江口渙「車中の出来事」(『東京朝日新聞』1923.12.11・12)、平林たい子「森の中」(『新潮』1929.7)

4）朴 春琴（ぼく しゅんきん、パク チュングム）

　植民地期は日本にいる韓国人にも、選挙権があった。対象は満25才からの全男性。

　朴春琴（1891年4月17日 - 1973年3月31日）は、韓国人の政治家で、戦前日本の帝国議会で初の韓国人代議士となった人物である。

　1906年に訪日。土木作業員から手配師となって、清水組や佐藤工業・飛島組・熊谷組などの仕事を請け負った。1920年に韓国人労働者相互扶助団体である相救会を結成。土木工業会や前朝鮮総督府警務局長だった丸山鶴吉から支持を受け、翌1921年には相救会を親日融和団体である相愛会に改組、自身は副会長に就任した。

　1932年、東京府4区（本所区・深川区）から民族名のまま第18回衆議院議員総選挙（2月21日投票）に出馬し、丸山らの応援を得て当選した。40歳であった。日本での生活が25年におよんだ朴春琴の立場は皇室中心主義であった。日本人の妻で、生活など徹底して日本人化していた。

　1932年から1942年までの10年間に衆議院議員の選挙は4回あったが、朴はそのうち1932年と1937年の選挙で当選し、衆議院の代議士を2期務めた。

　終戦直前には京城（今のソウル）で大義党を結成し韓国独立運動家の一掃を図るなど、韓国人の皇民化や日本の戦争協力に積極的に活動した。韓国人独立運動家を殺害し、戦争協力を活発にしていた朴春琴は、終戦と同時に韓国から日本へ脱出し、さらに大韓民国政府によって親日派民族反逆者に指名された。

5）日本在留韓国人たちの戦争協力

①朴春琴が率いる団体相愛会のように、日本政府に積極的に協力して、関東大震災での虐殺された韓国人の死後処理始末や、震災の復興に協力するなど、日本で生き残るために、日本で従事した日本在留韓国人や韓国人団体もいた。相愛会のように、日本政府に変わって在留韓国人を統制、「不逞朝鮮人」などを取り締まり、思想団体を密告、また韓国人を日本の企業などに安く斡旋乃至派遣するなど、官民機関と密接な形で活動する組織の存在もあった。

②相愛会が協和会に吸収され、官が直接在留韓国人（在日朝鮮人）を組織し、管理・監督した。神社参拝が義務化され、創始改名・日本語の日常化などが図られた。1939年頃になると、日本在留韓国人（在日朝鮮人）に対する同化政策、戦争協力体制、監視統制の強化を図り、中央協和会が設立された。中央協和会は韓国人に対し協和会手帳の所持を義務化し、

協和会手帳には本人の顔写真が貼付、住所・職業・生年月日、皇国臣民の誓詞などが記載された。これは戦後の外国人登録証の原型になっている。

③1938年3月に国家総動員法を制定し、労働力の確保に乗り出した。これにより多くの在留韓国人が炭鉱や土木作業現場に動員された。韓国からも8万5000人の労働者が日本へ連れて来られた。1944年4月以降、徴用令の発動で、大量の労働者が強制連行され、70万～80万人もいたと言われる。

④太平洋戦争で、韓国人は戦争にも個人や団体で積極的に協力した。在留韓国人による志願学徒兵を積極的に募集し戦場へ送ったり、募金も行った。献金、国防費献納だけではなかった。軍用機献納募金を集めて、協和号という飛行機も献納した。日本人よりももっと積極的に戦争協力した人や団体もいる。何でも日本人よりさらに努力することで、それが植民者との差を縮め、差別から少しでも逃れる方法だと思ったのであろう。

⑤終戦で、多くの日本人が被害を受けたが、しかし、韓国人犠牲者のことはあまり問題にされてなかった。韓国人も多く犠牲になった。特に、軍需施設に強制連行されていた韓国人は、当然ほとんど犠牲になった。愛知県は軍需工場が多かったため、多くの韓国人強制連行者がいた。戦災で犠牲なったのは、愛知県だけ22,000人もいた。全国では239,320人いる。前にも述べたが、原爆死亡者のうち、10%(7万人)が韓国人であった事実も、忘れてはならないだろう。

<参考文献など>
在日コリアン青年連合（KEY）
「民団愛知県本部60年の歩み」
ウィキペディア(2016.10.1基準)

１１．在日韓国・朝鮮人問題―戦後

１）終戦直後、在日韓国人の帰還事業を急いだ理由
①解放直後、日本には約210万人の韓国人がいた。1947年末までに約140万人が帰還。
②日本軍関係者や企業が積極的に帰還事業を進めた理由は、強制連行や強制労働問題が連合国側から追及されることを恐れたから、と言われている。
③韓国人たちが暴動を起こすことを危惧した。

２）在日韓国・朝鮮人が帰還できなかった理由
①終戦後、在留韓国人が帰還できなかった大きな理由は、日本政府と連合国軍総司令部（GHQ）が、朝鮮半島に帰還した韓国人が日本に再入国することを基本的に禁止したことからである。朝鮮半島と日本間を自由に行き来することができなくなったのである。
②韓国人の中にはすでに日本に生活基盤を持っていることや帰還時に財産の持ち帰り制限がされた。
③解放されたばかりの朝鮮半島が政治的・社会的に混乱状況も大きな理由の一つであった。
④浮島丸事件などで帰還を恐れた人もいた。
⑤すでに日本に定着し、韓国語が話せない人も多かった。
⑥これらの理由から、約60万人が日本にとどまることになった。

３）浮島丸事件
　1945年8月24日、青森県大湊海軍警備府（現むつ市）の軍用壕建設のため強制連行された人々を朝鮮半島に送り返す途中、その輸送船であった海軍輸送艦浮島丸が舞鶴港沖で爆発、沈没し、500名以上の死者を出した。軍部が連合国側からの追及を恐れ、急いで送還中の大事故であった。この事件は、なぜ船が爆発したのか、今でも真相が究明されず、謎を残した事件となっている。

４）戦後の始まり
①終戦後、すぐに帰還できなかった多くの在留韓国人も、順次に帰還する予定だった。混乱した朝鮮半島での新国家建設を早く終了するのを待って、帰国に備えるために、在留韓国人による自主的な組織を作り、子どもたちに韓国語を

習得させるための民族教育の場を作り出すことに着手した。日本語教育を強制されていたために、韓国語を話せない子供や
若者が多かった。
②1945年10月15日に在日朝鮮人連盟（朝連）が結成された（全国に47地方本部）。朝連の主な活動は政治犯釈放運動、帰国事業、権益事業、教育事業などであるが、とくに民族学校の建設、運営には大きな力を注いだ。
③子どもたちに韓国語を教えるために全国各地に開設された国語講習所は、やがて民族学校へと再編されていった。
④朝連は教員育成や教科書製作に力を入れ、民族学校の充実を図った。
⑤多くの在日朝鮮人から支持を受けていた朝連であるが、朝連の指導部のほとんどが共産主義者であり、戦前の親日派などは指導部から排除されていた。
⑥そのことに不満を抱いていた人たちが「反共主義」の立場を鮮明にしながら、1946年10月に在日本朝鮮居留民団（民団）を発足させた。
⑦このように、在留韓国人社会には朝連と民団の対立の構図ができあがってしまった。当時は朝連の規模のほうが大きく、運動を主導していた。（在日コリアン青年連合（ＫＥＹ））

5）在日朝鮮人の北朝鮮への「帰還事業」（北送事業・ほくそうじぎょう）
①戦後14年が過ぎて再び、帰還事業が始まった。しかし、韓国は入っていない。北朝鮮に限定された一方的な帰還事業であり、北へ帰る人たちは、北出身ではなくほとんど南出身であった。よって、帰還事業と言うのは間違いであり、北へ送還されたと言うことで北送事業とも言う。もう一つは、永遠に戻れないという意味も含まれている。
②北送事業は、1950年代末から1984年にかけて行なわれた。ほとんど在日本大韓民国民団（民団）所属ではなく、在日本朝鮮人総聯合会（朝鮮総連）所属の在日朝鮮人とその家族による、日本から朝鮮民主主義人民共和国（北朝鮮）への集団的な永住帰国あるいは移住のことである。
③北朝鮮では帰国事業と呼び、在日本朝鮮人総聯合会（朝鮮総連）が推進した運動という側面からは帰国運動、または帰還運動と呼ばれる。在日本大韓民国居留民団（民団）の立場からは、北送事業（ほくそうじぎょう）と呼び、「在日韓国（朝鮮）人の追放を計画した日本の政策に北朝鮮が便乗したもの」と主張している。
④日本と北朝鮮には国交が存在しなかったため、日本赤十字社（日赤）と朝鮮赤十字会（朝

赤）によって実務が行なわれた。

⑤1959年12月14日に、第1次船が975人の在日朝鮮人らを乗せて、新潟県新潟港から出航し、清津港へと向かったのが始まりで1984年まで続いた。

⑥93,340人が北朝鮮へと渡り、そのうち少なくとも6,839人は日本人妻や子といった日本国籍保持者であった。

⑦在日朝鮮人は朝鮮半島南部の出身者がほとんどだった。そのような者にとっては、祖国ではあるが異郷への帰還となった。

⑧帰国船の費用は北朝鮮が負担し、事業の後期には万景峰号（初代）が使われた。

⑨日朝間を頻繁に行き来する帰国船は、北朝鮮による朝鮮総連への指導・連絡や日本・韓国への工作員として送り込みにも利用されたと言われている。

⑩この事業の動機は、「治安上」の理由や、在日の生活保護世帯による日本政府の経済的負担などがあげられている。しかし、戦前から韓国人に対する低賃金や、差別などから、戦後なお在日韓国・朝鮮人の生活環境の悪条件などを作り出したのは、日本の政府の責任が大きいと言える。民団からこの事業について、在日朝鮮人を追放した事業と非難される理由である。

⑪北送された在日朝鮮人は、帰国条件を正しく理解していただろうか。再び日本に来られないことを知っていたのか、などの疑問が残る。実際、十分な確認作業は実行されなかったとみられている。この事業による公開文書の内容からは、再入国できるとは書いていないので、ワン・ウエイだった可能性が高い。しかも、帰還条件の重要な案件である帰還先での待遇について調査された形跡も確認できていない。

⑫「北朝鮮はこの世の楽園である」と歌いながら、在日朝鮮人を北へ送った。多くの日本人知識人も、この事業に賛同し、「北が楽園」で疑わなかった。そして、この事業を積極的に手伝った。しかし、その責任について沈黙を守っている。

6）金大中事件（きんだいちゅう・キムデジュン　じけん）

①1973年8月8日、韓国の民主活動家および政治家で、のちに韓国大統領となる金大中が、韓国中央情報部（KCIA）により日本の千代田区のホテルグランドパレス2212号室から拉致された。船で連れ去られ、ソウルで軟禁状態に置かれ、5日後にソウル市内の自宅前で発見された事件である。金大中拉致事件ともいう。

②『文藝春秋』2001年2月号の記事に、この事件についての真相が書かれた。「田中角栄

首相が、政治決着で解決を探る朴大統領側から少なくとも現金4億円を受け取っていた」と現金授受の場に同席した木村博保元新潟県議の証言が載っている。また、田中真紀子によると事前に田中角栄は殺人をしないことを条件に拉致することを了承済であったという。

7）文世光事件（ムンセグァンじけん）

①1974年8月15日に、韓国大統領・朴正煕夫人の陸英修が在日韓国人の文世光によって韓国で射殺された事件である。式典に合唱団の一員として参加していた女子高生・張峰華（当時17歳）も、流れ弾に当たり事故死。

②韓国で、独立記念日である光復節の祝賀行事がソウルの国立劇場であり、出席していた朴大統領夫妻が祝賀行事中の出来事であった。

③犯人は、日本人パスポートを所持。日本政府高官になりすまして出席していた。大阪市南区（現在の中央区）の高津派出所の2丁の拳銃からの犯行であった。「犯人は日本人」とされた。当日は、ソウル地下鉄1号線の完工式も開かれる予定だった。

④この事件で、日韓関係は日韓国交正常化以後、最悪の状態に陥った。

⑤韓国側の捜査によれば、朝鮮総連の関与は明白であったにも関わらず、日本側がそれを明確に認めなかった事、文世光が所持していた拳銃が大阪府内の派出所より盗まれた物であった事から、日本の関与も疑われた。

⑥日本と断交の危機までと言われた。

　謝罪のない日本側に対し、朴大統領は「日本は本当に友邦なのか？」、「中共(中国)だけが一番なのか。(日本と断交しても)安保、経済に問題はない」、「日本は赤化(せっか＝共産化)工作の基地となっている」という言葉まで言われた。

⑦葬儀に日本からは田中角栄首相が出席した。その際、田中首相の「えらい目に遭われましたね」という言葉に、大統領は憤慨したと言われている。

⑧8月29日に木村俊夫外相が国会答弁の中で「客観的に見て、韓国には北朝鮮による脅威はない」と述べたことで、反日感情が一気に爆発、連日日本大使館前には抗議のデモ隊が押し寄せ、9月6日には群衆が日本大使館に乱入し日章旗を焼き捨てる事態にまで発展した。その後急速に関係は悪化し、国交断絶寸前にまで至った。

⑨日本人拉致事件のきっかけ？

　この事件は金正日に「在日韓国人がテロを起こしたらどのようになるか」という考えをもたらした。それが大韓航空機爆破事件で、2人の北朝鮮工作員を日本人化させ、結果と

して日韓関係を打ち砕こうとする策略のヒントをもたらしたと言われる。

⑩「日本が対南工作の基地」

この事件以降、北朝鮮による日本における対南工作を、韓国人から日本人に切り替える政策転換をしたのではないかとの見方が出た。対南工作とは、北朝鮮による南朝鮮（韓国）工作のことで、朝鮮半島の赤化統一、共産化統一にもとづく工作のことである。

「如何にして済州島まで共産化するか、ということが彼らの基本的な路線です。その中で日本が対南工作の基地になったわけです」と『統一日報』の姜昌萬社長の発言は興味深い。

⑪日本人拉致などもこのような韓国人から日本人へと工作対象を変換したことと関連しているという指摘。（1977年11月15日「横田めぐみ」）

⑫梁石日の小説「夏の炎」が文世光事件を題材。「死は炎の如く」を2001年に発表し、後に「夏の炎」と改題され文庫化。

8）日本在住韓国・朝鮮人 （韓国・朝鮮籍からの累積帰化許可者数360,096人（2015年12月末まで）

区分	人数	区分	人数
特別永住者	340,481人	留学	15,751人
一般永住者	67,708人	家族滞在	12,246人
定住者	7,506人	経営・管理	2,996人
日本人の配偶者等	14,149人	ワーキングホリデー	2,538人
永住者の配偶者等	2,242人		1,649人
技術・人文知識・国際業務	18,382人	企業内転勤	

（1000人未満の項目は省略）　（https://ja.wikipedia.org/wiki/）

9）在日韓国・朝鮮人　（2016年6月末時点）

・総人口総数：490,190人

・在日韓国人：456,917人

・在日朝鮮人：33,273人

・「在日」と略称される特別永住者は340,481人

１０）韓国政府の支援

　帰化者も含めた全在外同胞の 12%である在日韓国人への 2012 年の韓国政府の支援額は 78 億ウォンで在外同胞交流支援予算の 67%を占める。

１１）日本人拉致問題と在日問題

・1987 年 11 月 29 日、大韓航空機爆破事件より、日本から拉致された日本人の存在確認。
・2002 年平壌で行われた日朝首脳会談で北朝鮮による日本人拉致問題を認めたことで日本の北朝鮮に対する感情は極度に悪化。
・それまで拉致問題は捏造であるとしてきた朝鮮総連や北朝鮮支持者などに厳しい目が向けられ、日本国籍を取得したり朝鮮籍から韓国籍に書き換えるものが続出した。
・1990 年代末には 10 万人を超えていた朝鮮籍保持者は、2015 年末時点では 3 万人となる。
・2009 年には北朝鮮の再度の核実験を受け国際連合安全保障理事会決議 1874 に基づく制裁が決定され、日本でも万景峰号の入港禁止や北朝鮮への輸出・送金禁止、送金制限に違反した在日外国人の再入国禁止措置が取られた。
・2012 年、文部科学省は高校授業料無償化を朝鮮学校には適用しないという方針を発表。

１２）在日韓国・朝鮮人の参政権

・在日韓国人・朝鮮人には二つの参政権論争が存在する。
・韓国および北朝鮮における本国参政権と、日本における地方参政権である。
・在日韓国人は本国在外選挙権を、在日朝鮮人は在外選挙権・被選挙権双方を有する。
・在日韓国人は、2012 年、韓国大統領選挙から、在外選挙権を有する。

１３）日韓貿易

①日韓貿易（2015 年）（出典：財務省貿易統計）
・韓国に対する貿易総額は対前年比 4.7%減の 8.57 兆円
・韓国にとって，貿易総額で日本は中国，米国に次ぐ 第 3 位の貿易相手国。しかし、韓国にとって対日貿易はずっと赤字である。
・日本にとって韓国は，中国・米国に次ぐ第 3 位。

１４）韓国在留邦人数
・在留邦人数の推移　おおむね増加傾向にあり，2014 年 10 月現在 36,708 人。
・進出日系企業（拠点）数（2014 年 10 月現在）　667 拠点。

１５）在日韓国・朝鮮人の社会的地位
・日本社会における在日韓国・朝鮮人については、社会全体の根深い差別化が存在し、就職や社会活動において、今なお制約が続いていると言える。それは、統計など肉眼では確認できない制約をうけていると言える。そのために、在日韓国・朝鮮人は、高等教育を受けていても就職が円滑でなく、社会的差別を長年受けてきたため、教育レベルも高くないと言える。紙面の関係上、具体的例は省略するが、日本社会の根深い差別問題を早く改善すべきであろう。
・1982 年、国民年金法から国籍要件を撤廃するなどの法整備が行われ在日韓国・朝鮮人も日本の国民年金にやっと加入できた。

〈参考文献など〉

https://www.mindan.org/dappokusien/

「在日コリアン青年連合（ＫＥＹ）」

ウィキペディア(2016.10.1 基準)

新版
日韓の文化比較と日韓問題
―よりよい日韓関係を築くために―

2018年10月1日　初版発行

著　者　　梁　　禮先
　　　　　ヤン　イェソン
発行者　　原　　雅久
発行所　　株式会社 朝日出版社
　　　　　〒101-0065　東京都千代田区西神田3-3-5
　　　　　TEL (03)3239-0271・72(直通)　FAX (03)3239-0479
　　　　　ホームページ http://www.asahipress.com/

印刷所　　協友印刷株式会社

乱丁、落丁本はお取り替えいたします
©Yang Yeesean 2018. Printed in Japan
ISBN978-4-255-55668-0　C1087